INSTRUCTION

POUR

LES VENTES

DES BOIS DU ROI,

Par feu M. DE FROIDOUR.

Avec des Notes tirées des meilleurs Auteurs fur la matiere
des Eaux & Forêts, & des Ordonnances de
1669, 1667 & 1670.

Par M. BERRIER, *Avocat au Parlement, ancien Confeiller
du Roi, Maître particulier des Eaux & Forêts des Bailliages
de Meaux, Crecy & Château-Thierry.*

A PARIS,

Chez { BRUNET, Grand'Salle du Palais.
BAROIS, Quai des Auguftins.
DUCHESNE, rue Saint Jacques.

M. DCC. LIX.

AVEC APPROBATION ET PRIVILEGE DU ROI.

A MONSEIGNEUR

MICHEL-JACQUES TURGOT;

Chevalier , Marquis de Soubſmonts , Baron
d'Eſtrepagny , Seigneur de Changy, Cour-
celles , Chatenay , la Tombe & autres Lieux,
Conſeiller du Roi en ſon Conſeil d'Etat , Préſident du Parlement.

ONSEIGNEUR,

Les bontés que vous avez eues pour moi , &
l'honneur que vous m'avez fait de m'accorder votre

EPITRE.

protection dans toutes les occasions, me font esperer que vous voudrez bien agréer que les Notes que j'ai faites sur le Livre de M. de Froidour paroissent dans une nouvelle Edition sous vos auspices. C'est entrer dans vos vûes que de faire revivre des Ouvrages marqués au sceau de l'équité. Que je m'estimerois heureux, s'il m'étoit permis, en vous offrant mes Observations, de louer des vertus que tout le monde admire en Vous, & que vous seul ignorez! Le comble du mérite est de s'attirer des éloges & de les fuir. Mais du moins vous ne défendrez pas à la reconnoissance de sentir ce que vous défendez à la bouche d'exprimer. C'est donc au sentiment seul qu'il est permis de rendre public le profond respect avec lequel j'ai l'honneur de me dire,

MONSEIGNEUR,

DE VOTRE GRANDEUR,

Le très-humble & très-obéissant
Serviteur, BERRIER.

AVERTISSEMENT.

IL n'eſt perſonne de ceux qui s'adonnent à l'étude des Ordonnances ſur les Eaux & Forêts , qui ne ſçache que c'eſt à MM. *de Froidour & de Saint-Yon* que le Public a obligation des plus ſolides principes ſur cette matiere. C'eſt ſur les mémoires de ces grands Magiſtrats que le grand Colbert dreſſa l'Ordonnance de 1669. M. de Froidour dans ce tems fit ſon Traité des Ventes & Recollemens, ſon Inſtruction pour les Gardes , & un petit abregé de cette même Inſtruction. Il compoſa auſſi un petit Livre pour la Réformation des Eaux & Forêts. Le préſent Traité des Ventes ſe trouvant épuiſé, l'on m'a demandé d'y faire quelques obſervations, & comme c'étoit ſur cet Ouvrage que M. Colbert rédigea par ordre de Louis XIV ladite Ordonnance, d'en rapporter les titres & ceux des anciennes Ordonnances. Je comptois y joindre ma Traduction du Commentaire de *Malville* ſur l'Ordonnance de 1515 ; mais ayant mis mon Traité au net, je le montrai à un de mes amis, Officier des Eaux & Forêts, qui l'a gardé. Je n'ai pu le ravoir ; j'ai ſeulement ma minute que je n'ai pu juſqu'à préſent remettre dans ſon état ; c'eſt pourquoi je la donnerai avec un autre Traité ſur cette matiere , qui contiendra auſſi les compétences des Tables de Marbre & Siéges des Maîtriſes. Actuellement que je ſuis libre , je pourrai plus aiſément m'adonner à cette matiere dont j'ai fait mon unique étude depuis vingt ans.   b

L'on trouvera peut-être mes notes un peu con-cifes ; je n'ai pas voulu m'expofer à des répétitions qui ennuyent toujours le Lecteur. Elles font tirées des meilleurs Auteurs ; fçavoir de Martin Terrien, Malville, Durand, Rouffeau, de Chauffour. L'on connoît plus particulierement ce dernier qui eft un de nos meilleurs Auteurs, & dont il y a eu plufieurs éditions. Je me trouverai heureux fi le Public les agrée ; mais j'aurai toujours la fatisfaction de lui avoir procuré une nouvelle édition du meilleur Li-vre fur cette matiere, & à un prix bien au-deffous de celui auquel la rareté l'avoit porté.

Je n'ai rien voulu changer du ftile, ni retrancher des anciens Procès-verbaux ; ce font fes meilleurs ouvrages, & les Officiers des Maîtrifes ne peuvent s'égarer en les fuivant. J'ai trouvé plus à propos de donner le Livre tel qu'il eft que de le tronquer, & comme je viens de le dire, il vaut mieux lui laiffer fon premier plan.

J'ai ajouté à la fin de ce volume les Titres XV, XVI & XVII, concernant l'affiette, martelige & balivage des ventes, les recollemens & les ventes des chablis & menus marchés, les croyant néceffai-res pour l'intelligence de cet Ouvrage.

TABLE DES TITRES.

PREMIERE PARTIE.

SECONDE PARTIE.

TABLE.

TABLE.

TABLE.

INSTRUCTION

INSTRUCTION

POUR

LES VENTES

DES BOIS DU ROI.

PREMIERE PARTIE.

OUR bien entendre tout ce qui concerne les ventes des bois du Roi, il faut savoir avant toutes choses ce que veut dire le mot de vente. Ce mot dans les Ordonnances a plusieurs significations.

Premierement il signifie le bois qui peut être coupé ou vendu, & c'est en ce sens que parlant de ce bois, on dit que la vente est belle ou mauvaise.

A

En second lieu il signifie le bois qu'on a destiné de vendre, & c'est en ce sens que l'on dit (*a*) asseoir, mesurer, (*b*) marteler & (*c*) publier la vente.

En troisième lieu il signifie le bois que l'on vend ou que l'on a vendu effectivement, & c'est en ce sens que l'on dit (*d*) enchérir, (*e*) pleger, (*f*) exploiter, user, débiter (*g*) & rendre nette la vente.

(*a*) Asseoir la vente, c'est-à-dire désigner le lieu où la vente doit être mesurée.

Suivant l'Ordonnance de 1669, titre 3. art. 10. le Grand-Maître doit désigner aux Officiers & à l'Arpenteur les lieux & cantons des triages, pour y faire les assiettes de l'année suivante, en dresser procès-verbal & le déposer au Greffe. L'art. 12. l'oblige à en marquer les pieds-corniers & arbres de réserve où il conviendra.

(*b*) Marteler la vente, c'est appliquer le marteau du Roi aux arbres qui sont établis pour enceindre la vente.

Le martelage se prend aussi pour le choix que l'on fait des bois tant anciens que modernes, & même de l'âge du taillis ou futaye qu'on coupe, que l'on laisse dans la vente, conformément à l'Arrêt du Conseil qui l'ordonne.

(*c*) Publier la vente, suivant le titre 3. art. 17. les ventes ayant été indiquées par le Grand-Maître, conformément aux amménagemens qu'il en a fait en exécution d'Arrêts du Conseil & Lettres-Patentes, jour pris par le Grand-Maître, ou s'il a commis les Officiers de la Maîtrise par le même Procureur, les ventes doivent être publiées par les Huissiers & Gardes à la requête du Procureur du Roi. Cette publication est la lecture de l'affiche à son de trompe & l'apposition d'icelle dans les lieux indiqués par le procès-verbal de réformation de la forêt, & quelquefois par surabondance dans les environs de l'endroit où sont situés les bois, lorsqu'il y en a d'éloignés, qui sont néanmoins de la Maîtrise.

(*d*) Enchérir, c'est-à-dire mettre à prix.

(*e*) Pleger, c'est-à-dire donner caution pour sûreté du payement du prix de la vente & de l'observation des conditions.

(*f*) Exploiter, user, débiter, c'est-à-dire, couper, abbattre & débiter le bois de la vente.

(*g*) Rendre nette la vente, c'est-à-dire, vuider la vente du bois coupé, & avoir coupé tout le bois conformément à l'Ordonnance.

Il signifie encore le lieu où l'on a coupé le bois vendu, & c'est en ce sens qu'on dit (*a*) recoller la vente.

Il signifie enfin le bois qui recroît au lieu où la vente a été faite, & c'est en ce sens qu'à proportion du tems qu'il y a que la vente a été coupée, & que selon l'âge du bois qui est revenu on dit que la vente est jeune ou vieille. C'est en ce sens aussi que l'on dit que la vente (*b*) se sallit.

Le mot de coupe a cela de commun avec celui de vente qu'il signifie aussi les mêmes choses. Car on dit belle ou mauvaise coupe ; on dit aussi enchérir, exploiter, débiter, user & rendre nette & recoller la coupe, & enfin on dit aussi jeunes ou vieilles coupes.

Le mot de vente signifie encore le contrat ou adjudication qui se fait pour la vente du bois, c'est en ce sens qu'on dit, (*c*) termer la vente, faire ou adjuger la vente.

De toutes ces différentes significations les unes concernent la matiere des ventes & les autres regardent la forme. C'est ce qui donne occasion à la

(*a*) Recoller, c'est faire procéder au mesurage de la vente, & voir si les pieds-corniers, arbres de lisiere & de parois, baliveaux tant anciens que modernes, & ceux de l'âge ont été réservés, & si la vente a été bien exploitée.

(*b*) Se sallit. Pour entendre ce mot il faut savoir qu'après la coupe des bois de haute futaye, auparavant que la terre rejette & repousse de bon bois, ayant pendant deux ou trois années repoussé des herbages en abondance, elle produit des genets, des houx, des ronces & des épines, & pour lors on dit que la vente se sallit, parce que ces bois étant de nulle valeur sont comme les ordures des forêts.

(*c*) Termer la vente, c'est-à-dire prendre jour pour en faire l'adjudication.

diftribution de cet ouvrage en deux parties, dans la premiere defquelles j'expliquerai les différentes fortes de bois qui tombent dans les ventes, ou pour parler plus intelligiblement, qui peuvent être vendus, & les moyens de les mettre en valeur ; & dans la feconde, j'expliquerai toutes les formalités que les Ordonnances ont prefcrites pour en faire les adjudications.

CHAPITRE PREMIER.

De la différence des Bois qui peuvent être en vente.

LA différence des bois qui peuvent tomber dans les ventes, ne fe tire ni du genre ni de l'efpéce. Il ne s'agit point ici de bois (*a*) vif, (*b*) bois mort (*c*) ou mort-bois, ni de remarquer les différences des bois de chêne, bois de hêtre, bois de chataignier ou autres efpéces.

Il ne s'agit point de connoître celles de bois vert, bois mort & fec & (*d*) bois d'entrée, non plus que celle de bois de bout & (*e*) en étant ou bois

(*a*) Bois vif eft celui qui porte du fruit, & qui vit & pouffe des branches & des feuilles.

(*b*) Bois mort eft celui qui eft féché fur pied & qui n'a plus de féve.

(*c*) Mort-bois eft celui qui vit & n'a point de fruit, & défigné dans la chartre accordée par Louis X. aux Normands en 1313, qui confifte en neuf efpéces; favoir, Saulx, Marfaulx, Epines, Puifnes, Aulnes, le Sûre ou Sureau, Genets, Genievres & Ronces.

(*d*) Bois d'entrée eft celui qui eft entre verd & fec, dont les arbres ont les houppiers ou quelques branches féches & d'autres vertes ; il eft défendu aux ufagers de les couper.

(*e*) Bois en étant eft celui qui eft debout.

(*a*) giſſant & rampant à terre. Toutes ces différences ne ſont que des circonſtances auſquelles il
faut avoir égard dans le réglement des coupes.
Mais j'établis ſept différences de bois qui peuvent
ſervir pour être mis en coupes. La premiere eſt le
bois taillis, la ſeconde le bois de futaye, la troiſième les baliveaux ſur taillis, la quatrième les ventes par pieds d'arbres, la cinquième les ventes par
éclairciſſemens ou expurgades, la ſixième des ventes
en recepage, la ſeptième les bois chablis, rompus &
verſés, & autres compris ſous le nom de menus
marchés, de chacune deſquelles différences de bois
je parlerai en ſept différens articles ; à la ſuite deſquels j'en ajouterai deux autres ; ſavoir, l'un qui
expliquera la différence des ventes ordinaires & extraordinaires, & l'autre la différence des ventes au
plus offrant & dernier enchériſſeur, d'avec celles
qui ſe font au rabais & moins diſant en bois.

ARTICLE PREMIER.

Du Bois Taillis.

L E bois taillis eſt celui qu'on coupe de dix ans
en dix ans, & ſuivant les Ordonnances de
Charles IX. des années 1563, & 1573, & de Henri III. des années 1587, & 1588. Non ſeulement
les bois du Roi, mais auſſi (*b*) les bois des Com-

____

(*a*) Bois giſſant & rampant à terre, eſt celui qui étant coupé ou
abbattu, eſt en telle ſorte & maniere que ce ſoit rampe à terre.
(*b*) Actuellement tous les bois généralement des gens de main-

munautés Ecclésiastiques & Séculiéres , & des particuliers même ne peuvent pas être coupés qu'ils n'ayent au moins atteint cet âge; mais lorsque nous avons procédé à la réformation des Forêts de la grande Maîtrise de l'Isle de France , nous avons fait bien davantage; car excepté la seule Forêt de Carnelle, assise dans le territoire de Beaumont-sur-Oise dont les ventes ont été réglées à l'âge (*a*) de sept ans, nous avons réglé les coupes des bois taillis de toutes les Forêts à l'âge de quinze, seize , dix-huit & vingt ans.

La raison qui a donné lieu à ces anciens réglemens aussi bien qu'à ceux que nous avons faits nouvellement , est premierement que les bois qui se coupent plus jeunes ne font bons à autre usage qu'à faire des bourées , & tout au plus que des petits fagots de nulle valeur; au lieu qu'étant coupés plus âgés , ils peuvent fournir non-seulement du menu bois pour cet usage, mais encore du bois propre à convertir en charbons, à faire des échalats & des perches pour les treilles, à faire du bois de coteret & de corde, ou de canne, de leignerat & de pagelle , pour parler en termes qui soient connus en

morte sont portés à l'âge de vingt-quatre & vingt-cinq ans, les grands objets à vingt-cinq ans , parce qu'ils en font une coupe tous les ans , & les petits à vingt-quatre , parce qu'ils ne les coupent que de trois ans en trois ans, ou de huit ans en huit ans, ce qui fait ou trois ou huit coupes en vingt-quatre ans.

(*a*) La raison de ce réglement est que cette Forêt n'étoit plantée que de Chataignier qui ne se débite qu'en cercles, & ne pourroit plus servir à cet usage , si on le laissoit croître plus long-tems.

Il est d'ailleurs fondé sur l'Ordonnance d'Henri III. du mois de Mai 1580.

cette Province, & du bois de tour, de charonnage, & de menue charpente.

En second lieu parce que les Forêts étant dépeuplées, & les bois de haute futaye étant devenus rares par les grandes coupes qu'on y avoit faites, & par les grands délits qu'on y avoit commis, le bien de l'Etat a défiré qu'il fut pourvû à cette néceffité par la réferve de (*a*) dix baliveaux à chaque coupe par chacun arpent, qui tiendroient nature de haute futaye, & ne pourroient être coupés, du moins pour le regard des bois du Roi, & des Communautés Eccléfiaftiques & Séculieres, fans Lettres-Patentes vérifiées. Or comme l'expérience a fait voir & fait connoître encore tous les jours que les baliveaux réfervés de menues brouffailles ne peuvent venir à profit, mais au contraire demeurent toujours rabougris, tortus & boffus, & ne peuvent s'élever, parce que n'étant pas preffés, au lieu de pouffer un brin droit fans nœuds & fans branches, ils croiffent & viennent à la maniere des (*b*) pommiers, on a trouvé le moyen de pourvoir

(*a*) Tous les bois des Eccléfiaftiques, Communautés Séculiéres & Réguliéres, & généralement gens de main-morte ont été réglés comme nous l'avons obfervé ci-deffus à l'âge de vingt-quatre & de vingt-cinq ans ; mais depuis pour fournir du bois de corde pour la provifion de Paris, il a été décidé que tous les bois Eccléfiaftiques & gens de main-morte, dont la quantité excéderoit cinquante arpens, & qui feroient à une lieue de port, feroient portés à trente-cinq ans, & l'on y laiffe par arpent quatre anciens au deffus de quarante ans, tous ceux de quarante ans bien venans & vingt-cinq baliveaux de l'âge du taillis ; ce qui fait une bonne réferve, & que les bois à leur révolution feront une efpéce de futaye, & par conféquent une grande reffource pour l'Etat.

(*b*) Pommiers, tous ces arbres n'ayant pas été affez long-tems pref-

à cet inconvénient en donnant au bois taillis un âge plus confidérable.

Sur ces confidérations on peut voir combien grand eft l'abus de ces Provinces où l'on coupe le bois à l'âge de deux, trois & quatre ans. Je puis rendre ce témoignage avec tous les Officiers de la Grande-Maîtrife & des Maîtrifes particulieres qui m'ont accompagné dans la vérification exacte que j'ai faite des Forêts, que je n'ai pas trouvé un feul arbre qui fut venu à profit. Nous avons remédié à cet abus par les procès-verbaux d'avis que nous avons donné au Roi pour le réglement des coupes des Forêts appartenantes à Sa Majefté dans ce dé-partement, & j'ai réfolu de les inférer en ce mémoi-re pour l'inftruction des Officiers, & pour rendre compte au public de la conduite que nous avons tenue en ce regard.

---

fés, s'étallent beaucoup en branches ; la féve n'ayant rien qui l'oblige à monter, fait pouffer ces arbres à hauteur d'hommes en branches, qui empêchent qu'il ne pouffe du taillis deffous, fur-tout les charmes qui occuperont quelquefois vingt-deux à vingt-cinq pieds de terrein , & n'auront point de tige. Un autre inconvénient qui en réfulte, c'eft que ces mêmes arbres devenus branchus, deviennent un appas pour les délinquans. Quand le taillis commence à s'élever, ils vont couper les branches par la facilité qu'elles procurent de monter jufqu'au haut, bottent les chênes, dont la féve fe perd, & les arbres fe roulent très-aifément. Une branche coupée à un chêne le fait périr. L'Ordonnan-ce de 1669. titre 32. art. 2. prefcrit la même amende pour avoir cou-pé une branche de même que pour l'avoir abbattu par le pied. Celle de 1518. art. 25. les puniffoit plus févérement pour avoir éhouppé que pour avoir abbattu par le pied.

ARTICLE

ARTICLE II.

Du Bois de Haute Futaye.

PLusieurs personnes qui ne sont pas instruites des matieres qui concernent les Forêts, font souvent confusion de ces deux mots, futaye & sustée, qui signifient néanmoins des choses fort éloignées & fort différentes. Le mot de futaye est tiré de celui de sust, qui signifie un bois haut & élevé, & le mot de sustée veut autant dire que pillée & dégradée, pourquoi il semble qu'il faudroit mieux dire effustée, parce que lorsqu'on parle d'une Forêt sustée, c'est-à-dire une Forêt en laquelle on a coupé des sust ou sustes; mais cette différence qu'il y a de l'un à l'autre ne méritant pas une plus ample explication, je m'arrêterai seulement à ce qui est du sujet de cette instruction.

Je dirai donc que le mot de futaye est commun à tous les bois, lesquels n'étant pas coupés en coupes ordinaires de taillis, on laisse croître jusqu'à (*a*) 30, 40, 50, 100, & 200 ans, & au delà.

Ce qui revient dans les coupes de futaye qui ont été usées, s'appelle dans les premieres années rejets de coupes, parce qu'il n'y a que des rejettons.

_____

(*a*) Le sentiment de M. de Froidour est contraire en cela à la Jurisprudence du Conseil & de tous les Parlemens, qui réputent toujours un bois au-dessous de 40 ans taillis, & ne commencent à lui donner le nom de futaye qu'à 40 ans.

Voyez Loisel, *Instit. l. 2. tit. 2. art. 31.* & Lauriere sur cet art.

B

Dans les suivantes jusqu'à vingt ans, revenu de futaye.

Depuis vingt jusqu'à trente ans, haut taillis ou (*a*) quart de futaye.

Depuis trente & quarante jusqu'à soixante ans, recru de futaye ou demi-futaye.

Depuis soixante jusqu'à cent & vingt ans, jeune haute futaye, & au-dessus jusqu'à cent cinquante & deux cens ans, vieille haute futaye.

Depuis deux cens, vieille haute futaye sur le retour, qui n'est plus en état de profiter, & qui ayant été quelques années en état de consistance, commence à diminuer & à dépérir par caducité & vieillesse.

Il y a encore une autre différence de futayes à raison de la quantité de bois dont elles sont plantées.

On appelle pleine futaye celle qui est bien plantée, & en laquelle il ne s'est fait aucune coupe par délit ou autrement. Futaye clairement plantée, celle où l'on a coupé des (*b*) arbres. Futaye pillée &

(*a*) Quart de futaye, parce que l'âge de 25 ou 30 ans est le quart de 100 à 120 ans que doivent avoir les futayes pour pouvoir être coupées.

Par une décision de M. de Machault, lors Controlleur-Général des Finances, actuellement Garde des Sceaux, Ministre & Secrétaire d'Etat, il a été arrêté que les quarts de réserve des bois des gens de mainmorte ne pourroient être coupés qu'à 100 ans.

(*b*) Couper des arbres dans une futaye, il en est qu'il faut nécessairement couper, & j'ai vu des futayes où on avoit eu soin depuis l'âge de dix à vingt ans de couper tous les bois blancs; elles étoient devenues bien plus belles, & le rejet qui venoit dessous avoit tellement profité, que l'on avoit peine à le connoître. Ceci est bon pour des propriétaires séculiers, & j'estimerois qu'on ne devroit pas accor-

dégradée, celle en laquelle on a fait plufieurs délits. On appelle même futaye plantée à demi ou au
quart celle en laquelle on a coupé la moitié ou les
trois quarts des arbres dont elle étoit plantée, futaye (*a*) abougrie, celle où les arbres font mal venans.

Anciennement il ne fe faifoit aucune coupe réglée de bois de haute futaye, les Rois n'en faifoient
couper que pour les néceffités de leurs maifons &
bâtimens, & pour la délivrance des ufages dont les
Forêts étoient chargées; mais comme le tout alloit
tomber dans une entiere ruine, non-feulement par
le moyen de ces délivrances, & des infinies dégradations que l'on y faifoit, mais auffi parce qu'elles
étoient parvenues à un tel âge de vieilleffe, qu'au
lieu de profiter elles diminuoient tous les jours fans
efpoir de rétabliffement, les Ordonnances des Rois
François I. de l'année 1544, Charles IX. 1573, &
Henri III. 1587, y ont pourvû en réglant la coupe
des bois de haute futaye à l'âge de cent ans ; on a
en effet reconnu qu'il étoit auffi dangereux de laiffer trop vieillir le bois que de le couper trop jeune, parce qu'outre qu'il dépérit, les racines en defféchent de maniere qu'elles manquent de féve &
ne font plus en état de repouffer de nouveau bois,
& cela fe voit particuliérement dans les Forêts des

der aux gens de main-morte cette permiffion, par ce qu'ils en abufe-
roient fûrement ; car fi les Officiers des Maîtrifes n'y tenoient pas
exactement la main, leur bois feroit bientôt ruiné.

(*a*) Futaye abougrie vient parce que les coupes que l'on a précé-
demment faites, l'ont été dans un âge trop foible, & que les arbres
n'ont pû s'élever.

montagnes de cette Province & de la Guienne , de même qu'en plusieurs autres de France ; mais ces Ordonnances ont été par-tout mal observées, & particuliérement en cette Province , où il n'y a aucune Forêt de haute futaye , que celles qui se trouvent aux extrémités des montagnes , lesquelles sont encore dégradées avec excès.

ARTICLE III.

Des Baliveaux sur Taillis.

LEs Baliveaux sur taillis , autrement appellés (a) étalons , sont des arbres que les Ordonnances & Réglemens veulent que les Marchands qui exploitent les ventes de bois , laissent par chacun (b) arpent ; c'est la disposition des Ordonnances de Charles IX. en 1563 & 1573 , & celles de Henri III. en 1587, 1588 , & autres remarqués en l'article du bois taillis.

Les Bénéficiers, gens de main-morte , les Com-

(a) Baliveaux, appellés étalons par analogie aux chevaux, parce qu'ils repeuplent les ventes par le gland qu'ils répandent sur la terre , qui se recouvrant par les ventes , quelquefois même fouillée par les Sangliers , les enterrent & les fait mieux revenir.

(b) L'Ordonnance de 1669 , au titre 26, art. 1 , ordonne que les particuliers seront tenus de laisser seize Baliveaux par arpent de taillis & dix de futaye. Par Arrêt de la Table de Marbre de Paris, au Souverain, du 8 Janvier 1603, il a été décidé que des Marchands ventiers des taillis Ecclésiastiques sont amendables de n'y avoir laissé des Baliveaux de l'âge , bien que par leurs Contrats ils n'en fussent chargés , & n'ont recours contre leur vendeur ; ce qui est confirmé par l'art. 7 du titre 24 de l'Ordonnance de 1669.

munautés Eccléfiaftiques & Séculiéres , & les (*a*)
particuliers même font fujets à cette loi ; & comme
ces arbres leur tiennent nature de fond & de haute
futaye , il n'eft pas permis aux Officiers du Roi ,
aux Bénéficiers , gens de main-morte , ni aux Communautés Eccléfiaftiques & Séculieres de les couper (*b*) fans Lettres-Patentes bien & dûement vérifiées ; fuivant l'Ordonnance de Henri III. de 1583,
art. 15 , les particuliers même ne peuvent pas couper ni vendre ceux qui font en leurs Forêts qu'ils
n'ayent atteint l'âge de quarante ans , à peine de
confifcation & d'amende arbitraire contre les ven-
deurs & acheteurs fuivant l'Ordonnance de Henri II.
en Février 1554 , art. 32 , laquelle il eft grand be-

(*a*) Par Arrêt du Confeil du 21 Septembre 1700 , il a été défendu
à tous particuliers d'abattre aucuns chênes , qu'ils n'ayent fait au préa-
lable , fix mois avant , leur déclaration au Greffe de la Maîtrife dont ils
font , & trois mois pour les ormes , par un autre Arrêt du Confeil du 9
Mars 1686.

Par Arrêt du Confeil du deux Décembre 1738 , il eft défendu aux
Greffiers defdites Maîtrifes d'exiger ni recevoir plus de dix fols , tant
pour la réception de chaque déclaration , que pour l'expédition d'icelles , quelque quantité d'arpens de futaye , baliveaux fur taillis , ou arbres épars qui s'y trouvent compris , à peine de deftitution de leurs
charges , & de reftitution des fommes qu'ils auront reçues au-delà defdits dix fols , & de mille livres d'amende qui ne pourra être réputée
comminatoire.

(*b*) Il n'eft pas permis de les couper , mais par la Jurifprudence du Confeil , dès que les Communautés Eccléfiaftiques , Abbés Commendatai-
res , Prieurs & généralement gens de main-morte , ont confenti de porter leurs taillis à vingt-cinq ans , Sa Majefté leur accorde tous les baliveaux au-deffus de l'âge de quarante ans , en y faifant les réferves de
ceux de quarante ans & au-deffous , & vingt-cinq baliveaux de l'âge
du taillis. Il y a fouvent de l'abus dans ces fortes d'Arrêts , en ce que
l'Officier qui va faire ces délivrances , délivre tous les arbres de quarante
ans , qui font quelquefois bien venans ; il feroit à propos que l'Arrêt
décidât pofitivement les arbres de quarante ans mal venans.

foin de remettre en vigueur en cette Province.

Par les réglemens que l'on a fait dans les réformations de ce tems pour les bois du Roi, & pour ceux des gens de main-morte & des Communautés, on a permis la coupe de ceux qui auroient l'âge de (*a*) cent à cent vingt ans, par nombre certain en chacun arpent, commençant toujours par les plus vieux & les plus dépériffans, à la charge de les couper en coupant les taillis. (*b*) Ce qui a donné lieu à ce réglementeft premierement, que fi on laiffoit par trop multiplier les baliveaux, les taillis deviendroient inutiles, & que d'ailleurs la futaye inégale qui vient de la réferve des baliveaux de différens âges ne vaudroit rien. En fecond lieu, parce qu'on a trouvé à propos de donner par chacun an aux Eccléfiaftiques & Communautés leur chauffage & les autres commodités dont ils ont befoin pour l'entretien des bâtimens dépendans de leurs Bénéfices, & pour leurs autres néceffités, & de leur

(*a*) C'eft à quoi on auroit du tenir la main, mais les Communautés toujours avides de couper, ont trouvé le moyen d'obtenir tous les baliveaux au-deffus de quarante ans, & ce par un feul Officier, les uns de deux ans en deux ans, les autres de huit ans en huit ans. L'impoffibilité où on a été de reconnoître les réferves au bout de ce tems, a été la ruine de tous leurs bois, & les Officiers ont négligé de leur faire juftifier de l'emploi en réparation, de forte que les bois font ruinés & leurs biens en très-mauvais état.

(*b*) En coupant le taillis, fi on abbat des chênes poftérieurement à la coupe du taillis, quand ce ne feroit que l'année fuivante, ce taillis qui a pouffé deux féves, celle d'Avril & celle d'Août, étant déja élevé à une certaine hauteur, fe trouve abbatu par la chute des arbres. Plié dans fa jeuneffe, il ne peut fe relever, & les voitures qui y entrent une feconde fois achevent de le renverfer, il devient rabougri & la pâture des beftiaux qui vuident la vente, & les jeunes brins qui fe feroient élevés ne font plus que de méchantes rachées.

ôter par ce moyen les occafions de dégrader.

On fait plufieurs diftinctions de baliveaux.

La premiere diftinction eft à raifon de la naiffan-ce de l'arbre que l'on appelle baliveau fur brin, s'il vient de femence, de racine, & fur un feul pied, & ne fait qu'un brin, ou fur fouche, s'il vient fur un pied qui produit plufieurs brins, (*a*) le premier eft toujours le meilleur.

La feconde, eft à raifon de l'âge, & il y en a de trois fortes, les anciens, les modernes & ceux de l'âge du taillis. Ceux de l'âge du taillis font les ar-bres que les Marchands font obligés de réferver de l'âge du bois taillis qu'ils exploitent, les modernes font ceux qui ont été réfervés aux coupes précéden-tes depuis quatre-vingt à foixante ans & au-deffous, les anciens font ceux qui ont atteint ou paffé l'âge de cent ans.

La troifième eft à raifon de l'efpéce du bois ré-fervé pour baliveau, car on prend pour cette ré-ferve, ou le chêne, ou le hêtre, ou le chataignier, qui font les meilleures efpeces; à défaut defquels on prend des (*b*) bois blancs ceux qui viennent le mieux.

(*a*) Il ne faut pas toujours regarder pour baliveaux fur fouche ceux feulement qui font en plufieurs brins fur une fouche. Tous les jours nous voyons des fouches parfaitement coupées en terre qui ne produifent qu'un feul brin, ce n'en fait pas moins tel beau qu'il puiffe être un baliveau fur fouche.

(*b*) Quoique M. Froidour n'aye pas défigné en efpeces les bois qui font les plus propres à réferver parmi ceux appellés bois blancs, on peut néanmoins en faire une diftinction. L'Ordonnance de 1669, en prefcrivant les amendes que l'on encourroit pour les abbatre ou éhoup-per, a fait trois claffes, tit. 32, art. 1. Pour le chêne & tous les ar-bres fruitiers à 4 liv. le pied de tour. Ici M. Froidour comprend le hêtre, c'eft avec raifon, car c'eft un des plus utiles dans l'Etat pour la

La derniere eſt à raiſon de la qualité ; on appelle un bon baliveau celui qui eſt bien venant, de bonne hauteur & groſſeur convenable ; eſlandré & fluet, celui qui eſt haut ſans groſſeur ; pommier, celui qui met toute ſa croiſſance en branches ; rabougri , celui qui vient tortu & boſſu.

ARTICLE IV.

De la vente par pieds d'arbres.

LEs délivrances des chauffages & autres uſages ſe faiſoient autrefois par coupes de certaines quantités d'arbres qu'on choiſiſſoit vaguement & çà & là par toutes les Forêts, & cela s'appelloit vente ou coupe par pieds d'arbres, qui étoit anciennement très-commune. Nous avons reconnu en procédant à la réformation de la Forêt de Greſigne , qu'elle y avoit été introduite en faveur des habitans de Gaillac , pour leſquels on y coupoit tous les ans cent ou deux cens pieds d'arbres , qui donnoient occaſion (*a*) d'en couper ſix fois autant. Le mau-

---

menuiſerie, boiſſellerie & en bois de corde, il donne auſſi une huile. L'Ordonnance ne preſcrit cependant pour un arbre ſi utile que 2 liv. 10 ſ.

L'orme dans les autres eſpéces qui ne ſont pas dans la premiere claſſe, mais bien dans la ſeconde, eſt d'une grande reſſource. Un orme qui ſe leve bien dans un beau taillis en fera une grande , tant pour le charonnage que pour le plan qu'il peut donner, & en procurer quelques jeunes pour les avenues des Forêts, n'y en ayant gueres qui n'en ayent. J'eſtimerois après le freſne , ſi utile au charonnage & pour les Tourneurs.

(*a*) D'en couper ſix fois autant , il eſt vrai que dans le cas où les

vais

vais état auquel cette Forêt se trouve aujourd'hui , confirme ce que l'on a expérimenté par tout ailleurs, qu'il n'y a rien de plus ruineux pour les Forêts que cette forte de coupe ; c'est pour cela que par les réglemens des anciennes réformations , confirmés par les (a) Ordonnances , elle est très-expressément défendue , & nous n'en faisons ici mention que pour avertir les Officiers de n'en point faire ni consentir.

ARTICLE V.

Des Ventes par Eclaircissement ou Expurgade.

CEtte Vente se fait lorsque le bois taillis a atteint l'âge de dix, douze, quinze ou dix-huit ans , auquel tems tout le bois étant fort touffu & fort épais, on le coupe, à la réserve des principaux brins qui font fur chacune souche ; & lorsqu'il est recru à pareil âge, on le recoupe de nouveau , & même

Arrêts du Conseil n'accordent qu'une certaine quantité d'arbres aux Ecclésiastiques , il est rare que les Officiers n'en délivrent davantage qu'il n'est porté par l'Arrêt, mais c'est un très-grand abus.

(a) Ordonnance de François I. en Juillet 1544. Etats de Blois en Novembre 1566. Edit d'Henri III. en Mai 1579 , art. 337. Louis XIV. Août 1669. titre 21. art. 1. & tit. 25. art. 11. qui ordonne positivement que les coupes feront faites à tire & aire, c'est-à-dire de suite, sans intermission de la vieille vente à la nouvelle ; la raison est qu'ils ne peuvent être abbatus parmi les bois de haute futaye sans y faire beaucoup de dommage par leurs chutes, & par les charrettes nécessaires pour mettre le bois hors de la vente , les moyeux des roues gâtant de droit & de gauche ; bien souvent dans une vente où on abbat généralement tout ce qui peut être abbatu, les baliveaux anciens & modernes cassant presque toujours les jeunes, à plus forte raison dans une vente où on n'abbat qu'une certaine quantité.

C

le bois réfervé de la précédente coupe , & on réferve encore le plus beau brin qui fe trouve à chacune fouche parmi le jeune taillis. Cette vente qui
eft très-commune en cette Province , & notamment dans les Forêts du Roi , n'eft point connue
dans les Ordonnances , c'eft en matiere de Forêt un
monftre que nous avons fuffifamment combattu dans
les procès-verbaux d'avis que nous avons dreffés
pour le réglement des coupes ; & comme j'ai réfolu de les inférer dans cette (a) inftruction , je n'en
dirai point davantage.

ARTICLE VI.

Des Ventes en recepage.

POur bien entendre cette forte de Vente , il faut
fe figurer une tête que quelque maladie a dé-
pouillée & dégarnie de cheveux , laquelle il faut
rafer pour les y faire revenir & les faire recroître
avec abondance : il en eft de même des Forêts , en
ce que lorfqu'elles ont été pillées & dépeuplées
de bois ou abrouties (b) par les beftiaux , il faut

(a) L'Ordonnance de 1669 , ayant profcrit cette vente , & ce d'a-
près les avis de M. de Froidour , il eft , je crois , très-inutile de les rapporter.

(b) Bois abrouti eft celui qui a été mangé par les beftiaux ; ceux
qui y font plus de tort font les chévres , les moutons , les bœufs , les
ânes & les mulets ; ils en retardent , par leurs morfures , la féve de deux
ans. Le bouc par fa dent venimeufe fait mourir totalement le rejet.
Par les anciennes Ordonnances , il eft dit & ordonné de tuer le bouc fur
le champ.

les rafer, couper, & pour parler aux termes des Ordonnances, il faut les receper pour y faire revenir le bois : c'eſt un ménagement que l'on pratique ordinairement pour le rétabliſſement des bois, & la coupe qui ſe fait pour cela s'appelle recepage.

Ces ſortes de coupes ſe font rarement dans les taillis, parce que comme on les a coupés juſqu'à préſent à l'âge de neuf & dix ans, c'eſt une eſpece de recepage qui ſe fait de tems en tems, qui a remédié aux déſordres que l'on a pû faire dans les bois. Il y a néanmoins trois rencontres, leſquelles avenantes, on peut introduire des recepages dans les bois taillis. La premiere, un incendie, (a) auquel cas il ne faut en maniere quelconque le différer ; la ſeconde, des délits & abroutiſſemens exceſſifs, & la troiſième une forte gelée qui ait perdu tous les nouveaux rejets.

Ils ſont plus fréquens dans les futayes, & particulierement ſur les bordages des Forêts, parce que comme dans l'eſpace de cent & deux cens ans elles demeurent expoſées aux pillages, les délits & abroutiſſemens y ſont plus conſidérables, & parce que ſi on laiſſoit les bois ſans les couper, au lieu de profiter, ils diminueroient journellement à tel excès, qu'à la fin la Forêt ſe dépeupleroit de bois ; on remédie à cela par le moyen des recepages, leſquels, s'ils ſont conſidérables, l'on fait tenir lieu de ventes ordinaires ; & cependant l'on ſurçoit la coupe des bons bois, & s'ils ſont de petite conſéquence, on les coupe outre les ventes.

(a) Soit que le feu y ait été mis par malice, ou qu'il y ait pris par accident.

ARTICLE VII.

Des Bois chablis, rompus & verfés, & autres compris fous le nom de menus marchés.

SOus ce titre de menus marchés, font compris plufieurs fortes de bois que les Officiers doivent vendre au profit du Roi.

Premierement, les arbres chablis, chablés ou caables qui ont tous la même fignification, & font les arbres abbatus par le vent, foit qu'ils ayent été emportés avec les racines ou qu'ils ayent été rompus par le pied.

En fecond lieu, les rompus, rompis, & volis ou volins, qui font les arbres rompus par la moitié du corps, (*a*) ou leurs maîtreffes branches, quelquefois appellés volis ou volins, parce que le vent les a fait voler.

En troifième lieu, les menus bois que l'on appelle en termes d'Ordonnance, les remanans aux Charpentiers, qui font les coupeaux, branches, fouches, troncs & autres femblables bois qui reftent des arbres que l'on a coupés pour les bâtimens du Roi, ou que les marchands laiffent dans les ventes après le tems de vuidange expiré. (*b*)

Et enfin tous les arbres & bois de condamnation,

(*a*) Par Arrêt de la Table de Marbre de Paris du 30 Janvier 1607, il eft défendu aux Officiers de la Maîtrife de Crecy d'ordonner & faire le martelage & adjudication des Etocs des volis.

(*b*) Tems de vuidange eft celui qui eft accordé aux Marchands pour débiter & tirer toutes leurs marchandifes hors des ventes.

1 . Volis.   2 . Chablis.
3 . Ouvriers qui essaïent de faire tomber par pieux et cordages un arbre,
c'est ce que Mr. Froidour appelle faux ventis.

forfaiture, ou délit, ce qui signifie la même chose; savoir les arbres charmés, c’est-à-dire, ceux auxquels on a fait quelque chose aux pieds ou autrement, pour les faire mourir & tomber malicieusement.

Les arsins, ceux auxquels on a mis le feu pour les faire mourir & tomber. (*a*)

Les faux ventis, ceux qu’à force de cordages ou autres machines, on a fait tomber comme si le vent les avoit abbatus.

Ceux qui sont abbatus par déchaussement, c’est-à-dire, auxquels on a ôté la terre qui couvroit le pied.

Ou par racines coupées, c’est-à-dire, ceux auxquels on a coupé les racines, ou par scie, ou par coignée, & en telle autre maniere que ce soit ou puisse être.

Mais il faut faire cette observation, que pour la vente des bois chablis, bois rompus, & des remanans aux Charpentiers, il n’y a point de tems à perdre, parce que plus on les laisse sur les lieux, plus il y a de perte pour le Roi. Et en effet, outre que les délinquans y font bréche tous les jours, le bois dépérit aussi, demeurant exposé aux injures du tems. Et pour ce qui est du bois de condamnation, forfaiture & délit, il ne peut pas être vendu que le délinquant n’ait été trouvé & condamné en l’amende (*b*)

(*a*) J’ai vû dans un recollement provisoire que je fis par Arrêt du Conseil, dans une réserve de futaye, que pour faire des chablis, on avoit déraciné des arbres & mis des leviers dessous pour les abbatre à terre, & avoir la permission de les couper.

(*b*) Conformément à l’Arrêt de Réglement pour la Forêt de Crecy en Brie, du 30 Janvier 1607.

& à la reſtitution du prix de l'arbre, & même il ne peut pas lui être vendu ni à autre pour lui ; c'eſt un avis que les Officiers ne doivent point oublier.

ARTICLE VIII.

De la différence des Ventes ordinaires & extraordinaires.

LEs Ventes ordinaires, à proprement parler, ſont les Ventes des taillis qu'on coupe par chacun an en chacune Forêt par coupes réglées à certaine quantité ; car anciennement il n'étoit point loiſible de couper les futayes, (*a*) & toutes les Ventes qu'on en faiſoit étoient extraordinaires. Mais depuis l'Edit de 1573, qui régle les coupes de futaye à certain âge & à certaine quantité, les Ventes qui en ont été faites conformément à cet Edit, & en exécution d'icelui, ont auſſi été appellées ordinaires ; de ſorte qu'à préſent en fait de futaye comme de taillis, on appelle Ventes ordinaires toutes celles

(*a*) Suivant l'Arrêt du 10 Mars 1685, les propriétaires des bois de haute futaye qui veulent couper plus de vingt-cinq arpens, ſont tenus d'en donner avis à M. le Controlleur-Général & au Grand-Maître, dans le reſſort duquel ils ſont ſitués, un an avant que d'en pouvoir faire la vente, & ceux qui en veulent couper 25 arpens & au-deſſous, ſix mois avant, & dans l'un & l'autre cas, d'envoyer copie de la déclaration ; mais depuis c'eſt au Greffier à envoyer tous les mois à M. le Controlleur-Général celles qui ont été faites, & ſi un particulier a beſoin de bois pour employer en réparations ou chauſſées d'Etangs, il peut, ſuivant cet Arrêt, en faire couper juſqu'à 100 pieds au-deſſous de trois pieds de tour, & 50 au-deſſus de cette groſſeur, en en donnant avis au Greffe de la Maîtriſe particuliere dans le reſſort de laquelle les bois ſeront ſitués, un mois avant l'exploitation.

qui fe font par chacun an par coupes réglées à certain âge & à certaine quantité, & on appelle Ventes extraordinaires toutes celles qui fe font outre les ordinaires.

ARTICLE IX.

De la différence des Ventes qui fe font au plus offrant & dernier enchériffeur, d'avec celles qui fe font au rabais & moins difant.

ORdinairement les adjudications qui fe font des bois du Roi, & des fermes des herbages, pâcages, glandées & autres, fe font au plus offrant & dernier enchériffeur, conformément aux Ordonnances, ainfi que je l'expliquerai plus amplement dans la feconde Partie de cette Inftruction ; c'eft ainfi qu'on en ufe en toutes les occafions où les ventes & fermes fe font au profit du Roi ou d'autres étant au lieu de Sa Majefté : mais on pratique le contraire lorfque les délivrances des bois du Roi ou autres fermes qui en dépendent fe font pour le profit des particuliers ; pour faire entendre cela il ne faut qu'en propofer des exemples ; lorfqu'à défaut de coupes dans les Forêts fur lefquelles, fuivant les Ordonnances, tous les chauffages & autres ufages en bois doivent être affignés, on eft obligé pour la fourniture des chauffages des Officiers ou ufagers, ou de tels autres ufages que ce foit, ou de bois à bâtir, ou de bois pour faire inftrumens aratoires, pour parler en termes de cette Province, ou pour faire du merrein, de faire quelque délivrance de bois. La premiere chofe qui fe fait eft de régler & arrêter l'état des ufages qu'il faut fournir. La feconde eft de vifiter l'endroit de la Forêt, ou fuivant l'ordre des coupes la délivrance doit être faite, & de faire eftimer par expert la quantité d'arpens ou de perches qui eft néceffaire pour la fourniture des ufages dont il s'agit. (a) Et la troifième chofe qui fe fait, eft qu'afin qu'il n'y ait point de léfion pour le Roi dans cette eftimation, ce qui a été eftimé néceffaire & & mefuré en conféquence, fe vend & s'ajuge à celui qui entreprend de faire cette fourniture à moins d'arpens ou de perches, & au lieu qu'au premier cas l'adjudication fe fait à celui qui enchérit le plus, en celui-ci à celui qui fait le plus grand rabais, & qui diminue davantage de la quantité qui a été mefurée & expofée en vente; & cette maniere de vendre le bois s'appelle vendre au rabais & moins difant en bois; c'eft à peu près ce qui fe pratique lorfque l'on donne les œuvres du Roi au rabais & moins difant.

(a) Par l'Ordonnance de 1669, titre 20, art. 1 & fuivans, les ufages & chauffages dans les bois du Roi ont été révoqués, à l'exception toutefois des fondations & dotations faites aux Eglifes, Chapitres, Abbayes, Monafteres, Hôpitaux, Maladreries & autres Communautés Eccléfiaftiques féculieres & régulieres, auxquelles, fuivant l'article 5 dudit titre, ils ont été confervés en efpece dans les Forêts qui peuvent le fupporter; & quand les Forêts ne le peuvent, ils font réglés en argent fuivant ce qu'y vaut le bois blanc, qui eft celui que les Communautés peuvent & doivent prendre pour leur chauffage; mais pour celles qui n'avoient des chauffages qu'à titre d'aumône de Louis XIV. ou des Rois fes prédéceffeurs, ils ont été par lui réglés en deniers, & fe payent par les Receveurs-généraux & particuliers fur le prix des ventes fuivant les états qui en font arrêtés tous les ans au Confeil, conformément à l'article 7 dudit titre.

CHAPITRE

CHAPITRE II.

Des moyens de mettre les bois du Roi en valeur, & d'en bien régler les coupes.

LE moyen de mettre les Forêts en valeur & de les rendre confidérables par le revenu qu'on peut tirer des ventes par chacun an, confifte en un feul point, qui eft d'en bien régler les coupes. J'ai parlé ci-devant de deux anciens réglemens généraux, l'un defquels regarde les taillis, qui en régle les coupes à l'âge de neuf à dix ans, & qui ordonne la réferve des baliveaux, & l'autre regarde la futaye, qui en régle les coupes à l'âge de cent ans. J'ai même expliqué en paffant les raifons fur lefquelles ils font appuyés ; à quoi j'ajouterai ici une chofe qui me paroît de la derniere importance pour cette Province, où l'on coupe les taillis à l'âge de trois, quatre & cinq ans au plus, qui eft d'empêcher cet abus, & de faire remettre & revivre en vigueur l'ordonnance qui a difpofé du tems auquel la coupe en doit être faite. C'eft une chofe qui me paroît honteufe à la Province, que dans le plus beau & le plus riche pays du Royaume, comme celui du Diocèfe de Montauban, qui eft traverfé de trois grandes rivieres, fur lefquelles il y a quantité de beaux Moulins, où il y a grand vignoble, & plufieurs milliers d'arpens de Forêts & en bons fonds, qu'à peine on y puiffe trouver, je ne dis pas du bois

D

propre pour les bâtimens, pour les chauffées des
Moulins, ni pour faire du mefrien, mais même des
inftrumens aratoires. Nous pourvoirons à cet inconvénient en ce qui regarde les bois du Roi & des
Communautés Eccléfiaftiques & Séculieres par les
réglemens que nous établiffons pour les coupes de
leurs bois; mais il faut auffi apporter le même foin
à la confervation des bois des particuliers, en les
obligeant d'obferver l'Ordonnance qui leur fait défenfes de les couper qu'ils n'ayent au moins atteint
l'âge de neuf à dix ans, qui les aftreint à la réferve
des baliveaux, & qui leur en défend la coupe & la
vente qu'ils n'ayent au moins atteint l'âge de quarante ans ; l'obfervation de ce réglement fera un
moyen de réparer le défordre du paffé, & de repeupler la Province d'arbres pour toutes fes néceflités.
J'ai remarqué encore dans les Ordonnances un autre
réglement, qui eft de l'année 1561, (a) par lequel

(a) Suivant l'Edit de Charles IX. en Octobre 1561, il fut ordonné
que la tierce partie des bois du Domaine du Roi & des gens de main-
morte, feroit mife en réferve pour croître en futaye. Par l'Arrêt d'enregiftrement de cet Edit, la Cour de Parlement, en ordonnant que fi
un bois taillis, par la ftérilité de fon fonds ou efpece du bois ne pouvoit croître en futaye, il en feroit informé d'Office à la requête du
Procureur-Général, pour l'information vûe y être pourvû par la Cour,
a ordonné que le tiers réfervé pour croître en futaye, feroit foffoyé,
borné & marqué pour faire connoître que c'eft un bois deffenfable &
réfervé ; auffi l'Ordonnance de 1669, titre 24, art. 2, en conformité
de celles de 1561 en Octobre, 1573 en Août, 1557 en Mai, art. 30.
a ordonné précifément que la quatriéme partie des bois des gens de
main-morte feroit appofée en réferve & féparée du refte des taillis par
bornes & limites, & réputée de pareille nature & qualité, fans qu'il
foit permis d'en ufer ou couper aucuns arbres que par les formes prefcrites pour la futaye.
    Le quart de réferve eft regardé fi néceffaire, que par Arrêt du
Confeil, je l'ai fouvent appofé pour douze arpens, ce qui faifoit trou-

il eſt ordonné que la tierce partie de tous les bois
du Domaine & autres ſeroit délaiſſée pour croître
& ſe convertir en nature de bois de haute futaye.
Cet Edit a été d'une très-grande utilité, parce qu'il
a empêché la ruine entiere des Forêts du Roi, qu'on
réduiſoit toutes en taillis, il a auſſi ſervi à empêcher
l'entiere diſſipation que les Eccléſiaſtiques & Bénéficiers faiſoient des bois dépendans de leurs Bénéfices, particulierement du côté de France, où l'on
trouve encore quelques bois de futaye; mais comme
le Roi a départi dans toutes les Provinces de ſon
Royaume des Commiſſaires pour la réformation générale des Forêts, qui entrent dans la connoiſſance
du détail de toutes choſes; je ſuis bien d'avis qu'ils
doivent toujours ſe propoſer l'eſprit de cette Loi qui
eſt le rétabliſſement & la conſervation des hautes
futayes, mais je n'eſtime pas auſſi qu'il faille toujours s'aſtreindre à la lettre; la raiſon eſt qu'il faut
demeurer d'accord que toutes ſortes de taillis ne
ſont point propres à produire des bois de haute futaye. Il y a des Forêts qui pour la plus grande partie ne ſont plantées que de bois blanc & de mort-
bois qui ne ſont point propres à cet uſage, il y en a
dont le fonds eſt trop humide (*a*) ou trop ſec, & ſi

arpens en réſerve, & il a été poſé pour quatre arpens, ce qui faiſoit un
arpent. Au-deſſous de quatre arpens on ne diſtrait pas le quart, l'uſage
& la Juriſprudence du Conſeil eſt d'ordonner que cette partie reſtera
en total.

(*a*) Trop humide. Il n'y a rien de ſi facile que de deſſécher les Forêts
les plus aquatiques, par les foſſés, ſangſues & rigolles, en leur donnant
la pente néceſſaire pour l'écoulement des eaux, telle étoit la Forêt de
Crecy en Brie, que même en été elle n'étoit pas pratiquable; depuis
les foſſés qu'on y a fait, elle l'a été même en hyver.

D ij

ingrat qu'à peine il peut produire des quarts de futaye, c'eſt-à-dire des bois de trente & quarante ans,
& nous avons en cette Province des Forêts de cette
nature, les unes trop humides, comme celle de Baſiege & de S. Rome, les autres trop arides, comme
celles de Vauré, de la Greſve, de Gariſgue, Claire,
dont je parlerai dans la ſuite ; de ſorte que comme
toutes les Forêts du Royaume ne ſont point de même fonds & même plan, il faut, en procédant au
réglement de leurs coupes, prendre l'eſprit de la
Loi, & du reſte apporter quelque tempéramment
à ſa diſpoſition par les circonſtances de la qualité
du fonds, de la qualité du bois & du débit qui s'en
eſt fait. Pour donc achever de traiter cette matiere
à fonds, & pourtant le plus ſuccinctement & le
plus intelligiblement qu'il me ſera poſſible, pour
les Officiers que je veux inſtruire, je dois leur dire
que pour parvenir à ce réglement, il faut qu'ils faſſent trois choſes. La premiere, une reconnoiſſance
de l'ancien bornage, parce que la premiere choſe
qu'il faut faire eſt de réunir au corps des Forêts toutes les parties qui en ont été diſtraites & uſurpées,
pour pouvoir dans la ſuite connoître au vrai leur
étendue. La ſeconde, eſt un meſurage, plan & deſcription exacte des Forêts, contenant toute leur
étendue, & la quantité d'arpens dont elles ſont
compoſées par diſtinction de triage, (*a*) & de la

(*a*) Triage, c'eſt-à-dire local, termini en termes de cette Province.
Généralement le mot de triage veut dire une partie de la Forêt.

On diviſe ordinairement une Forêt en deux, trois, quatre & cinq
gardes, qui ſont confiées à la garde d'un homme prépoſé pour ce
qu'on appelle garde-fonds.

nature du bois dont chacun eſt planté , ſoit de futaye, ſoit de taillis, avec la remarque de leur âge,
ſoit que les bois y ſoient de bonne nature ou mal
venans, avortés, rabougris & abroutis, & qu'il y ait
des places vuides naturellement , ou par le moyen
des coupes , délits , incendies , abroutiſſemens &
défrichemens.

La troiſième , eſt la viſite exacte des Forêts , ſuivant de triage en triage tout ce qui eſt porté par le
plan & meſurage qui en a été dreſſé , & dans cette
viſite ou reconnoiſſance pour mieux dire , les Officiers peuvent ſe faire accompagner de quelques
Marchands experts & habiles en fait de Forêts , &
eux doivent s'appliquer à bien connoître ; premierement, la qualité & nature du fonds , s'il eſt trop
humide , s'il eſt trop ſec , s'il eſt maigre , s'il eſt
gras & ſuffiſamment bon pour fournir à la nourriture des bois de haute futaye ; en ſecond lieu, l'eſpece du bois dont ils ſont plantés ; ſi de bois blanc,

Chaque garde eſt diviſée en deux , trois ou pluſieurs triages , & chaque triage en pluſieurs ventes. Chaque triage a ſon nom qui prend ſon
origine ordinairement des Fiefs , acquiſitions ou dotations , ou quelqu'autre choſe remarquable , quelquefois d'une marre , ou d'une fontaine,
ou ferme , ou autres raiſons , & les ventes de ceux qui de mémoire ancienne les ont achetés les premiers.

Le mot de triage ſe prend auſſi pour la part & portion que les Seigneurs peuvent prendre dans les bois , prés , marais , iſles , pâtis , lan-
des , bruieres & graſſes pâtures , lorſque c'eſt à titre de conceſſion gratuite que les habitans les tiennent deſdits Seigneurs ou leurs auteurs ;
& cette conceſſion ne peut être réputée gratuite de la part des Seigneurs,
ſi les habitans juſtifient du contraire , ou s'ils en payoient quelques re-
connoiſſances en argent ou corvées ou autrement ; auquel cas elle ſera
réputée onéreuſe , & les Seigneurs ne pourront jouir de leurs tiers,
mais ſeulement de leurs uſages & chauffages comme premiers habitans.
Titre 25. art. 5.

bois tendre & mort-bois, qui ne puiſſe pas ſubſiſter
long-tems; ſi de bois qui vient ordinairement dans
les lieux ſecs, comme ſont les garrigues de cette
Province; ſi de bois de chataigniers, chênes & hêtres, qui ſont les bois propres pour les futayes; ſi
le bois eſt de belle venue, ou s'il demeure abougri,
juſqu'à quel âge le bois profite, & à quel âge il dépérit; ſi le bois ayant été coupé vieux revient facilement ou non; & en troiſième lieu il doit examiner & s'informer exactement quel eſt le bois le plus
néceſſaire dans le pays où la Forêt eſt aſſiſe, quel
eſt celui qui ſe vend le plus cher & plus facilement,
ſi c'eſt le bois à bâtir; le bois meſrein, bois de latte
ou les échalats, bois de chauffage ou le charbon. Il
doit auſſi conſidérer s'il y a quelque riviere par le
moyen de laquelle le bois étant tranſporté puiſſe
être mieux vendu. En un mot, il faut s'appliquer à
remarquer juſqu'à la moindre circonſtance qui peut
ſervir d'éclairciſſement & de fondement pour le réglement en queſtion, & toutes ces choſes bien &
dûement reconnues & examinées, il faut en faire
l'application en la maniere qui ſuit.

Premierement, je ne dois point oublier de dire
qu'ordinairement dans les réformations l'on a réſervé dans les Forêts quelques triages de bois de haute futaye en deffends, & dans les inſtructions que
l'on nous a données pour notre réformation, cet
avis n'a pas été omis.

Des Def-
fends. Les Deffends ſont des bois de haute futaye qu'on
laiſſe en réſerve avec défenſe d'y établir aucune coupe, ſoit grande, ſoit petite, pour pourvoir aux né-

cessités publiques, & pour laisser en chacun pays une ressource pour se prémunir contre le malheur d'un incendie s'il arrivoit : or comme pour cela il faut trouver des bois qui soient propres, qui soient des futayes bonnes & vigoureuses, & capables de durer longtems; il faut aussi qu'elles soient assises en de bons fonds, & qui puissent fournir à leur nourriture : il faut même que ce soit dans de grands corps de Forêts, & en des triages qui soient éloignés des lisieres, lesquelles comme elles sont plus à la bienséance des délinquans, se trouvent pour l'ordinaire deshonorées & dégradées; au lieu que ce qui se trouve dans le milieu est défendu par la difficulté même qu'il y a de l'aborder. Ce sont trois circonstances qui doivent être jointes pour déterminer les Officiers qui se trouveront dans l'occasion d'ordonner des Deffends, à choisir un endroit plutôt que l'autre : nous n'avons pas trouvé à propos d'en établir en aucune Forêt de cette Province, parce qu'outre qu'elles sont trop petites, & en des fonds qui ne sont pas assez bons, nous les avons aussi trouvées par trop dégradées pour pouvoir être utiles à cet usage.

Pour ce qui est de l'établissement des futayes, il faut avoir les mêmes considérations, & quand une fois ces trois circonstances se trouvent, un bon fonds, une bonne nature de bois & une grande Forêt, on doit, tout autant qu'on peut, y conserver des futayes, & entretenir en coupes ordinaires de taillis les bordages qui sont les plus exposés au pillage.

Mais pour se déterminer sur l'âge auquel on doit

couper les futayes , soit à quatre-vingt , soit à cent, six-vingt, cent-cinquante ou deux cens ans , il faut après l'examen de ces trois circonstances, reconnoître jusqu'à quel âge le bois profite; parce que constamment il y a des bois qui passé quarante, cinquante (*a*) & soixante ans, ne profitent plus , & c'est abuser la terre que de les laisser plus long-tems debout. Il faut aussi considérer jusqu'à quel âge le bois ayant été coupé recroît facilement , parce qu'il est très-dangéreux de le laisser par trop vieillir. L'expérience fait voir tous les jours que quand on a laissé trop vieillir le bois sans le couper il ne pousse plus aucun rejet.

C'est par ce moyen que la Forêt de Lendorte , dont on a laissé vieillir les arbres jusqu'à quatre & cinq cens ans, a été réduite au mauvais état où elle se trouve. Il en est de même de plusieurs Forêts qui sont dans les hautes Pyrenées , & de toute la lande qui est dans le Magnoac , & dans la Baronnie de la Barthe. Ce mal provient de ce que les racines étant trop anciennes sont desséchées, & manquent de force & de séve pour pouvoir pousser de nouveaux rejets, étant en cela comme des femmes, qui dans leur vieillesse deviennent stériles : ainsi après la coupe de ces anciennes futayes , ou la terre ne

(*a*) Il faut convenir qu'il y a des bois qui passé cet âge ne profitent plus ; mais l'usage général est qu'une futaye devient belle jusqu'à cent ans. J'estimerois néanmoins de la conserver jusqu'à cinquante ans, d'y réserver vingt-cinq baliveaux ou trente dudit âge , de la recouper après lesdits autres cinquante ans révolus , on auroit des arbres de cent ans & des modernes de cinquante, & toujours successivement la futaye se trouveroit à cent & cinquante ans, âge auquel un bois peut fournir de grandes ressources.

reproduit

reproduit plus de bois & demeure ſtérile ou inutile, ou du moins ce n'eſt qu'avec beaucoup de tems
qu'elle produit ; car comme elle s'eſt épuiſée pour
fournir à la nourriture de ces grands bois, comme
elle s'eſt réfroidie à l'ombrage de leurs branches
& de leurs feuillages, & altérée par la pourriture
& la corruption des troncs & des racines, il faut
que le bois qui revient ſoit produit par un nouveau
germe qui ſe forme dans la terre. Cela eſt ſi vrai,
que bien ſouvent le bois qui revient dans les endroits
où les vieilles futayes ont été coupées, eſt d'une
autre eſpece que celui qui y étoit auparavant (a),
c'eſt-à-dire qu'où l'on a coupé de la futaye de Châtaignier, il y revient du chêne, & où l'on a coupé
du chêne, il y revient du hêtre : mais cela n'arrive
que dans les bons fonds, & on ſait par expérience
que pour en faire revenir dans la Forêt de Lendorte,
& dans cette lande dont j'ai parlé auſſi bien qu'en
pluſieurs autres endroits, il eſt abſolument néceſſaire d'y en replanter.

Vû ces difficultés, il ſemble qu'il ne faut point
balancer à prendre le parti de couper la futaye plus
jeune ; mais comme en ce faiſant on tombe dans
l'inconvénient de manquer de bois propre pour les
grands ouvrages, & pour les bâtimens de mer, il

______

(a) Coupez une futaye, il y revient du bois blanc, & bien ſouvent
l'herbe domine pendant quatre & cinq ans, ſur-tout ſi les années ſont
humides : mais s'il vient une année ſéche, cette herbe qui eſt au grand
hâle ſéche, & s'il y a du plan il repouſſe avec plus de vivacité, & re-
prend bien vîte le deſſus. Le meilleur moyen eſt d'y jetter du gland
en abondance, & dans des places vagues y replanter très-eſpacé-
ment du bon plan.

E

ne faut pas manquer à pourvoir à ce befoin lorfqu'on trouvera des futayes propres à ces ufages, & en tout cas il faut y pourvoir par la réferve des baliveaux ; car quoi qu'en fait de futaye cette réferve paroiffe inutile ; comme Chaufour l'a remarqué en fon inftruction, parce qu'en effet la plus grande partie des baliveaux qu'on laiffe dans les coupes des bois de haute futaye dépériffent, & en l'efpace de dix à douze ans defféchent par le faîte, il ne faut pas néanmoins pour cela omettre cette réferve ; premierement, parce que l'Ordonnance le veut (*a*), fondé fur ce que ces arbres répandent annuellement leur femence dans les ventes, c'eft un moyen de les repeupler. En fecond lieu, parce que quand en effet tous les arbres dépériroient, l'on ne hazarde pas de perdre beaucoup par cette réferve, & pour peu qu'il refte de baliveaux de ceux que l'on a réfervés, & pour peu d'utilité que l'on tire de la femence qu'ils répandent, on profite toujours très-confidérablement : mais je dis en troifième lieu que la caufe pour laquelle les baliveaux dépériffent, eft

(*a*) Les anciennes Ordonnances avoient deja prefcrit la réferve dans les futayes ; celle de 1669, tit. 26. art. 1. a prefcrit feize baliveaux dans les taillis & dix dans les futayes ; & que ceux qui feroient réfervés dans les taillis, ne pourroient être abbattus que paffé quarante ans, & les futayes à cent vingt ans ; c'eft par conféquent des anciens de deux cens quarante ans. Ils peuvent être encore très-fûrs à cet âge : la plùpart des particuliers ne favent pas qu'ils font tenus de faire leur déclaration au Greffe de la Maîtrife Royale, dont ils ont des bois qu'ils veulent abbattre fix mois avant l'exploitation pour les chênes & autres arbres fur taillis, & trois mois avant pour les ormes qui font en avenues ou épars, pour laquelle conformément à l'Arrêt du Confeil du 2 Décembre 1738. il n'eft dû aux Greffiers defdites Maîtrifes que dix fols, y compris leurs expéditions.

que l'on ne choisir pas des arbres assez vigoureux,
& que, comme pendant que les futayes étoient en
état, ils se font entretenus, & ont subsisté par l'humidité de l'ombrage des arbres, il arrive après l'abatis de ces mêmes arbres que venans à être découverts, les écorces se dessèchent tellement, & la
terre même, que la séve n'ayant plus assez de force pour monter jusqu'à la cime, ils deviennent secs,
dépérissent & meurent ; on peut remédier à cela
en choisissant des arbres vigoureux & de belle venuë, & sans doute ils réussiront ; j'en parle de la
sorte avec assurance, parce que j'en ai vû les expériences dans les Forêts de Compiégne, Villers-Coterets, Coucy, S. Gobain, Leperche, Bellesme
& autres du département de la Grande-Maîtrise de
France, où les baliveaux réservés des coupes précédentes de haute futaye avoient tellement profité
qu'ils valoient dix autres arbres des ventes. Voilà
toutes les circonspections qu'il faut avoir dans les
réglemens des coupes de futaye.

Je passe aux taillis, & dis premierement que
c'est un grand abus de les couper, non-seulement
à trois & quatre ans comme on fait en cette Province, mais même à l'âge de neuf à dix ans : j'en ai
suffisamment expliqué les raisons ci-devant ; il n'y
a pas d'apparence que je m'engage davantage dans
des redites desquelles j'ai quelquefois assez de peine à me dispenser.

Si les Forêts se trouvent d'une étendue assez
considérable pour pouvoir y établir des coupes de
futaye & de taillis, il faut observer ce que j'ai déja

dit ci-deſſus, de placer les taillis aux (*a*) orées des
Forêts, parce que comme elles ſont plus expoſées
aux pilleries des riverains & aux abroutiſſemens de
leurs beſtiaux, les coupes qui s’en ſont de tems en
tems ſont des eſpeces de recepages, dont avec un
peu de ſoin on peut tirer quelque profit, & on a
toujours cet avantage que l’on ne perd pas les fruits
d’une centaine d’années, ce qui ne manque pas d’arriver quand on en uſe autrement; parce qu’ordinairement après qu’on a laiſſé des bois de haute ſutaye
aux liſieres des Forêts voiſines des Villes ou Villages, l’on n’y retrouve après cent ans non plus de
bois que ſi on y avoit établi des coupes ordinaires.
Il faut en outre placer les taillis dans les endroits
où le fonds & le bois ſont de la plus mauvaiſe qualité, parce qu’il n’y a point d’apparence d’abuſer la
terre, la laiſſant long-tems chargée d’un bois qui ne
profite point.

Si les Forêts ſont de ſi petite conſiſtance, ſi elles
ſont en des fonds ſi ingrats, où plantées d’un bois
de ſi mauvaiſe qualité que l’on ne puiſſe y faire aucune réſerve de ſutaye, & ſi par telle autre raiſon
que ce puiſſe être on trouve à propos de les laiſſer
toutes en taillis, il faut prendre garde qu’en quelques-uns le bois doit être coupé plutôt, & en d’autres plus tard, ſelon la qualité du bois & du terrein.
Où les Forêts ſont dans des fonds fort humides, &
plantées de mort-bois & bois blancs, il eſt utile
d’en couper le bois à quatorze, quinze, ſeize &
dix-huit ans : il faut en uſer de même pour les bois

______

(*a*) Orée, c’eſt-à-dire bord de la Forêt.

qui font dans des fonds extraordinairement fecs, comme font les garrigues & plufieurs autres bois de cette Province, qu'il feroit fuperflu de laiffer vieillir davantage : dans les fonds médiocres, ou qui ne font ni trop fecs ni trop humides, on peut donner aux bois l'âge de quinze, vingt, & trente ans & plus. Nous avons réglé les coupes de plufieurs Forêts affifes fur la montagne noire, à l'âge de quarante ans, parce que nous les avons trouvé en de femblables fonds, & parce que comme tout le bois ne fe débite qu'en charbon, il auroit été abfolument inutile de le laiffer croître davantage.

Si dans les Forêts il y a des bois rabougris, abroutis & dégradés par le feu, par délit, & par telle autre maniere que ce puiffe être, il faut les receper & les laiffer croître enfuite pour être réduits en nature de taillis ou de futaye, felon la quantité & felon les lieux où ils fe trouveront, & néanmoins il faut obferver que les rejets qui viennent du premier recepage peuvent difficilement réuffir en futaye : s'il y en avoit une quantité confidérable, il feroit néceffaire de les clorre d'un bon foffé, du moins ceux qui fe trouveroient aux rives des Forêts ou fur les routes & grands chemins.

Recepage des bois rabougris, abroutis & dégradés.

Quant aux places vuides, c'eft un grand abus de les mettre en garennes, ainfi que l'on avoit fait en plufieurs endroits dans le département de France, parce qu'outre la perte abfolue du bois que le tems y pourroit faire renaître, il faut attendre un abroutiffement tout affuré des bois voifins.

A quel ufage on peut appliquer les places vuides.

Il eft auffi très-dangéreux de les donner à cens

ou à autre titre à des Communautés, ou à des particuliers pour s'y établir, particulierement dans le corps des Foréts, parce qu'à parler véritablement c'est enfermer le loup dans la bergerie. Nous en avons des exemples en la Forét de Crabes-morte par l'établissement des deux Métairies qui sont au milieu; dans la Forét de Valence par l'établissement du Couvent des PP. Carmes, & dans la Forét de Montech par le don fait aux PP. Jéfuites de Montauban.

Précautions néceffaires pour entretenir le réglement des coupes.

Ce réglement étant fait, il est à propos de faire un nouveau plan & une nouvelle defcription de la Forét dans laquelle fera marqué, défigné & borné ce qui fera deftiné pour demeurer en deffends, ce qui fera deftiné pour futaye, ce qui fera deftiné en taillis & recepages, cette diftinction étant néceffaire pour empêcher que l'ordre des coupes foit perverti, que la jeune futaye foit mefurée & vendue pour du taillis, & le bois en deffends délivré pour futaye ordinaire.

Abus en la maniere de couper les bois en la Province de Languedoc.

Après avoir expliqué tout ce qui fe peut faire pour bien régler les ventes, je ne dois pas oublier de parler de la maniere de les couper, laquelle à égard aux abus qui s'y commettent, doit faire une partie confidérable de leur réglement.

C'est un abus affez commun dans cette Province d'établir les ventes dans les Foréts vaguement, & tantôt d'un côté, tantôt de l'autre; cette maniere de couper le bois ne pouvant être que très-préjudiciable, parce qu'elle intervertit l'ordre des ventes:

il faut y remédier non-feulement en faifant les affiettes de fuite en fuite & de proche en proche, mais encore en obligeant les Marchands à les couper tout d'un fuivant & fans recourir, c'eft-à-dire de commencer à couper par un bout & à finir par l'autre fans rien laiffer en arriere.

Il y a encore deux autres abus qui fe commettent dans cette Province en la coupe du bois; favoir dans les Foréts qui font dans les Montagnes en coupant le bois à la hauteur de trois, quatre & cinq pans, & dans les plaines, en le coupant & emportant jufqu'aux racines & par arrachis ce qui eft également nuifible; & pour y remédier il faut obferver l'Ordonnance qui veut que le bois foit coupé à fix pouces de terre, & en un mot le plus près de terre qu'il fe peut, pourvû que l'on n'emporte pas les racines.

Il n'y a rien encore de plus commun dans les Foréts qui font dans les hautes & baffes Pyrenées, dans la Montagne Noire & dans les autres qui font dans l'étendue de ce reffort, que la coupe du bois par pied d'arbres, & comme c'eft par ce moyen qu'elles ont été détruites, il faut abfolument s'en abftenir; la raifon de cette ruine eft que comme on choifit ordinairement les plus beaux arbres & les mieux venans, il ne refte plus dans les Foréts que des bois de rebut. Mais ce qui eft encore plus confidérable eft, que ces fortes de coupes fe faifant vaguement par toutes les Foréts, & les beftiaux qui y font en grand nombre, parce qu'en cela feulement confiftent toutes les richeffes de ces contrées, allans pâturer par-tout, ils dévorent tous les jeunes rejettons qui viennent des fouches, de maniere qu'il n'y a plus de retour de tout ce qui fe coupe ; ainfi cet abus ayant commencé & continué depuis fi long-tems, quoique ces Forêts foient dégradées avec excès, on peut dire que c'eft une efpece de merveille qu'il y refte encore quelque bois.

Abus des ventes par éclairciffemens ou expurgades.

L'abus des ventes par éclairciffement ou expurgade, qui eft commun dans les Forêts des plaines, eft à peu près d'une conféquence auffi dangéreufe & dorénavant il faut s'en abftenir, quand il n'y auroit d'autre raifon pour le détruire que de dire que cette maniere de couper le bois n'eft point connue dans les Ordonnances, c'eft en dire affez pour la condamner.

Importance de la réferve des baliveaux.

L'abus enfin le plus énorme qui fe foit pratiqué dans les coupes des Forêts de cette Province, eft qu'il ne s'y eft fait aucune réferve de baliveaux, de forte que toutes les Forêts font dégarnies d'arbres, & c'eft un mal qui ne fe peut réparer que par des centaines d'années. Nous y avons pourvû par les réglemens des coupes ci-après inférés, & comme nous y avons expliqué les avantages que cette réferve produit, je me contenterai de dire ici en un mot, que c'eft le moyen le plus fûr de mettre les Forêts en valeur, & que la coupe que nous en permettons, tant dans les bois du Roi que dans ceux des Communautés Eccléfiaftiques & Séculieres, lorfqu'ils feront parvenus à certain âge, ne peut recevoir aucun contredit fous prétexte des ventes par pieds d'arbres, parce que la coupe doit en être faite

à même

à même tems que celle du taillis dans lequel ils fe trouvent.

Il y a encore une remarque à faire pour la maniere de couper, qui eft qu'il ne faut point couper en tems de féve, c'eft-à-dire depuis le quinze Avril jufqu'au quinze Septembre : à quoi j'ajouterai qu'il faut avoir foin de faire vuider & rendre les ventes nettes, incontinent après que le tems accordé pour la vuidange eft expiré, parce que le bois qui eft laiffé dans les ventes étouffe les nouveaux rejets, & qu'il faut enfuite, avec toutes les diligences néceffaires & toutes les rigueurs poffibles, en défendre l'entrée aux beftiaux, jufqu'à ce qu'elles foient en état de défenfe, parce qu'il n'y a rien de plus nuifible aux Forêts que les abroutiffemens.

Défenfe de couper en tems de féve.

Rendre les ventes nettes dans le tems de vuidange.

Après avoir établi toutes ces maximes, j'ai cru qu'il feroit à propos d'en faire voir l'application & la pratique par les Procès-Verbaux d'avis que j'ai dreffé pour le réglement des coupes des Forêts dépendantes des Maîtrifes particulieres de Touloufe, de Caftelnaudary & de l'Ifle Jourdain, ci-après inférés.

F

PROCÈS-VERBAL D'AVIS
pour le réglement des coupes des Foréts de la Maîtrise
particuliere de Touloufe.

Louis de Froidour, Écuyer, Seigneur de Serify, Confeiller du Roi en fes Confeils, Préfident & Lieutenant-Général, Civil & Criminel, au Bailliage & en la Maîtrife des Eaux & Forêts du Comté de Marle & de la Fere, Commiffaire député par Sa Majefté pour la Réformation générale des Eaux & Forêts au département de la grande Maîtrife de Touloufe. A tous ceux qui ces préfentes Lettres verront; Salut: Savoir faifons. Que fur ce qui nous a été remontré par le fieur de Hericourt, Confeiller du Roi au Siége Préfidial de Soiffons, Procureur pour Sa Majefté en ladite Réformation: que les Forêts affifes dans l'étendue de la Maîtrife particuliere de Touloufe étant les plus confidérables dudit département, & celles dont on pouvoit tirer le plus de fecours, il étoit d'autant plus important de travailler à leur rétabliffement, que la Province de Languedoc étant dépourvûe de bois, il falloit ménager avec une exacte économie le peu que Sa Majefté y en poffédoit: & parce que lefdites Forêts font dans une défolation prefque entiere, ainfi que nous avons reconnu par la vifitation que nous en avons faite; il étoit néceffaire pour remédier aux défordres qui s'y font introduits, & pour les mettre en état de donner quelque revenu au Roi, & toutes fortes de fecours & de commodités à la Province de régler les coupes qui y feront faites à l'avenir fuivant leur poffibilité, & eu égard à la qualité de leur fonds, & à leur affiette.

Nous ayant égard à ladite remontrance, nous fommes fait repréfenter les plans & figures des Forêts de Grefigne, Garrigueclare, Sivens, Gaborn, Girouffens, Buzet, Villemur, Montech, Saint Porquier, & Viguard qui compoferont ci-après la Maîtrife particuliere de Touloufe, dont le Siége fera transféré & établi, fi c'eft le bon plaifir de Sa Majefté, en la Ville de Villemur; Nous nous fommes auffi fait repréfenter les Procès-Verbaux des mefurages que nous en avons fait faire, ceux des vifitations que nous en avons faites, & qui en ont été faites par Monfieur Tubeuf, Confeiller du Roi en fes Confeils, Maître des Requêtes ordinaire de fon Hôtel, départi en la Province de Languedoc, lefquels Procès-Verbaux nous avons vûs & examinés, & tout confidéré, oüi les Officiers du Siége de la Table de Marbre & de ladite Maîtrife en leurs avis.

Forêt de Grefigne.

Nous avons trouvé premierement que la Forêt de Grefigne, qui eft la plus grande & la plus confidérable de tous les départemens de la grande Maîtrife, eft affife à l'extrémité de l'Albigeois, du côté qu'il confronte le Rouergue & le Quercy; qu'elle

est environnée & bornée par les Jurisdictions de Pui-
celey, de Penne, de Vaur, du Verdier, S. Bauzile
& Castelnau de Montmiral.

Que le lieu de sa situation est fort, inégal & fort
bossu, de maniere que la traversant on ne fait autre
chose que monter & descendre des Montagnes fort
hautes, très-âpres, & très-difficiles; que son abord
de toutes parts est fort fâcheux; que pour y entrer
ou il faut monter des Montagnes très-rudes, ou en
descendre d'autres qui ne sont pas moins pénibles,
& nous n'avons remarqué que deux endroits, par lesquels elle est de facile abord, dont l'un est du côté
du Verdier, S. Bauzile, & l'autre du côté de Castelnau de Montmiral.

Que le sonds en est fort ingrat, plain de pierres,
de grès, & de Roches de couleur rougeâtre.

Que le terrein est une espece de sable luisant de
couleur de rouille, ou de briques & de tuiles re-
cuittes & battues en forme de ciment; qu'il y a néanmoins quelques endroits aisez bons, qui se rencontrent sur les hauteurs & dans les fonds où il y a quelques plaines.

Qu'elle contient sept mil cent cinquante arpens
de bois à la mesure ordinaire de Toulouse, qui est
de cinq cens soixante & seize perches, & la perche composée de quatorze pans quarrés.

Qu'elle est en quelques endroits entiérement
plantée de sau, en d'autres de chêne; mais pour la
plus grande partie de chêne, sau, charme, érables,
orme, & autres especes de bois mêlés, plus de
chêne & sau néanmoins que des autres essences.

Que le bois y eſt de différens âges, depuis trente juſques à cent & ſix-vingt ans & plus, & que quoi qu'elle ſoit conſidérable & de grande étendue, elle n'a jamais apporté aucun profit au Roi.

Que jamais il ne s'y eſt fait aucune coupe réglée, mais ſeulement quelques coupes par pieds d'arbres en faveur des habitans de Gaillac, leſquels ayant un vignoble conſidérable, avoient d'ancienneté obtenu, par Lettres-Patentes des Rois prédéceſſeurs de Sa Majeſté, ce privilége, que par chacun an il ſeroit établi en ladite Forêt une coupe par pieds d'arbres qui ſeroient vendus au profit du Roi, mais de telle ſorte que l'adjudication par préférence en ſeroit faite auſdits habitans, & il s'eſt de tout tems gliſſé un tel abus dans les délivrances, & dans l'exploitation de ces ventes, pour leſquelles l'on a toujours choiſi les plus beaux arbres; que ceux qui s'en ſont rendus les adjudicataires, ayant affaire à des Officiers endormis ou qui connivoient avec eux, en ont ordinairement abbattu le double, le triple & le quadruple; ces ſortes d'adjudications, qui ſe faiſoient de deux, trois, quatre, cinq ou ſix arbres à chacun particulier, ne ſervant à autre choſe qu'à donner auſdits particuliers entrée en la Forêt, & un prétexte pour y exercer toutes ſortes de délits avec impunité, parce que jamais il ne s'eſt fait aucun recollement des ventes.

Les Grands-Maîtres nous ont auſſi fait entendre qu'ayant reconnu les déſordres, ils avoient pris les moyens d'y remédier, établiſſant des coupes par arpent, d'autant plus néceſſaires en cette Forêt, que pour la faire revivre, il eſt à propos de la receper entierement, pourquoi à deux diverſes fois ils ont fait remarquer & meſurer les ventes ; mais les habitans des lieux de Puicelay, Penne, Caſtelnau de Montmiral, Verdier, S. Bauzile vieux, Lamotte & Royré qui ſe prétendoient uſagers, ou pour mieux dire qui, ſous prétexte de leurs uſages, prétendoient en être les propriétaires, & en uſoient effectivement comme de leur propre, y ont apporté tant d'obſtacles, tantôt par la violence, & tantôt par chicanes, & par diverſes pourſuites qu'ils ont faites au Parlement, & même au Conſeil, qu'il leur a été impoſſible de faire réuſſir leurs bonnes réſolutions.

Mais nous diſons de plus que quand ils n'auroient trouvé aucun de ſes empêchemens, il leur auroit été preſque impoſſible de tirer des ventes aucun profit, & ce par pluſieurs raiſons.

La premiere vient de cette préférence que les habitans de Gaillac prétendoient avoir, qui éloignoit tous les autres Marchands.

La ſeconde, la mauvaiſe ſituation de la Forêt & la difficulté qu'il y a d'en tirer les Marchandiſes, tant à cauſe que les abords ſont difficiles, & les lieux mêmes où les ventes peuvent être aſſiſes ſont trèsâpres, qu'à cauſe que dans le pays il n'y a preſque point de charrois, & qu'on ne voiture qu'avec des mulets, ânes & autres bêtes de ſomme.

La raiſon principale eſt la difficulté du débit cauſée par la licence exceſſive, non-ſeulement de tous les habitans des lieux ci-deſſus nommés, mais en-

core des lieux de Vaur, Campagnac & Bourniquel,
qui ainſi que les autres ont uſé de cette Forêt comme
ſi elle leur avoit appartenu en tous droits de propriété ; l'on a même ſouffert l'établiſſement de pluſieurs Verreries aux rives de la Forêt, dont les Gentilshommes, moyennant une albergue ou redevance
de cinquante livres, avoient liberté de prendre du
bois autant que bon leur ſembloit, & en un mot, le
déſordre a été ſi grand, que par la viſitation exacte
que nous avons faite de cette Forêt, nous n'avons
reconnu aucun endroit qui n'ait été endommagé ;
l'on y a par-tout coupé les plus beaux arbres à deux,
trois, & quatre pieds de hauteur ; ce qui reſte dans
les lieux acceſſibles, ne ſont que des arbres désho-
norés, rabougris, malvenans : il reſte ſur les pen-
chans & précipices quelques endroits qui n'ont
point été pillés à l'excès, mais les arbres n'étant
pas dans les bons fonds ne ſont pas auſſi de ſi bonne
qualité que ceux que l'on a coupés & emportés.

Quoique depuis dix-huit à vingt-ans les Grands-
Maîtres n'y ayent établi que deux ventes, il n'y a
pas néanmoins de triaiges où nous n'ayons trouvez
dix, vingt, trente & juſqu'à quarante places d'atteliers où l'on avoit fait du bois de latte, & du meſrien ; & le bois qui reſte des délits que l'on y a commis eſt en ſi grande quantité par toute la Forêt,
que s'il étoit amaſſé & ménagé, il y auroit de quoi
chauffer pendant deux années la Ville de Toulouſe.
Un ſurcroît de ruine eſt provenu du pâturage en
trois manieres, en ce que les ventes par pieds d'arbres ayant été établis par toute la Forêt, & les dé-

linquans ayant pillé par tout, on a souffert le pâturage de toute sorte de bestiaux en tout tems, de jour
& de nuit, & par toute la Forêt, qui ont brouté
tous les rejets des arbres que l'on avoit coupés. En
second lieu, en ce que les herbages manquans, on a
coupé les arbres entiers dans la nouveauté des feuillages pour les donner à brouter aux bestiaux; Et en
troisième lieu, en ce qu'on a aussi incendié plusieurs
triages pour y faire naître de meilleurs herbages.

Nous avons trouvé encore, lors de notre visite,
que depuis un an, par Ordonnance de mondit sieur
de Tubeuf, les Grands-Maîtres avoient fait l'assiette
d'une vente de cinquante arpens de bois de recepage qui étoit demeuré à vendre, parce que les riverains étoient encore fournis de bois, & que d'ailleurs ils ne pouvoient pas se résoudre à en acheter,
dans la crainte qu'ils avoient que cela ne fit tort à
leurs privileges, & en effet ils seroient encore demeurés à vendre sans la nécessité dans laquelle se
sont trouvés les Gentilshommes Verriers, par le
moyen desquels nous en avons eu le débit pour une
somme de huit cens trente-trois livres six sols huit
deniers.

Toutes les choses ainsi vûes & reconnues, nous
avons sur les lieux, & lors de notre visite & depuis,
examiné tout ce qui se pouvoit faire pour mettre
une Forêt si grande & si considérable en état de rapporter quelque utilité au Roi & au public.

Nous avons premierement fait exactement observer la clôture, & fondés sur les Ordonnances qui
défendent de toucher au bois de délit, nous avons

tenu

tenu la main à ce que les Riverains n'y priſſent aucun bois, pas même celui qui ſe pourrit & qui ſe
perd inutilement dans ladite Forêt, juſqu'à ce que
les droits des uſagers fuſſent réglés, comme ils l'ont
été depuis par les jugemens que nous avons rendus
en la réformation, au moyen de laquelle pluſieurs
ont été déboutés de leurs droits à toujours, d'autres
ſuſpendus & interdits pour dix ans, & leurs droits
réglés & modérés pour l'avenir, ce que nous avons
fait dans la vûe que prenant le ſoin de la conſervation de cette Forêt, & puniſſant dans la ſuite les
délinquans, ſuivant la rigueur des Réglemens, on
pourroit accoutumer les Riverains à acheter du bois.
Nous avons eſtimé auſſi que les Verreries ſeroient
utiles, mais qu'au lieu de ſouffrir que moyennant
une ſomme de cinquante livres d'Albergue que les
Verriers payent, ils euſſent la liberté de prendre
du bois par toute la Forêt, il falloit au contraire les
décharger de l'Albergue, leur ôter cette faculté abu-
ſive, & les obliger à uſer le bois des ventes, ainſi que
l'on a fait par les jugemens rendus en ladite réformation.

Nous avons trouvé de plus que ſi cette Forêt étoit
bien rétablie & remiſe en bon état, comme dans
toute la Province de Languedoc & au-deſſous tout
le long de la riviere de Garonne il n'y a aucunes
Forêts, d'où l'on puiſſe tirer du bois propre pour
les bâtimens de Mer & pour faire du Meſrien, elle
ſeroit d'un ſi grand ſecours, qu'elle donneroit occaſion à chercher & à tenter les moyens de débiter les
marchandiſes qu'on pourroit en tirer d'un côté par

G

la riviere de l'Aveyrou qui n'en eſt qu'à un quart
de lieue, & paſſe au lieu de Penne, & d'autre côté
par la petite riviere de Vere qui ſe jette dans la même riviere d'Aveyrou ſous la ville de Bourniquel, à
quoi faire nous eſtimons que l'on trouveroit facilité,
parce que cette Forêt eſt traverſée par deux ruiſ-
ſeaux, qui ſe joignent & ſe jettent enſuite dans cette
petite riviere, & que l'on s'en pourroit ſervir moyennant quelque dépenſe pour ſortir le bois du milieu
même de la Forêt.

Mais en l'état que ſont les choſes, tout ce qui eſt
à faire eſt de chercher le moyen de débiter une très-
méchante marchandiſe, & d'en vendre tout autant
que l'on pourra, parce qu'à parler avec vérité, il n'y
a point d'endroit que les délinquans n'ayent mis en
état de recepage, & nous n'avons trouvé aucun arbre de ſervice ; car outre que les plus beaux arbres
ont été coupés, & qu'il n'eſt reſté que le rebut des
délinquans, il faut auſſi demeurer d'accord que le
fonds étant très-ingrat en la plus grande partie, peut
difficilement produire de la belle futaye.

Ainſi nous ſommes d'avis, ſauf le meilleur ſentiment de Meſſieurs les Commiſſaires, que par chacun an il ſoit fait vente en ladite Forêt, de cent
& deux cens arpens de bois ; voir plus, ſi le débit
peut s'en trouver, dont l'aſſiette ſera faite, partie
joignant les ventes dernieres faites au triage de la
Verrerie de Merlens, tirant du côté de Puycelcy,
& continuant de proche en proche, partie joignant
les dernieres coupes faites au-deſſous de la Verrerie
de Vaur, tirant du côté de Penne ; & la troiſième

du côté de Caftelnau en continuant vers S. Bauzile.

Et afin que le débit puiſſe s'en faire plus commodément, chacune partie ſera diviſée en ventes de ſix, ſept à huit arpens, afin que toutes ſortes de perſonnes puiſſent plus facilement y enchérir, & procédant aux adjudications les Officiers les expoferont en ventes toutes en bloc pour être adjugées à un ſeul Marchand, ou bien ſeulement chacune des trois parties pour être adjugées à trois différens Marchands, ou bien toutes par parcelles & ſéparément, ainſi que la ſubdiviſion en aura été faite, pour être adjugées à autant de Marchands qu'il y aura de parcelles, & leſdits Officiers prendront l'offre qui ſera la plus avantageuſe au Roi, ſoit ſur le total, ſoit ſur chacune des trois parties, ou ſur toutes les parcelles ſéparément.

Leſdits Officiers feront encore chargés de trois choſes; la premiere, de réſerver ce qui ſe trouvera d'arbres de belle eſpérance; la ſeconde, d'avoir ſoin que le bois ſoit bien coupé, conformément aux Ordonnances, & ſur-tout que le bois brouté & abrouti ſoit entiérement recepé; & la troiſième, de défendre exactement les jeunes ventes aux beſtiaux.

Et comme il eſt important que ladite Forêt ſoit entiérement nettoyée du bois ſec & mort, traînant à terre, dont elle eſt remplie, & que dès-à-préſent, ni dans la ſuite, les riverains & uſagers, ſous prétexte de leurs droits d'uſages ne jouiſſent pas du fruit de leurs délits, nous ſommes d'avis qu'outre les ventes ſuſdites, il ſoit fait vente en une, deux, trois, quatre & cinq années, ainſi qu'il ſe pourra

G ij

pour le mieux, de tous les bois secs & traînans au profit du Roi, à la charge de le vuider dans l'année, & que l'année expirée cette même faculté de le pouvoir vuider soit revendue pour une autre année jusqu'à l'en iere évacuation. Cette vente apportera sans contredit peu de profit au Roi, mais en la faisant on observera les Ordonnances, & on établira un exemple pour jamais, qui contiendra les délinquans dans le devoir.

Du reste, après l'entier recepage, nous estimons que les coupes de ladite Forêt doivent être réglées à l'âge de cent cinquante ans, car quoi qu'en plusieurs endroits le fonds ne soit pas assez bon pour produire de la futaye de cet âge, nous estimons qu'il faut particuliérement se régler sur le débit ; que la quantité de quarante-huit arpens de bois que l'on pourra couper par chacun an sera plus que suffisante, particulierement quand le bois sera plein & sans délit. Et comme d'ailleurs nous avons en vûe de faire ensorte qu'il y ait des bois propres pour les bâtimens de Mer, c'est une nécessité de leur donner cet âge, & pourvû que de ce bois il en puisse subsister un quart, & même un demi quart, on y trouvera toujours un avantage assez considérable.

Forêt de Garrigueclare.

La Forêt de Garrigueclare est assise dans le Quercy, entre les lieux de Penne & Montricoux, à un quart de lieue de la riviere d'Aveyrou, bornée contre les Jurisdictions de Montricoux,

Cazales & Penne, par des bornes ou murs à pierres
séches, le pays étant si pierreux qu’on se ferme
par-tout par de semblables murs au lieu de fossés
ou de hayes.

Sa situation est plate , & le fonds sec & aride ,
& plein de grès , de cailloux & de pierres , à tel
excès, qu’à peine y voit-on de la terre : elle contient à la mesure susdite mil quarante-quatre arpens
suivant le mesurage que nous en avons fait faire :
elle est plantée en bois de chêne rabougri & malvenant , & de quantité d’épines noires & blanches:
le bois paroît être de l’âge de deux , trois, quatre ,
cinq jusqu’à douze ans, mal & inégalement venant
& mal planté en plusieurs endroits , & sans aucuns
anciens ni modernes baliveaux.

Cette Forêt étoit ci-devant possédée à titre d’Inféodation par la Damoiselle de Maures, qui y a fait
quelques coupes , & les Officiers nous ont dit qu’auparavant cette Inféodation qui est de l’année 1659,
il ne s’y en faisoit point , le revenu de cette Forêt
consistant aux seuls herbages, l’herbe qui y naît étant
la meilleure & la plus fine que l’on puisse voir, de
sorte que l’on y envoye des bestiaux eu pâturage de
quatre , cinq , huit & dix lieues, ce que nous avons
en effet reconnu.

Pourquoi tout dûement considéré , nous estimons
que les bois de cette Forêt étant de petite considération , il est plus avantageux au Roi de fonder le
revenu sur le pâturage que sur le bois , & que par
chacun an il en doit être fait deux fermes, l’une pour
l’Hiver, appellée Hivernade , l’autre pour l’Été ,

appellée l'Eftivade, dont les Officiers jouiſſoient ſans titre, ſauf leurs droits pour l'adjudication : & pour rendre cette ferme meilleure & plus utile nous diſons qu'il eſt néceſſaire d'arracher toutes les épines & buiſſons qui ſont en ladite Forèt, ce qui ſe pourra dans l'Hiver prochain.

Et néanmoins pour ne pas négliger le profit que le bois peut produire, nous eſtimons que les coupes en doivent être réglées au vingt-cinquième, à la charge de laiſſer ſucceſſivement ſeize baliveaux par arpent ; & par ce moyen les coupes étant petites n'apporteront aucune diminution audit pàturage, lequel d'ailleurs ſera amélioré par l'extirpation des épines, & d'autre côté le Roi tirera de quoi payer les chauffages, gages & autres droits des Officiers prépoſés pour la garde de ladite Forêt & au-delà.

L'ouverture de la vente ſera faite du côté de S. Geniez, tiendra d'un bout au chemin del frau de Caſals à Montricoux, d'autre côté à celui des Dariots, & ſera ainſi continuée allant de proche en proche, juſqu'à ce que toute la partie qui eſt entre ledit chemin, qui traverſe ladite Forêt de bout à autre, & la Juriſdiction de Penne, ſoit entierement uſée, enſuite de quoi l'autre partie ſera exploitée, & l'exploitation continuée par le même bout où l'autre aura fini. Les ventes ne ſeront déclarées deffenſables, pour le pâturage des beſtiaux, qu'à l'âge de ſix à ſept ans, & les Fermiers ſeront tenus d'avoir un Pàtre duquel ils ſeront reſponſables, qui, ſolidairement avec le garde établi pour

la conſervation de ladite Forêt, répondra des abroutiſſemens qui ſeront faits dans leſdites ventes.

Forêt de Sivens.

La Forêt de Sivens eſt aſſiſe en Albigeois au-
delà de la Greſigne, à deux lieues de Gaillac,
& à un quart de lieue de Caſtelnau de Montmiral,
en un pays fort boſſu ſur le coteau d'une Montagne
expoſée au Septentrion, bornée par haut par le
grand chemin qui conduit de Gaillac à Montauban,
par bas par un petit ruiſſeau, & par les deux bouts
par des foſſés qui ſont le long de la côte deſcendant
de haut en bas.

Elle contient deux cens dix arpens de bois à la
meſure de Toulouſe, elle eſt en aſſez bon fonds &
bien plantée en taillis de chêne & châtaignier mêlé de fau, charme, coudre, érable & orme, entierement rabougri, & coupé ſans regle, ordre ni meſure, à l'âge de deux, trois & quatre ans au plus,
par les Fermiers du Four bannal de Caſtelnau de
Montmiral, qui ont coupé & recoupé, comme bon
leur a ſemblé, ladite Forêt leur ayant été abandonnée, pour le chauffage dudit Four, par le feu ſieur
Comte de Vieulles, Seigneur par engagement du
Domaine dudit lieu de Caſtelnau de Montmiral, &
abrouti par la grande quantité de toutes ſortes de
beſtiaux qu'on y a fait pâturer vaguement par-tout,
& en toutes ſaiſons ; & ſur leſdits taillis ſont pluſieurs baliveaux de tous âges depuis dix, douze,
quinze & vingt ans juſqu'à trente, quarante, ſoixante, cent, deux & trois cens ans, tous de mau-

vaife qualité, les jeunes rabougris & mal-venans comme provenant d'un taillis de pareille nature, & les vieux diffamés & pourris, & aucuns d'iceux prefque réduits en pouffiere, de maniere que quand on laifferoit croître ledit bois en l'état auquel il eft, il diminueroit au lieu de profiter, & ainfi il feroit abfolument néceffaire d'en faire un entier recepage : mais comme le débit du bois feroit difficile, parce que tout le pays abonde de bois taillis & de terres abochées, & que ce recepage entier pafferoit plutôt pour une dégradation que pour un bon ménagement, nous eftimons qu'il feroit à propos d'en faire le recepage en quinze années, & quinze coupes de quatorze arpens par chacun an, à la charge de couper tant les vieux arbres & modernes baliveaux, que les vieux hacots & menus bois abroutis & rabougris, à la réferve feulement des jeunes arbres de belle venue & de belle efpérance, dont les Officiers, après une exacte vifitation, feront la retenue : & même attendu que ce bois n'eft qu'un buiffon détaché des grandes Forêts, nous eftimons qu'après ledit recepage, ladite coupe de quatorze arpens par chacun an doit être continuée & entretenue, mais avec cette réferve qu'il fera fucceffivement laiffé en chacun arpent vingt baliveaux de l'âge du taillis outre les anciens, pour être lefdits baliveaux coupés fucceffivement lorfqu'ils auront atteint l'âge de fix-vingt ans, dont le débit fe trouvera facile en bois mefrien ou de charpente à caufe du voifinage de la ville de Gaillac, & les ventes feront faites à la charge de livrer par l'adjudicataire telle quantité

de

de fagots de broſſailles ou menus bois qu'il appartiendra , pour le chauffage dudit Four bannal , ſuivant le réglement particulier qui en ſera fait par
meſdits ſieurs les Commiſſaires.

Forêt de Gaborn.

La Forêt de Gaborn eſt un petit buiſſon de la
conſiſtance de cinquante - quatre arpens , ſitué à
demi lieue de Lavaur & ſur un Côteau de Montagne expoſé au Septentrion, à demi quart de lieue
de la riviere de l'Agouſt.

Elle eſt en très-bon fonds & très-bien plantée en
bois taillis de chêne mêlé de charme, à l'exception
ſeulement de quatre arpens qui ſont mal plantés &
en broſſailles , parce que le fonds y eſt mauvais. Le
taillis eſt en bon état & ſans aucun délit, mais auſſi ſans un ſeul baliveau ancien ni moderne, ayant
tocjours été coupé à tire & aire , & ſans aucune réferve à l'âge de ſept ans, de ſorte que nous y avons
trouvé du bois d'un , deux , trois, quatre, cinq ,
ſix & ſept ans ſeulement.

Toutes leſquelles choſes vûes, reconnues & con-
ſidérées , nous avons eſtimé que ledit bois étant en
bon fonds, bien planté , & bien ſitué pour le débit, ayant le voiſinage de la Ville de Lavaur & de
la riviere de l'Agouſt , en laquelle nous avons vû
qu'on travailloit pour la rendre navigable , ce ſeroit
pêcher contre la bonne économie des bois , d'en
continuer la coupe en taillis de l'âge de ſept ans,
qui ne peuvent produire que des houſſines & du

H

menu fagotage de petit rapport, dans lesquels taillis
on ne peut trouver que des baliveaux qui ne peuvent s'élever qu'en pommiers , & qu'aussi n'étant
qu'un petit buisson détaché des autres bois du Roi ,
il n'y a point d'apparence de le laisser croître en futaye : mais pour tenir un tempéramment qui puisse
être avantageux , il est à propos d'en surseoir les
coupes pendant six années , lesquelles finies on coupera de deux en deux ans sept arpens par chacun an,
pour donner ausdits taillis l'âge de quatorze à quinze
ans , & faisant lesdites coupes il sera laissé en chacun arpent , savoir ; lors des premieres , vingt-quatre baliveaux pour les repeupler d'arbres , & aux
secondes coupes & suivantes seize seulement , sans
qu'on puisse couper ceux des ventes précédentes que
lorsqu'ils auront atteint l'âge de cent ans : & en ce
cas parmi les coupes que l'on fera des taillis , il sera coupé à même tems en chacun arpent dix des
plus anciens baliveaux , qui seront choisis & marqués au Marteau du Roi auparavant la vente.

La Forêt de Giroussens.

La Forêt de Giroussens est située à l'extrémité de
l'Albigeois immédiatement au-dessous de la Ville
de Rabastens , en un pays assez plat , confronte les
Jurisdictions de Giroussens , Parisot & Coufoulens,
& a aux quatre côtés les rivieres du Tarn , de l'A-
goust , & du Dadou , par le moyen desquelles le
bois se peut débiter avec beaucoup de facilité , toutes ces rivieres n'en étant éloignées que d'un quart,
ou demi quart de lieue.

Elle eſt en un fonds fort inégal , bon en quelques endroits & très-mauvais en d'autres , & qui ne
peut en aucune façon produire de la haute futaye.

Elle contient douze cens quatre-vingt ſept arpens de bois , une pugnerade & cinq boiſſeaux à la
meſure de Touloufe , & eſt plantée toute de chêne
mêlé de quelque peu de bois blanc dans les valons
& de bruyeres en d'autres endroits. Le bois eſt bien
venant & de très-bonne qualité où le fonds eſt bon,
mais languiſſant & rabougri, & s'élevant avec peine
aux mauvais fonds , & ce qui a contribué à le rendre encore plus languiſſant eſt qu'à différentes repri-
fes le feu y a été mis par les Riverains.

Elle eſt réduite en très-mauvais état ayant été dégradée par les habitans de Rabaſtens, de Girouſſens
& d'Ambres, à tel excès que comme l'on y a tenu
des Atteliers ouverts, & comme on y a mis le feu
à diverſes fois, il y a un tiers de la Forêt, tout le
long des liſieres qui regardent Rabaſtens & Girouſ-
fens, qui depuis trois & quatre ans a été entiérement recepé ; & outre que dans le bois recru de ces
recepages il y a pluſieurs délits & abroutiſſemens,
il en reſte encore environ un quart qui n'a point été
recepé , & qui eſt tout perdu & ruiné & en état de
recepage , & le reſte eſt tellement pillé & furté ,
que pour en faire la véritable deſcription , il faut
figurer un échiquier, la Forêt étant par petits car-
reaux ou parquets autant vuide que pleine : il y a
une partie qui peut aller au quart ou au ſixième,
où l'on a fait des ventes par expurgade qui ont ca-
ché les délits du paſſé , & dans leſquelles on a cou-

pé les plus beaux chêneaux depuis l'ufance des ventes, & en un mot dans toute cette Forêt nous n'avons pas trouvé un feul arbre de trente ans, & à peine quelques-uns de vingt-cinq.

Les Grands-Maîtres qui ont fait les adjudications des ventes de cette Forêt, n'ont jamais tenu de regle dans les affietes qu'ils en ont faites, & nous ont donné à entendre, qu'à caufe des infinis délits & incendies arrivés aux orées de ladite Forêt, ils ont été obligés d'y faire les recepages dont eft parlé ci-deffus, & que du refte ils ont fait couper tantôt plus & tantôt moins, felon l'occafion & le tems ; qu'ils avoient été quelquefois plufieurs années fans y établir aucunes coupès, & n'ont fait autres ventes que des ventes par expurgades, ainfi qu'il eft remarqué ci-deffus.

Cette maniere de couper le bois eft ordinaire & commune en ce pays, & s'obferve dans les Forêts des particuliers auffi bien que dans les Forêts du Roi, où les Grands-Maîtres, qui feuls ont eu jufqu'à préfent l'adminiftration des ventes, n'en ont pas ufé autrement.

Cette forte de coupe fe fait lorfqu'un bois eft parvenu à l'âge de quatorze ou quinze ans, auquel tems lefdits Officiers ordonnent la vente du bois à la charge de laiffer par l'adjudication de diftance en diftance, comme de huit en huit pieds, ou de dix en dix ou environ, le plus beau brin qui fe trouve fur chacune fouche de taillis, & tout le refte fe coupant cela s'appelle vente par éclairciffement ou expurgade, & fucceffivement de quinze en quinze années on recoupe les mêmes bois, & tous les arbres réfervés, au lieu defquels on en réferve feulement d'autres de l'âge du bois recru, & ainfi il ne faut pas s'étonner fi dans cette Forêt & dans toutes les autres de ce département, il ne fe rencontre point de futaye ni d'anciens baliveaux.

Outre que cette façon de couper le bois eft beaucoup plus nuifible qu'utile, parce que le taillis qui recroit enfuite fous la grande quantité de jeunes arbres qu'on réferve, ne peut point profiter, nous eftimons qu'elle doit être abfolument réprouvée comme contraire aux Ordonnances & à caufe des infinis abus qu'elle a introduit & peut introduire tous les jours dans les Forêts du Roi.

Pourquoi après avoir confidéré tout ce qui fe pouvoit de plus avantageux pour le réglement des coupes de cette Forêt, nous n'avons pas cru qu'il fut utile de la laiffer élever en futaye. Premierement, parce qu'en l'état qu'elle eft, il eft néceffaire de la receper : En fecond lieu, parce que le bois recru d'un recepage de menus taillis, peut difficilement réuffir en futaye ; En troifième lieu, parce que le fonds n'eft pas propre pour les futayes, quoique le bois foit d'effence de chêne : En quatrième lieu, parce que cette Forêt ne contenant que douze cens arpens, elle n'eft point affez confidérable pour fe défendre pendant cent années contre les pillages ordinaires des délinquans, que l'extrême difette de bois, fi l'on ne faifoit point de ventes, obligeroit, ou pour mieux dire forceroit, à y commettre des délits. Nous ajoutons à tout cela que fuppofé même que le fonds fut propre pour produire de la futaye, nous trouvons une raison très-considérable qui doit empêcher qu'on ne regle cette Forêt en coupes de haute futaye, qui est que ce qui pourroit être approuvé maintenant, seroit sans doute désapprouvé dans la suite du tems, quand on considéreroit que pendant l'espace de cent années il faudroit en surseoir les ventes sans en tirer aucun profit, & qu'il faudroit toujours faire une dépense considérable pour la conserver, & peut-être qu'un jour on tomberoit dans cet inconvénient de l'Edit de 1654. Et que parce que les Forêts ne produiroient aucun revenu au Roi, ce seroit un prétexte pour en faire des inféodations, & pour en obtenir des dons qui acheveroient leur entiere ruine.

Pour donc prendre un réglement utile, nous estimons que les coupes de cette Forêt doivent être réglées à l'âge de vingt-cinq ans, & que comme il n'y auroit point d'apparence de la consommer par un recepage entier, il suffit même dès à présent d'établir la coupe sur le pied de la vingt-cinquième partie, qui monte par chacun an à cinquante-un arpent & demi, & de continuer à couper à la suite des ventes que nous avons adjugées l'année derniere, mettant ordinairement un bout de la vente au grand chemin de la passe qui partage ladite Forêt de bout à autre en deux parties, un autre bout à l'extrémité de ladite Forêt, une lisiere à la coupe précedente successivement, & l'autre à ce qui sera en coupe l'année suivante, jusqu'à ce que toute la partie qui est entre ledit chemin & la Ville de Giroussens soit

entierement coupée, enfuite de quoi on coupera
de l'autre côté & en la même maniere, & dans lefdites coupes on laiffera fucceffivement vingt baliveaux chênes fur brins & les mieux venans par chacun arpent, qui ne pourront être coupés qu'ils
n'ayent au moins atteint l'âge de fix-vingt ans.

Par ce moyen le Roi trouvera un revenu certain
& affuré par chacun an au-deffus de la dépenfe de
la garde; le public jouira du fecours qu'il avoit accoutumé de tirer de cette Forêt, qui en rendra la
confervation plus facile, & infenfiblement la Forêt
fe repeuplera de futaye, de forte que fi dans la fuite
on trouve que le fonds produife au-delà de ce que
nous efpérons, on pourra la laiffer élever en futaye
& en réduire les coupes ainfi qu'on le jugera plus à
propos; & enfin nous difons que par l'établiffement
de ces ventes, lefquelles par les mêmes raifons nous
prétendons établir dans les Forêts de Buzet, Vigard,
S. Porquier, & Montech, celle de Villemur demeurant en futaye, nous ne hazardons rien pour les intérêts du Roi, car quand la premiere coupe ne fer-
viroit que de recepage elle feroit toujours utile, &
dans vingt-cinq ans on fera en état mieux que jamais de laiffer croître le tout en futaye, parce que
nous nous promettons que les Forêts feront mieux
confervées à l'avenir qu'elles n'ont été par le paffé,
& nous confidérons auffi que le Roi voulant fur toutes chofes pourvoir à ce que ces Forêts qui font plantées en bois propres pour les bâtimens de Mer &
avantageufement fituées, comme celles de Girouffens, & comme les cinq autres fufdites, qui font ou

fur le Tarn ou fur la Garonne, par le moyen defquelles les bois qui en proviennent peuvent être facilement tranfportés à Bourdeaux, foient confervées
foigneufement pour être employées à cet ufage ; la
volonté de Sa Majefté fera accomplie, en ce que les
coupes que l'on pourra faire fucceffivement des baliveaux qui fe trouveront dans les ventes, fourniront autant de bois que fi on les avoit laiffé croître
en futaye pour les couper par coupes reglées, &
même avec plus de fuccès parce qu'on ne fera choix
que des plus beaux arbres, lefquels étant pris de
l'âge de vingt-cinq ans, feront élevés & fans branches comme les arbres de futaye.

Forêt de Bufet.

La Forêt de Bufet eft fituée dans le Diocèfe de
Touloufe, à un petit quart de lieue de la Ville de
Bufet, & pareille diftance de la riviere de Tarn,
une lieue ou environ plus bas que celle de Girouffens. Son affiete tient plus de la côte que de la
pleine, elle a fon afpect vers la riviere de Tarn, &
confronte par bas, du côté d'Orient, les territoires
de Bufet & Beffieres, par haut au Couchant ceux
de Gimil & Paulliac, d'un bout au midi, le grand
chemin de Bufet à Touloufe, un efpace de terres
anciennement inféodées entre deux, & par l'autre
bout, du côté du feptentrion, le territoire de Paulliac & Beffieres.

Elle contient fuivant le mefurage que nous en
avons fait faire, quatorze cens foixante treize arpens

une

une pugnerade à la mesure de Toulouse, distraction faite de trente-huit arpens desdites terres inféodées. Elle est dans un fonds semblable à celui de la Forêt de Giroussens, & plantée en bois de même essence & de la même façon. Elle a été dégradée & incendiée de la même maniere, pas néanmoins avec tant d'excès : toutes les lisieres où sont ordinairement les plus grands délits ont été recepées une & deux fois, & sont encore en état de recepage ; le milieu de la Forêt est en meilleur état, & il y a seulement quelques délits de côté & d'autre, & deux endroits qui ont été brûlés. Les lisieres ayant été recepées sont plantées de jeunes bois sans baliveaux ou en très-petit nombre qui sont seulement de l'âge du taillis dernier coupé, le reste est de l'âge de dix, douze, quinze, vingt & vingt-cinq ans où l'on a fait des ventes par expurgades en la maniere qu'il est remarqué ci-dessus, sans qu'il y ait un seul baliveau de tel âge qu'il puisse être, & nous avons remarqué en plusieurs endroits que quoique le bois ne fut que de l'âge de vingt-cinq ans, plusieurs arbres commencent à sécher par les houppiers, & tout considéré.

Nous sommes d'avis par les mêmes raisons que nous avons remarquées ci-dessus, que les coupes en doivent être réglées au vingt-cinquième, qui montent à cinquante-neuf arpens par chacun an à la réserve des baliveaux en la même maniere que nous avons dit ci-devant ; & ayant égard aux dégradations qui sont sur les lisieres que le recepage commencé sera continué tournant autour de la Forêt, jusqu'à la

I

jonction des ventes uſées il y a trois ans, & avançant dans la Forêt ſur la même proportion des dernieres ventes, après quoi on entamera ce qui eſt au milieu, commençant par les plus anciens bois.

Forêt de Villemur.

La Forêt de Villemur eſt aſſiſe dans le Diocèſe de Montauban, au-deſſus de Viilemur & à un quart de lieue de la Riviere de Tarn, enfermée preſque toute entiere dans la Juriſdiction de Villemur.

Elle contient ſuivant le meſurage que nous en avons fait faire à la meſure de Toulouſe huit cens quatre-vingt-quinze arpens deux pugnerades.

Elle eſt en un pays fort boſſu mais de bon fonds & qui produit du bois en abondance : elle eſt plantée de chêne mêlé de fau, & peu de bois blanc : il y a juſqu'à cent arpens que nous avons trouvé plantés de jeunes rejets de ventes faites à la liſiere qui confronte le grand chemin de Tauriac à Villemur depuis deux, trois, quatre, cinq & ſix ans, où les Grands Maîtres nous ont dit avoir fait des recepages; à l'autre extrémité de ladite Forêt nous avons trouvé cinquante-quatre arpens deux pugnerades de taillis revenus des ventes faites il y a dix, douze à quatorze ans, & tout le long de la liſiere qui eſt du côté de Tauriac allant d'un bout à l'autre, nous avons reconnu deux cens quatre-vingt-ſeize arpens deux pugnerades de bois de l'âge de dix-huit, vingt & vingt-cinq ans bien plantés & bien venans, peu de délits parmi, dans leſquels bois les Grands

Maîtres ont établi quelque vente par éclaircisse-
ment pour ensuite laisser croître le bois réservé en
futaye, cette seule Forêt ayant toujours été réglée
en coupes ordinaires de futaye pour l'entretien de
la Paissiere & du Moulin de ladite Ville, qui est
de telle considération qu'il produit huit mille livres
de rente : le reste de ladite Forêt consistant en quatre cens quarante-cinq arpens est planté en bois de
jeune futaye depuis trente, quarante, cinquante &
jusqu'à quatre-vingt ans, mais mal plantée & dégradée en deux manieres; Premierement par les coupes
que l'on a faites par pieds d'arbres vaguement par
toute la Forêt, tantôt de cent pieds, tantôt de deux,
trois cens, & jusqu'à sept cens pour une fois, dans
l'exploitation desquelles coupes nous ne doutons
pas encore que l'on n'ait commis beaucoup d'excès
& d'abus, vû le peu de soin avec lequel on conser-
voit ladite Forêt : Et en second lieu en ce qu'à peine on peut trouver un arbre qui n'ait été ébranché
& échouppé, de sorte que si cela se trouvoit dans
un grand corps de Forêt, il ne seroit bon qu'à être
mis en recepage : mais comme nous avons reconnu
l'importance du Moulin de ladite Ville, non seulement par la considération du revenu qu'il produit,
mais aussi par les avantages & le grand commerce
de grains qu'il y procure ; comme ce bois tel qu'il
est, est assez bon pour l'entretien de ladite Paissiere
& du Moulin, & que d'ailleurs dans toutes les visitations que nous avons faites des Forêts voisines, &
même que parcourant le pays, nous n'avons remarqué aucun bois de particulier où l'on peut trouver

des arbres pour les réparations de ladite Paiſſiere s'il
y arrivoit quelque ruine conſidérable ; nous ſommes
d'avis que ce qui reſte de futaye doit être très-ſoi-
gneuſement ménagé & conſervé, & pour cet effet
quoique ſur le pied de huit cens quatre-vingt-quinze
arpens on puiſſe porter les coupes à raiſon du cen-
tiéme juſqu'à la concurrence de neuf arpens, nous
eſtimons qu'elles doivent être réglées à huit arpens
tant pleins que vuides ſeulement, à la charge de
réſerver en chacun arpent huit à dix baliveaux ſi tant
s'en trouve, ſans que ci-après pour telles cauſes &
occaſions que ce puiſſe être on puiſſe faire aucune
coupe par pieds d'arbres, à peine de payer le quadruple de leur juſte valeur par celui au profit duquel
elles auront été faites, & de confiſcation, & à peine contre les Officiers qui les auront ſouffertes de
privation de leurs Offices : défenſes auſſi ſeront faites d'excéder ladite coupe, ſauf en cas de ruine ſi
conſidérable de ladite Paiſſiere, que pour la rétablir le bois de la coupe ordinaire ne fut pas ſuffiſant,
auquel cas la coupe pourra être augmentée de telle
quantité de perches ou d'arpens qu'il appartiendra
après eſtimation bien & dûement faite, & auſſi
l'année ſuivante ſera la coupe ordinaire diminuée,
d'autant pour entretenir le réglement deſdites coupes, leſquelles ſeront continuées de proche en proche à la ſuite des dernieres, dont nous avons fait
l'aſſiete, juſqu'à l'entiere exploitation deſdites futayes, après l'uſance deſquelles les coupes ſeront
faites dans les deux cens quatre-vingt-ſeize arpens
de haut taillis, & commencer par le lieu appellé

le Clos de la Quouo, & enſuite continuées de proche en proche.

Joignant & aux environs de ladite Forêt il y a quelques fermes du Domaine de Villemur deſquelles dépendent quelques petits boſquets montant à vingt-cinq arpens ou environ en pluſieurs pieces, que l'on a accoutumé de couper ſans aucun ordre, & qui ſont preſque entierement abroutis, parce que les Bordiers deſdites Métairies y ont fait pâturer toutes ſortes de beſtiaux, en tout tems, & ſans attendre que leſdits bois fuſſent défenſables, à quoi étant néceſſaire de pourvoir, il ſera ordonné, s'il plaît au Roi, que leſdits bois ſeront réglés par coupes ordinaires de trois arpens par chacun an & exploités comme les autres bois de Sa Majeſté.

Forêt de Monteſch.

La Forêt de Monteſch eſt aſſiſe dans le même Diocèſe de Montauban entre la ville de Montauban & celle de Monteſch, & entre les deux rivieres de Garonne & de Tarn, à la diſtance de demi lieue de l'une, & d'une lieue ou environ de l'autre. Elle eſt environnée des lieux & des juriſdictions de Monteſch, Fignan, Montbartier, Erials, Breſols, Montbetou, & la Cour Saint-Pierre.

Elle contient, ſuivant le meſurage que nous en avons fait faire, deux mille ſept cens quarante-huit arpens trois quartiers & demi à la meſure de Toulouſe, en ce compris les deux cens trente-cinq arpens un quartier & demi prétendu par les Jéſuites

de Montauban , le triage de Sigalane contenant
deux cens quatre-vingt-deux arpens une pugnerade , le triage de Bitou contenant trente-six arpens,
& le triage de Boutanelle contenant cent foixante
arpens un quart dont les habitans de Montefch
avoient fait leur propre & en la poffeffion de tous
lefquels bois le Roi a été remis par Jugement rendu
en la Réformation.

La fituation en eft platte , le fonds en eft bon à
l'exception d'un ou deux triages, elle eft toute bien
plantée de bois de chêne mêlé de très-peu de charme & d'épine.

Quoique jamais il n'ait été fait aucune coupe par
les Officiers dans ces trois derniers triages de Sigalane , Bitou & Boutanelle , nous les avons néanmoins trouvés défolés, perdus, ruinés & abroutis
par les exceffifs délits que les habitans de Montefch
ont fait fous prétexte de leurs ufages, lefquels en
ayant ufé comme de leur propre, les ont réduit en
broffailles : & pour remettre le Roi en poffeffion
defdits bois, que nous avons trouvés les plus dégradés, nous y avons établi la coupe de l'année derniere.

Pour ce qui eft du refte de la Forêt il a été depuis long-tems ruiné par les habitans de Montefch
& autres Riverains à tel excès que depuis cent ans
on en a diftrait cinq cens arpens qui avoient été entierement défolés, que l'on a inféodés comme terres
vaines & vagues à divers particuliers, les guerres
civiles & le fiége de Montauban ont continué les
defordres dans ce qui eft refté, & la ruine a été ache-

vée par l'extrême licence defdits habitans de Montefch, des autres lieux dont la Forêt eft environnée, & de la Ville de Montauban même, & par divers incendies qui y font arrivés, de forte qu'étant toute réduite en broffailles en l'année 1659, les Grands Maîtres par délibération concertée avec tous les Officiers de la Maîtrife particuliere en ordonnerent un recepage entier en huit ans, auquel lefdits habitans de Montefch s'étant oppofés, & la vifitation en ayant été faite par un Commiffaire député de la Cour de Parlement, il fut dit que ledit recepage feroit exécuté en dix ans, & en conféquence de ce lefdits Officiers en ont fait adjudication au nommé Bouée, à la charge de faire le recepage pendant lefdites dix années, mais l'exécution en a été interrompue au moyen de la clôture des Forêts, de forte qu'il n'y a que la moitié qui a été recepée, & le refte eft à receper.

Ce Marchand a donné fa requête afin qu'il lui foit permis de continuer l'exploitation de fa vente jufqu'à l'entier recepage, mais nous n'eftimons pas qu'il y aye lieu de lui accorder ce qu'il demande, parce que les réglemens faits concernant la vente des bois du Roi, défendent de vendre en total ainfi que l'on a fait, mais veulent qu'annuellement chacune partie ou quantité de bois que l'on a réfolu de couper ou receper, foit expofée en vente & adjugée au plus offrant & dernier enchériffeur fuivant les formes prefcrites par les Ordonnances. Il eft à propos de faire ici cette remarque, afin que dans la fuite du tems les Officiers, en femblables occafions, ne retombent pas dans le même inconvénient.

Toutes ces choses ainsi expliquées, nous sommes d'avis ; Premierement que pour les mêmes raisons que nous avons remarquées ci-dessus, les ventes de cette Forêt doivent être réglées au vingt-cinquième, & qu'ainsi sur le pied de deux mille sept cens quarante-neuf arpens qu'elle s'est trouvée contenir, compris les triages réunis, la vente doit être par chacun an de cent-dix arpens, nous estimons même que sans courir çà & là, pour receper quelques endroits qui sont plus pillés & dégradés que les autres, les ventes doivent être continuées de proche en proche & à la suite des précédentes que nous avons faites jusqu'à l'entiere exploitation de ce qui reste à receper, après quoi de suite en suite on exploitera les coupes ci-devant recepées ; & dans les venres à receper il sera laissé en chacun arpent seulement douze baliveaux, & dans les autres qui seront faites ensuite, il en sera laissé vingt en chacun arpent successivement de coupe en coupe, sans qu'on puisse par après les couper qu'ils n'ayent au moins l'âge de six-vingt ans.

Forêt de Saint Porquier.

La Forêt de Saint Porquier est assise dans le même Diocèse de Montauban en un lieu fort plat & en un très-bon fonds, entre les deux rivieres de Garonne & de Tarn, plus proche néanmoins de la premiere dont elle n'est distante que d'un quart de lieue, & d'une lieue ou lieue & demie de l'autre aussi bien que de la Ville de Montauban.

Elle

Elle contient en quatre parties douze cens cinq arpens dont il en appartient au Roi sept cens trois arpens en deux parties, l'une appellée le Rougea-reno, contenant quatre cens cinquante-trois arpens, l'autre le Pommaret & Recoüo contenant deux cens cinquante arpens, le tout planté en bois de chêne mêlé de très-peu de charme, dont depuis six à sept ans on a fait un recepage entier par Ordonnance des Grands Maîtres, confirmé par Arrêt du Parlement, après une visitation faite par un Commissaire de la Cour, par le Procès-Verbal duquel nous avons reconnu que ladite Forêt avoit été dégradée à tel excès, qu'elle étoit toute réduite en brossailles, pourquoi procédant à la réformation, nous avons privé les habitans de S. Porquier de leurs droits d'u-sages. Une troisième partie appellée Fromissart contenant deux cens douze arpens appartient aussi au Roi en ce qui regarde le fonds & la Justice, mais les habitans de Montesch sont maintenus en la possession d'y prendre le bois de leur chauffage & au lieu qu'ils avoient accoutumé de le prendre vaguement & sans ordre ni mesure, la coupe en a été réglée par le Jugement rendu en la Réformation sur l'exhibition de leurs titres, & ce que nous avons fait pour le profit du Roi, est que les amendes qui échoiront pour les délits qui y seront commis appartiendront à Sa Majesté, & que nous avons obligé les habitans de ladite Ville à passer par les mains des Officiers pour les délivrances & recollemens, & à réserver en chacun arpent, lors des coupes, la quantité de seize baliveaux par arpent, qui

K

ayant atteint l'âge compétant feront coupés & vendus au profit de Sadite Majefté, ce que nous avons
eftimé devoir faire pour marque de la propriété.

La quatriéme partie eft de deux cens quatre-vingt-
dix arpens, & appartient à l'Abbé de Moiffac. Ce
bois eft en très-bon fonds & très-bien planté de
chêne, mais par les énormes délits & par les coupes déréglées qu'on y a faites, il eft réduit en bois
à couper à la faucille; il fera pourvû au réglement
des coupes qu'on y doit établir par le réglement des
bois des Communautés Eccléfiaftiques & Séculieres.

Mais ne s'agiffant ici que de regler les coupes de
ce qui appartient au Roi en cette Forêt, nous fommes d'avis par les mêmes raifons que nous avons remarquées ci-deffus, qu'elles doivent être mifes au
vingt-cinquième, & qu'ainfi fur le pied de fept
cens trois arpens, la coupe doit être par chacun an
de vingt-huit arpens, & comme le bois y eft fort
jeune, les plus âgé n'ayant que fix à fept ans & bien
venant, nous avions eftimé qu'il étoit à propos d'en
furfeoir les coupes jufqu'à ce que le bois eût un âge
compétant pour pouvoir être coupé, mais les Confuls & habitans dudit lieu de Saint Porquier font venus tant de fois vers nous pour nous faire entendre
leur extrême difette de bois depuis que ladite Forêt étoit claufe, & que nous en avions fait exactement obferver la clôture, que les pauvres gens n'o-
fant y aller couper du bois, alloient couper leurs
arbres fruitiers & le bois de leurs vignes à la campagne, & nous avons reconnu d'ailleurs que le
bois étoit fi rare de ce coté-là, que les ventes de

la Forêt manquant, les habitans dudit lieu ne sauroient où prendre du bois, pourquoi, eu égard à cela, & pour ôter ausdits habitans le prétexte qu'ils auroient de continuer les délits du passé s'il ne leur étoit pourvû, nous estimons qu'il sera utile d'établir pendant les douze premieres années une coupe de vingt arpens seulement par chacun an, qui sera commencée au triage du Pommaret & continuée de suite en suite & de proche en proche, à la réserve des baliveaux, comme ci-dessus, & après lesdites douze années expirées, l'on commencera à couper vingt-huit arpens en la même maniere.

La Forêt de Vigard ou Verdun.

La Forêt de Vigard est assise dans la partie de Guienne qui est du ressort du Parlement de Toulouse à deux mille pas de la Ville de Verdun, sur le bord de la riviere de Garonne en un pays assez plat & en bon fonds pour la plus grande partie.

Elle contient mille soixante arpens de bois d'essence de chêne mêlé de très-peu d'autre bois.

Cette Forêt ayant été pillée & dégradée avec excès par les habitans de Verdun, qui sous prétexte d'usage y ont fait toutes sortes de délits & abroutissemens, on en a depuis peu recepé la moitié qui est du côté de la Ville par Ordonnance des Grands Maîtres, confirmée par Arrêt du Parlement & nonobstant l'opposition desdits habitans, en conséquence d'une visitation qui en a été faite par un Commissaire député de la Cour ; & lesdits habitans qui ont accoutumé d'user de ladite Forêt comme de leur propre ayant commis les mêmes délits & abroutissemens dans les bois recrus du recepage, nous avons trouvé des jeunes bois de deux, trois & quatre ans, abroutis de telle sorte que nous avons estimé qu'il étoit à propos de les receper une seconde fois, pourquoi l'année derniere procédant à l'assiete des ventes, nous avons fait mesurer & adjugé ensuite quatre-vingt arpens de ce bois, & pour remettre ladite Forêt en état de profiter, nous estimons qu'il doit être établi une pareille coupe pour l'année prochaine à prendre depuis la carriere droite dans les bois recepés du côté d'en bas tout le long de la lisiere qui regarde ladite Ville de Verdun, & une autre coupe semblable pour l'année suivante à prendre du côté d'en haut depuis ladite carriere droite dans les mêmes bois recepés tout le long de la lisiere qui regarde Sabenes & Esquefés, en telle sorte néanmoins que du côté qu'il y aura plus grande quantité de mauvais bois, il en sera plus ou moins mesuré de part ou d'autre, de maniere que les deux coupes montent jusqu'à la concurrence de huit vingt arpens.

Et lesdites deux coupes finies, les suivantes seront établies de l'autre côté de ladite Forêt où il sera coupé par égales portions six-vingt arpens de bois en deux années, à raison de soixante par chacun an, des plus mauvais bois qui se pourront trouver sur les lisieres de part & d'autre, dont sera fait exacte reconnoissance par les Officiers & arpenteurs qui seront employés aux ventes.

Ensuite il sera coupé par chacun an vingt-sept arpens de bois dans le même côté pendant quinze années, pour consommer en vente tout ce qui n'a point été recepé, lesquelles quinze années finies les coupes seront réglées comme dessus au vingt-cinquième à raison de quarante-deux arpens par chacun an dans les bois recepés qui après quinze années finies auront atteint l'age de vingt-cinq ans, & en l'exploitation desdites ventes sera laissé en chacun arpent vingt baliveaux lors de la premiere coupe, & ensuite successivement le nombre de seize, ce qui ne sera pas observé néanmoins pendant les quatre premieres années des recepages que nous avons dit devoir être établis à moins qu'il ne se trouve dans lesdites ventes quelques beaux baliveaux.

Remarque touchant les Baliveaux.

Nous avons remarqué ci-dessus que par le réglement que nous proposons pour les coupes que l'on pourra établir esdites Forêts, notamment pour celles que nous estimons que l'on doit régler au vingt-cinquième, nous ne hazardons aucune chose, & ne faisons rien qui puisse préjudicier aux intérêts du Roi, & au bien de ses Forêts, parce qu'en tout tems, si c'est le bon plaisir de Sa Majesté, on pourra les laisser croître en Futaye, & on aura cet avantage que les bois auront été recepés, & qu'ils seront peuplés de baliveaux qui n'empêcheront pas que le bois ne puisse s'élever en futaye, mais nous persistons toujours dans ce sentiment que l'on ne peut pas faire un meilleur réglement pour les coupes de ces Forêts, ni plus avantageux pour le Roi & pour le public. Nous en avons remarqué les raifons fuccinctement, & nous en donnerons de plus amples éclaircissemens fi mefdits fieurs les Commiffaires le défirent, & fi Sa Majefté nous l'ordonne. Nous dirons feulement qu'il doit être très-expreffément enjoint aux Officiers de bien choifir les baliveaux au nombre porté par les réglemens ci-deffus ; qu'il faut particuliérement les charger de leur garde & qu'ils n'en doivent pas fouffrir la coupe, qu'ils n'ayent au moins l'âge de cent à fix-vingt ans , auquel cas comme nous ne doutons pas que dans les mauvais fonds, il ne fe trouve plufieurs arbres de cet âge, qui feront fur le retour, lefdits Officiers & même les Grands Maîtres (*a*) donneront advis à Meffieurs les Intendans de la Province & à Noffeigneurs du Confeil de Sa Majefté de ce qu'ils eftimeront devoir être coupé , & de ce à quoi lefdits bois feront utiles foit pour les bâtimens de Mer, ou pour autres fortes de marchandifes , même s'il fera befoin de laiffer croître davantage les arbres pour les rendre utiles à cet ufage, afin qu'il foit ordonné de leur coupe ainfi que Sa Majefté avifera être à faire en fon Confeil.

Et en cas que Sa Majefté trouve à propos d'établir lefdites ventes de baliveaux, elles feront faites feulement des plus anciens, & lorfque l'on vendra les taillis, de forte que fucceffivement de coupe en coupe on puiffe couper certain nombre defdits ar-

______
(*a*) Ou ceux qui feront en leur lieu attendu leur fuppreffion.

bres, tel qu’il fera ordonné par Sa Majefté, & afin qu’il ne fe commette en la coupe d’iceux aucuns délits ni abus, incontinent après que lefdits taillis auront été abbattus, lefdits Officiers marqueront du Marteau du Roi au pied & en face les arbres dont ils entendront faire adjudication, favoir ; en face, afin que les Marchands les puiffent mieux voir & connoître, & au pied, afin qu’après l’ufance ils puiffent repréfenter l’empreinte du Marteau dont chacun defdits arbres aura été marqué, pour lequel effet fera dreffé Procès-Verbal du nombre & de la qualité des arbres qui auront été marqués pour être coupés, & après la coupe il fera procédé au recollement de la vente, & tous les pieds des arbres coupés & abbattus, vûs & vifités pour être ladite empreinte reconnue, finon & à faute de ce faire fera ledit Marchand tenu payer le double des amendes portées par les réglemens, ou du prix légitime defdits arbres pour chacun de ceux aufquels ladite empreinte fe trouvera manquer.

Du Glandage.

Comme la paiffon des porcs n’apporte aucun dommage aux Forêts, lefdits Officiers, par chacun an, dans le mois de Septembre, adjugeront au profit du Roi le Glandage de chacune Forêt aux termes des Ordonnances & Réglemens.

Du pâturage des beftiaux.

Au regard des herbages & pâturages, lefdits Officiers pourront tous les ans en faire des baux à ferme,

mais avec ces conditions que les triages qui feront
défenfables, & dans lefquels il fera permis de faire
pâturer les beftiaux, feront déclarés par les Contrats
des baux, & que défenfes feront faites aux Fermiers
de faire pâturer leurs beftiaux en d'autres endroits,
à peine d'amende & de confifcation. Défenfes auffi
leur feront faites de faire pâturer efdites Forêts aucunes chêvres ni bêtes à laine, fauf feulement les
bêtes à laine en la Forêt de Garrigue-Clare, à peine
de dix fols d'amende pour chacune tête & de confifcation pour les avoir fait pâturer en ventes défenfables, & d'amende arbitraire pour les avoir fait pâturer dans les jeunes ventes, & même de punition
corporelle contre lefdits Fermiers ou autres particuliers en cas de récidive. Et à la fin de l'année vifitation fera faite des délits commis dans les ventes
défendues & prohibées, pour être par lefdits Officiers contre les Fermiers & Sous-Fermiers folidairement rendu telles condamnations qu'il appartiendra, eu égard aux délits qui auront été commis ; &
pourquoi ledit Fermier fera tenu de donner & mettre au Greffe fa déclaration contenant le nom de
ceux aufquels il aura fous-fermé, & la quantité de
beftiaux que chacun fera pâturer efdites Forêts, &
ne feront les ventes déclarées défenfables, favoir ;
en la Forêt de la Grefigne qu'elles n'ayent atteint
l'âge de quinze ans, & fept ans pour les autres Forêts. Et attendu les recepages faits en plufieurs defdites Forêts, les Maîtres particuliers auront foin de
marquer les triages & chemins par lefquels les
beftiaux pourront y entrer, & obligeront lefdits

Fermiers

Fermiers d'avoir des Pâtres qui folidairement avec eux répondront des délits. Fait à Touloufe le feptiéme jour du mois d'Avril mil fix cent foixantefept, *figné* de Froidour, de Hericourt, *& plus bas*, par mondit fieur le Commiffaire, Prioux.

Les Commiffaires députés par le Roi pour la Réformation générale des Eaux & Forêts au département de la Grande Maîtrife de Touloufe.

Vû par Nous le Procès-Verbal ci-deffus fait par le fieur de Froidour l'un de Nous, contenant réglement, & après l'avoir examiné, & délibéré fur chacun des articles contenus en icelui, Nous avons ordonné qu'il fera porté devers le Roi & Noffeigneurs de fon Confeil, donnant avis à Sa Majefté qu'il y a lieu, fi tel eft fon bon plaifir, d'autorifer ledit Réglement, & d'ordonner que tous Arrêts & Lettres-Patentes feront expédiées pour être régiftrées par tout où befoin fera, & le contenu audit Réglement exécuté felon fa forme & teneur. Fait à Touloufe le neuvième jour d'Avril mil fix cent foixante-fept, *figné* Bazin, Tubeuf, & de Froidour, *& plus bas* par mefdits Seigneurs les Commiffaires, Prioux.

Ordonnance de Meffieurs les Commiffaires pour la continuation du Réglement ci-deffus.

PROCÈS-VERBAL D'AVIS
pour le réglement des coupes dépendantes de la Maîtrise particuliere de Castelnaudary.

LOUIS DE FROIDOUR, Écuyer, Seigneur de Serily, &c. A tous ceux qui ces préfentes Lettres verront ; SALUT : Savoir faifons. Que fur ce qui nous a été remontré par le fieur de Hericourt, Confeiller du Roi au Siége Préfidial de Soiffons, Procureur pour Sa Majefté en ladite Réformation, que les Forêts du Comté de Lauragois étant la plûpart dans une affiéte peu commode pour le tranfport du bois, & dégradées avec excès, ainfi qu'il nous eft apparu par la vifitation que nous en avons faite, il étoit néceffaire d'avifer aux moyens de les rétablir & de les mettre en valeur, pour perpétuer & augmenter les commodités & les fecours que le pays a accoutumé d'en recevoir, & produire au Roi un revenu certain par chacun an, au lieu que jufqu'à préfent elles lui ont été inutiles, à quoi nous ne pouvions parvenir que par un bon ménagement defdites Forêts, & que par le réglement de leurs coupes fuivant leur poffibilité, & eu égard à la qualité du fonds & du bois dont elles font plantées, & au débit des marchandifes qui en proviennent. Requerant à ces caufes qu'il nous plût dreffer fur ce notre avis pour en être référé pardevant Meffieurs de Befons, Conseiller ordinaire du Roi en ses Conseils, & Tubeuf aussi Conseiller du Roi en ses Conseils, Maître des Requêtes ordinaire de son Hôtel, Intendant de Justice, Police & Finance dans la Province de Languedoc, Commissaires députés par Sa Majesté pour ladite réformation, & la résolution qui qui sera prise avec eux être envoyée au Conseil de Sadite Majesté, afin qu'il y soit par elle pourvû ainsi qu'elle avisera être à faire en son Conseil. Nous ayant égard à ladite remontrance, nous sommes fait représenter les plans & figures desdites Forêts, avec les Procès-Verbaux des mesurages que nous en avons fait faire, ceux des visitations que nous en avons faites, & de celles qui en ont été faites par le sieur de Campistron, commis & subdélégué pour cet effet de mondit sieur Tubeuf, & des Marchands experts par lui pris & nommés, lesquels Procès-verbaux Nous avons vûs & examinés, & tout considéré, oüis les Officiers du Siége de la Table de Marbre & de ladite Maîtrise en leurs avis.

Forêt de Sarramegé.

Nous avons trouvé premierement que la Forêt de Sarramegé, l'une de celles qui dépendent de ladite Maîtrise, est assise dans ledit Comté de Lauragois, sur la Montagne Noire, près du lieu d'Arfons, bornée de part & d'autre par les rivieres de Sor & de Sorrette, qui se joignent ensemble au bout d'en bas de ladite Forêt, & par le bout d'en haut contre la Forêt de Sagne-baude, & les terres, prez & bois

de la Métairie de Sagne-baudou par deux ruisseaux
que produisent deux fontaines, appellées l'une de
Sarramegé qui tombe dans la riviere de Sor, & l'autre de la Tourrelle qui se jette dans celle de Sorette,
des eaux desquelles rivieres on prétend se servir
pour l'établissement de la communication des deux
Mers.

Que ladite Forêt contient trois cens soixante-huit
arpens & demi à la mesure de Lauragois, qui est de
six cens perches, & à la mesure de Toulouse, qui est
de cinq cens soixante & seize perches, la perche
composée de quatorze pans quarrés, trois cens qua-
tre-vingt-treize arpens, dont les trois quarts qui sont
sur la plaine sont en bon fonds & très-bien plantés,
l'autre quart qui est en penchant & larris, le long
de la riviere de Sor, & un coin qui est proche la
fontaine de la Tourrelle, étant en un fonds très-ingrat, plein de pierres & de roches, où le bois est
moins bien planté, plus mal venant & rabougri, &
ne peut s'élever en belle futaye comme par tout le
reste de ladite Forêt, qui est plantée en bois de fau
ou hêtre pour la plus grande partie, & de quelques
coudres mêlés de houx, de différens âges & différemment plantés; savoir, les triages de la font l'Ar-
me & de Leíquine, contenant trente-cinq arpens;
celui del Grapadou & Poumier Douminge, contenant quatre-vingt arpens, & celui de la Croix de
Laché & des Fangassous trente arpens & demi,
revenant le tout à cent quarante-cinq arpens & demi plantés d'arbres de haute futaye de l'âge de quatre-vingt à cent ans, clair semés, à cause de la

grande quantité de délits que l'on y a commis, fous
lefquels il y a du jeune bois de plufieurs âges recru
de celui qui a été coupé, ce qui eft fur les pen-
chans étant moins plantés que le refte.

Les triages de la Combe des Morts contenant
quarante-deux arpens & demi, celui du fonds de
la Serpe contenant quarante arpens, & celui du Ja-
nicquet & Fontrouge contenant foixante-quinze arpens, revenant le tout à cent cinquante-fept arpens & demi bien plantés en bois de l'âge depuis
trente jufqu'à foixante ans, fauf ce qui eft fur la
côte de la riviere de Sor. Le refte confifte en qua-
tre-vingt-fix arpens de jeunes ventes, d'un, d'eux,
trois & jufqu'à vingt & vingt-cinq ans aux triages
des Padiez & de la Côte de Sorrete, dont les plus
jeunes jufqu'à l'âge de dix ans font abrouties.

Nous avons reconnu en outre que les ventes, qui
ont été faites en ladite Forêt, n'ont point été réglées à certaine quantité, & que l'on a coupé tantôt plus & tantôt moins, & même qu'en plufieurs
années il n'y a été fait aucune coupe, de quoi les
Officiers font demeurés d'accord, & nous ont dit
de plus, avec les Marchands dont nous étions accompagnés lors de notre vifite, que le bois de ladite
Forêt ne fe débitoit qu'en charbon.

Pourquoi, nous ayans égard à tout ce que deffus, & d'autant que les bois de coudre & de houx
ne peuvent s'élever en futaye ; que d'ailleurs le
bois de fau eft ordinairement inutile pour les bâtimens, & que même dans le pays où on ne le
débite qu'en charbon, l'ufage & le débit de la go-

berge, des pelles, des fabots & autres marchandifes n'y étant pas établi, nous fommes d'avis que les bois de cette Forêt doivent être coupés à l'âge de quarante ans, auquel âge ces bois font très-propres à être mis en charbon, & que fur ce pied la vente doit être réglée à dix arpens par an , & d'autant que nous avons reconnu qu'au lieu d'Arfons & en quelques autres de ladite Montagne, qu'à défaut d'autre bois on fe fert d'aix de fau pour les planchers ; afin qu'il y ait toujours en ladite Forêt du bois de quoi fournir à la néceffité que l'on en pourroit avoir, il fera laiffé , lors des coupes , vingt arbres baliveaux des mieux venans en chacun arpent, pour être coupés à la vente fuivante, & lorfqu'ils auront atteint l'âge de quatre - vingt ans , au lieu defquels il en fera laiffé vingt autres , & pour cet effet la vente fera continuée au triage des Padiez en remontant la riviere de Sorette jufqu'à l'entiere exploitation des cent quarante-cinq arpens de futaye clair femée & à la réferve fufdite, pourvû que ladite quantité de vingt baliveaux bien venans & profitans puiffe s'y trouver, finon il n'en fera laiffé que la quantité que les Officiers trouveront à propos, fauf dans l'exploitation du furplus à obferver exactement cette condition.

Forêt de Crabes-mortes.

La Forêt de Crabes-mortes eft affife en la Montagne Noire, au-deffous de celle de Sarramegé, laquelle elle confronte par un bout, la riviere de So-

rette leur fervant de féparation jufqu'à celle de Sor,
qui enfuite lui fert de fermeture d'un côté tournant
en demi cercle autour de ladite Forêt, & d'autre
côté elle eft bornée par le ruiffeau de la Lagade
& celui de Rabaffet qui fe perdent dans ladite riviere de Sor au bout de ladite Forêt.

Elle contient à la mefure de Lauragois quatre
cens douze arpens un quart, & à celle de Touloufe quatre cens vingt-neuf arpens & demi. Le
terrein en eft fort ingrat & fort boffu, bon en tous
les lieux qui tiennent de la pleine, mauvais &
plein de pierres & de roches en tout ce qui eft en
larris & penchant, de forte qu'il peut y avoir un
tiers de mauvais fonds. Elle eft bien plantée par-
tout, & moins pourtant dans les fonds de mauvaife qualité. Le bois eft de même effence que celui de Sarramegé, il y a beaucoup de hêtres, peu
de coudres & de houx, nuls chênes ; il eft moins
âgé que celui de Sarramegé, & nous eftimons que
le plus âgé n'a que foixante à quatre-vingt ans. Les
coupes y ont été faites de même fans regle ni mefure certaine. Les anciennes font fuftées & pillées,
les jeunes abrouties, & le bois ne s'y débite qu'en
charbon; pourquoi, par la même raifon que nous
avons remarquée ci-deffus, nous eftimons que les
coupes doivent être faites à l'âge de quarante ans
& réglées par chacun an à dix arpens trois quarts,
à condition de la réferve de vingt baliveaux par arpent des mieux venans. Et d'autant que nous avons
commencé d'affeoir les coupes au triage du Cap-
delbiau, elles y feront continuées jufqu'à l'entiere

exploitation d'icelui, après quoi elles feront continuées de fuite en fuite, & de proche en proche au triage des alliers & autres fuivans.

Et en cas que lors de l'exploitation defdites coupes il s'y trouve quelques chênes, les Marchands & adjudicataires feront tenus de les réferver, à peine de payer le quadruple des amendes ordinaires, à quoi les condamnations qu'il faudra rendre pour chacune forte de délit feront réglées.

Forêt de l'Efguille.

La Forêt de l'Efguille eft affife à l'extrémité de ladite Montagne Noire du côté de la Ville de Revel, placée fur un penchant de ladite Montagne qui regarde le ruiffeau d'Audaut, qui par bas lui fert de borne ; par haut elle eft bornée contre les bois communaux dépendans de la Seigneurie de Durfort, par le chemin qui conduit des Cammafes à ladite Ville de Revel, tient d'un bout aux terres des Cammafes & d'autre aux terres des Jurifdictions de Sorefe & Revel.

Elle contient en plufieurs triages quatre cens quatre arpens à la mefure de Lauragois, & quatre cens vingt-un arpens à la mefure de Touloufe ; le fonds en eft médiocre fur le peu qu'il y a de plaine & de valons, mauvais fur les côtes à caufe de la grande quantité de roches ; elle eft plantée de hêtres mêlés de quelques chênes, coudres & houx, mais dégradée à tel excès qu'encore qu'il y ait quantité de triages ou depuis foixante ans on n'a

établi

établi aucunes coupes, néanmoins tout est coupé, recoupé, abrouti & réduit en broſſailles qu'il est néceſſaire de receper entierement. Nous avons reconnu par la viſitation que nous en avons faite que les Grands Maîtres avoient déja commencé de la receper, mais ce qui a été recepé a été encore depuis tellement gâté, qu'il faudra y faire un nouveau recepage. Il ſeroit à déſirer qu'elle pût être recepée tout à la fois ou en peu d'années. Mais comme un tel recepage paſſeroit pour une dégradation, & comme peut-être auſſi les bois ſeroient d'un débit difficile ſi les coupes étoient plus grandes, nous eſtimons qu'il eſt à propos de faire l'entier recepage de ladite Forêt à tire & aire, & ſans aucune réſervation, en quinze années, la préſente compriſe, & de couper par chacun an vingt-huit arpens de ſuite en ſuite, & de proche en proche, allant de haut en bas, à commencer au lieu où nous avons établi la vente de la préſente année, & continuer juſqu'au bout, qui eſt du côté de Revel & de Soreſe; recommencer & continuer ledit recepage, juſqu'à l'entiere uſance deſdites quinze coupes, leſquelles finies elles ſeront réduites au quarantième, & ſera coupé par chacun an dix arpens & demi à ladite meſure de Toulouſe, & laiſſé en chacun arpent vingt baliveaux chênes, ou hêtres à défaut de chênes, qui ne pourront être coupés qu'ils n'ayent atteint l'âge de ſix-vingt ans.

Forêt de Vauré.

La Forêt de Vauré eſt ſituée au-deſſous de ladite

M

Montagne, à un quart de lieue de Revel, entre le chemin de Revel à Caftelnaudary & le ruiffeau d'Audaut, vers lequel elle s'encline ; tient d'un bout aux terres & friches de la Métairie de la Pomme , & d'autre aux bois & bruyeres du fieur de Vandreuille.

Elle contient à la mefure de Lauragois cent foixante & dix arpens demi quart, & à celle de Touloufe cent foixante & dix-fept arpens trois quarts. Le fonds en eft très-mauvais, plein de pierres & de roches, & le terrein eft un tuf fort fec & fort aride. Le bois dont elle eft plantée eft de chêne, mais rabougri, malvenant, rampant & mal planté, réduit en broiffailles & bruyeres, non-feulement à caufe de l'ingratitude du fonds , mais encore parce que ladite Forêt a été entiérement brûlée plufieurs fois, ainfi que nous l'avons reconnu de divers Procès-Verbaux, & de plus par ce que les Officiers y ont coupé le bois à l'âge de cinq ans, & cependant ont fouffert que fous prétexte d'un droit d'herbage acquis par quelques particuliers on y ait fait continuellement pâturer des troupeaux de bêtes à laine, des chêvres & des bêtes à cornes, de maniere que cette forêt n'a produit que quinze ou feize livres de revenu par chacun an.

Et pour la remettre en état, nous eftimons qu'il eft néceffaire de la receper entierement à tire & aire & fans aucune réferve, en trois ou quatre années, par égales portions, après lefquelles finies, les coupes feront réglées à treize arpens par chacun an, de l'âge de quatorze ans, recommençant au bout de ladite Forêt par lequel ledit recepage aura été commencé, & sera laissé successivement en chacun arpent seize baliveaux qui ne pourront être coupés qu'ils n'ayent atteint l'âge de quatre-vingt à cent ans.

Forêt de la Greuse.

La Forêt de la Greuse est située au bas de la Côte de la Montagne Noire, du côté qu'elle regarde la Ville de Castelnaudary, immédiatement sous la Ville de la Bessede & au-dessus d'Issel, à trois quarts de lieues de ladite Ville de Castelnaudary, ayant d'un côté le chemin de Revel, d'autre celui de la Bessede pour bornes, par un bout les bruyeres & vignes de la Bessede, & par bas le bois d'Issel; ses deux côtés sont éminens, s'enclinent vers le milieu jusqu'à un ruisseau, qui se formant de plusieurs rameaux ou ravines qui viennent du côté de la Bessede, descend vers Issel. Elle contient à la mesure de Lauragois deux cens vingt-quatre arpens trois quarts, & à celle de Toulouse deux cens trente-quatre arpens demi quart. Le fonds est de très-mauvaise qualité, plein de pierres & de grez, chargé de mousse; elle est plantée de bois de chêne rabougri & malvenant, de narbouziers & de bruyeres; ce qui est dans le valon est assez bien planté, & le reste de nulle valeur; elle a été brûlée plusieurs fois, même jusqu'aux souches, & coupée & recoupée sans ordre ni regle à la discrétion des Fermiers du Four domanial de Castelnaudary, pour le chauffage duquel de tout tems elle a été destinée, ces-

fant quoi ledit Four feroit de nulle valeur, & quoique lefdits Fermiers en coupaffent le bois à deux,
à trois ou quatre ans au plus, lefdits Officiers ont
fouffert que l'on y ait fait pâturer des beftiaux, qui
ont d'ailleurs abrouti les ventes, de forte qu'il eft
néceffaire d'en faire un entier recepage.

Pourquoi nous fommes d'avis que les ventes de
ladite Forêt foient à l'avenir affermées conjointement avec le Four domanial de ladite Ville de Caftelnaudary, pour être coupée par le Fermier en recepage & à tire & aire en fix années confécutives,
la préfente comprife, par égales portions de quarante arpens par chacun an, à commencer par le
bout d'en bas, & remontant jufqu'à celui d'en haut,
à la charge de couper & vuider aux termes qui lui
feront preferits par le cahier des charges defdites
ventes, & conformément aux réglemens, tout ainfi que feroit & feroit tenu de faire tout autre Marchand qui en feroit adjudicataire. Et après lefdites
fix années finies, les coupes feront réglées à dix-
fept arpens par chacun an de l'âge de quatorze ans,
& fera laiffé fucceffivement en chacun arpent feize
baliveaux dont il ne pourra être fait aucune coupe
qu'ils n'ayent pour le moins atteint l'âge de fix-vingt
ans, fous tel prétexte que ce puiffe être.

Forêt de la Selve.

La Forêt de la Selve eft affife à trois petites lieues
de Caftelnaudary, en un pays fort boffu, affez proche du ruiffeau de la Beffegue, qui fe jette dans le

grand Lers à Belpech, & par le moyen duquel on peut aller dans l'Ariege, & enfuite dans la Garonne. Elle eft bornée d'un côté par le ruiffeau de Reffef-quié contre la Jurifdiction de Pechluna, & d'autre contre celles de Mayreville, Gaja & Cahufac, par des chemins, foffés & bornes.

Elle contient à la mefure de Lauragois trois cens foixante-neuf arpens & demi, & à celle de Tou-loufe trois cens quatre-vingt-cinq arpens, de très-bon fonds & bien planté en bois de chêne, hêtre, coudre, érable & peu de charme, mais diffé mment & de différens âges, moitié en haut taillis, d -puis quinze, feize, jufqu'à vingt-cinq & trente ans, garni de très-peu d'arbres, mais entiere & fans dé-lit, du moins très-peu : le refte eft planté en gros arbres éteftés, ébranchés, dégradés & clair femés, les plus beaux ayant été abbattus & emportés par les délinquans ; & fous lefdits arbres eft un taillis de dix, douze, vingt & jufqu'à trente ans pillé & dégradé, recru des délits qui ont été faits, meilleur en certains endroits, & moindre en d'autres : & nous étant informé lors de la vifitation que nous avons faite de ladite Forêt, de la qualité des ven-tes qui avoient accoutumé d'y être faites, & du dé-bit qui fe faifoit des marchandifes qui en prove-noient, nous avons appris que depuis vingt-cinq à trente ans, il ne s'y en étoit fait que quatre ou cinq, les fieurs de Belvefe & de Fageac pere & fils, qui fucceffivement ont été Capitaines foreftiers de la-dite Forêt, ayant empêché qu'il ne s'y en fît au-cune fous prétexte d'un Office imaginaire d'Inten-

dant de ladite Forêt, & de celle de las Tourradoures, defquelles on prétend qu'ils ont ufé comme de
leur propre, permettant de couper feulement à qui
bon leur a femblé. Nous avons appris aufli que lorfqu'il s'y eft fait quelques coupes, les arbres chênes
ont été convertis en bois mefrien, ou bois à bâtir
qui s'eft débité dans le pays où le bois de fapin ne
peut être voituré, & les autres bois ont été convertis en charbon, le bois ne fe pouvant prefque débiter autrement à caufe de l'éloignement des Villes
& de la difficulté des voitures, & que le pays où
ladite Forêt eft affife eft très-abondant en bois.

Nous avons trouvé en outre que depuis cent ans
& plus, une verrerie a été établie aux reins de ladite Forêt, par inféodation des Grands Maîtres, avec
pouvoir de prendre bois mort & mort bois pour le
chauffage d'icelle, d'abord moyennant une albergue de vingt livres, enfuite de vingt-cinq, & enfin de cinquante livres. Nous avons aufli reconnu
que les verriers abufant de cette faculté, les Grands
Maîtres pour leur en ôter l'occafion, leur ont fait
délivrance d'un, deux, trois & quatre arpens de
bois, & il ne faut point douter que lorfque les Forêts font mal confervées, les verreries ne foient un
moyen d'y introduire beaucoup de délits & de dégradations, mais lorfque le débit du bois eft difficile, & que l'on prend foin de conferver les Forêts, les verreries font néceffaires pour les faire valoir. Par cette raifon nous eftimons que la verrerie
en queftion doit être confervée, & qu'elle fera utile pour le débit des marchandifes de cette Forêt,

lorfque l’exactitude que l’on apportera à fa garde
réduira les Verriers à en acheter. Il faut donc feulement tolérer l’établiffement de la verrerie, mais
ôter aux Verriers la faculté de prendre du bois à difcrétion foit mort & fec , foit mort bois, & leur
défendre très-expreffément d’en ufer, à peine d’être
traités comme délinquans, & de la confifcation de
ladite verrerie ; & il leur fera permis feulement d’u-
fer du bois des coupes & des ventes ordinaires, lefquelles ils pourront enchérir fi bon leur femble ; &
moyennant cela ils feront déchargés de l’albergue
de cinquante livres, au moins elle fera réduite à
quatre, cinq ou fix livres, ou telle autre fomme
qu’il plaira à Sa Majefté de la modérer, & elle fera payée par lefdits Verriers par forme de reconnoiffance pour la liberté qui leur fera donnée de tenir
ladite Verrerie.

Du refte comme ladite Forêt eft plantée de beaucoup de bois blancs qui ne font pas propres à être
mis en futaye, & que d’ailleurs ce n’eft qu’un buiffon qui pendant un fiécle ou fix-vingt ans au moins
qu’il faut donner au bois pour le laiffer croître en
futaye, étant expofé au pillage de quatre ou cinq
Villages dont il eft environné, n’eft point en état
de fe défendre de leurs délits, les futayes ne devant être réfervées que dans les grands corps des
Forêts, & vû auffi que dans la fuite des tems il feroit fâcheux de payer inceffamment & pendant lon-
gues années des gages & autres droits à des Officiers
d’une Forêt dont le Roi ne tireroit aucun profit ;
nous fommes d’avis que pour le bon ménagement

de ladite Forêt, les coupes en doivent être réglées à l'âge de quarante ans, auquel tems les bois de hêtre & érable non-feulement font bons pour charbonner ainfi que le bois de coudre, mais pour toutes fortes d'ouvrages de charonnage; & faifant lefdites coupes il fera laiffé fucceffivement à chaque coupe en chacun arpent, vingt baliveaux chênes, voir plus s'il s'en trouve, qui ne pourront être coupés qu'ils n'ayent au moins l'âge de fix-vingt ans, & ainfi la coupe ordinaire fera de dix arpens par chacun an. Mais d'autant qu'il y a plufieurs bois qui ont été pillés & dégradés qu'il eft à propos de receper jufqu'à la concurrence de cent cinquante arpens ou environ, nous eftimons que pendant les dix premieres années, il en doit être coupé jufqu'à la concurrence de treize arpens, à commencer à la fuite des ventes que nous avons établies, & continuer jufqu'à l'entiere exploitation du triage du fonds Mouffen Gregory, & autres joignans qui font de la même qualité, après quoi les ventes feront réduites à dix arpens, & même à neuf lorfqu'elles feront affifes dans les bois qui fe trouveront plus âgés de quarante ans, de maniere que lorfque l'on recommencera la coupe des ventes recepées, tout le bois puiffe avoir l'âge de quarante ans.

La Forêt de las Tourradoures.

La Forêt de las Tourradoures eft un buiffon de cent cinquante-cinq arpens à la mefure de Touloufe, fituée fur un côteau ou penchant de montagne

gne qui regarde un mafage appellé Nabouli à une lieue de la Forêt de la Selve, à trois quarts de lieue de Belpech; il eft borné par haut par le chemin de Mirepoix, & par bas par des foffés & ruiffeaux; tient d'un bout au bois du feu fieur Comte de Vieules, & d'autre côté à quelques terres défrichées qui ont été inféodées.

Il eft en bon fonds & bien planté de chênes. Mais, quoique depuis vingt à vingt-cinq ans on n'y ait fait aucune coupe, il eft entierement degradé & prefque réduit en broffailles, ayant été coupé & recoupé par les délinquans; de forte qu'il doit être entierement recepé.

Ce bois pour le débit eft en très-mauvais endroit à caufe du voifinage d'une grande Forêt dudit feu fieur Comte de Vieules, où les habitans de plufieurs lieux riverains ont droit d'aller prendre du bois, payant trois ou quatre deniers pour charge; & ce qui a donné lieu à la dégradation de celui-ci, eft non-feulement parce qu'il eft plus expofé, mais parce que plufieurs perfonnes ayant envie de l'avoir à inféodation, on a bien voulu le réduire en tel état que le Roi n'en peut tirer aucun profit, afin que cela contribuât à en faciliter le don. On en a ufé de la forte en plufieurs Forêts de ce département; mais comme à préfent les chofes font fur un autre pied, quoique la coupe que nous avions marquée pour cette année foit demeurée à vendre, nous efpérons que la garde févére que nous avons fait faire, & que l'on fera ci-après des bois du Roi, rendant le bois plus rare, on en trouvera le débit. Pourquoi nous eftimons

N

que ladite Forêt doit être entierement recepée en
sept ans , par coupes reglées de vingt-trois arpens &
demi , & même en moins d'années si faire se peut, à
la charge qu'ensuite desdites sept années ladite Forêt demeurera close pour quatre ans , lesquels finis
la coupe sera reglée à dix arpens & un tiers par chacun an sur le pied de l'âge de quinze ans , & sera
laissé successivement lors des coupes seize baliveaux par arpent, qui ne pourront être coupés qu'ils
n'ayent atteint l'âge de six vingt ans.

Forêts de Saint Rome & Baziege.

Les Forêts de Saint Rome & Baziege sont assises
dans la prairie qui accompagne la riviére du petit Lers, & prennent le nom des lieux dont elles
sont voisines. Elles sont éloignées l'une de l'autre
d'un petit demi quart de lieue , à quatre lieues de
Toulouse, dans un pays fort plat & fort humide,
étant baigné de cette riviére qui traverse l'une &
la partage en deux parties , & borne l'autre.

Elles sont toutes deux bien plantées en bois de
même essence de chênes, charme, coudre, érable,
orme & frêne , & sont réduites en petits bois de nulle valeur, les Officiers ayant accoutumé de les couper à l'âge de cinq ou six ans au plus, & nous y
avons trouvé peu de baliveaux, & le peu qu'il y
en avoit mal venans & rabougris, & ce d'autant
que les taillis étant coupé trop jeune, n'en peut
produire d'autres.

La premiere contient à la mesure de Lauragois

cent vingt-cinq arpens, & à celle de Touloufe cent trente arpens fix boiſſeaux & demi. Et la feconde à la mefure de Lauragois cent foixante-fept arpens, & à celle de Touloufe, cent foixante-treize arpens trois pugnerées & fix boiſſeaux deux tiers, fur quoi diftraction faite de feize arpens deux pugnerées, cinq boiſſeaux un tiers d'un côté, & pareille quantité d'autre délivrés d'ancienneté aux habitans de Villenouvelle, & au fieur de Ferrieres pour le chauffage de leurs fours, & trente-fept arpens deux pugnerées d'autre qui font tout à fait réduit en prés, il refte feulement en bois dont le Roi jouit de la quantité de cent dix arpens; & ayant délibéré des moyens de mettre lefdites Forêts en valeur, Nous fommes d'avis, premierement, que comme le pays eft fort humide, il eft néceſſaire non-feulement d'entretenir les foſſés que nous avons fait faire autour d'icelles en bon état, mais encore de nettoyer le Canal de la riviére, obliger ceux qui ont des moulins bâtis deſſus à ne point tenir les eaux trop hautes, & de remettre en bon état la naufe, ou pour mieux dire le foſſé qui depuis long-tems a été fait au milieu de la Forêt de Baziege pour faire plus facilement écouler les eaux qui y croupiſſoient. Nous difons de plus que comme ces deux Forêts font trop remplies de bois blancs, & font de trop petits buiſſons pour être réfervés en haute futaye, c'eft auſſi les perdre que d'en couper le bois fi jeune comme l'on a fait par le paſſé, pourquoi nous eftimons que les coupes doivent être réglées fur le pied de l'âge de quatorze ans, & ainfi il fera coupé par chacun

N ij

an neuf arpens moins un quart en la Forêt de Saint
Rome, & huit arpens moins un quart en celle de
Baziege, le tout à la mesure de Toulouse ; & d'autant que les baliveaux laissés sont de nulle valeur,
& que le bois taillis, dont lesdites Forêts sont plantées ayant été mal menagé & brouté, peut difficilement produire de beau bois, le tout sera coupé à
tire & aire pour la premiere exploitation, à moins
que les Officiers qui vaqueront à l'assiette des coupes ne trouvent par la visitation qu'ils en feront
qu'il y ait d'assez beaux bois pour en réserver, & aux
coupes suivantes réserveront seize baliveaux chênes
sur brin, si faire se peut, & à défaut de chênes, des
autres arbres les plus droits & les mieux venans, qui
ne pourront ensuite être coupés qu'ils n'ayent l'âge
de six-vingt ans.

Pour ce qui est des deux parties de bois accordées
pour le chauffage des fours de Ville-nouvelle & Baziege, lesquelles jusqu'à présent on a coupé à l'âge
de deux à trois ans, sans régle ni mesure, & sans y laisser aucuns baliveaux, défenses seront faites à l'avenir aux engagistes desdits bois d'y couper par chacun
an plus de deux arpens à la mesure de Lauragois, qui
leur seront annuellement délivrés par les Officiers
pour être exploités en la même forme & maniere
que les bois de Sa Majesté, & à la charge de laisser
en chacun arpent dix baliveaux de l'âge du taillis aux
premieres coupes, & aux suivantes pareille quantité, outre les anciens qui seront coupés au profit
du Roi, lorsqu'ils auront l'âge de quatre-vingt à
cent ans.

Quant à la partie de trente-six arpens de la Forêt de Baziege qui eſt entierement reduite en pré, & dans laquelle ſeulement il a quelques épines, ce qui a été réduit de la ſorte, non-ſeulement par les abroutiilemens des beſtiaux, mais même parce que l'endroit de cette Forêt étant fort bas, il eſt ordinairement abreuvé d'eau, Nous ſommes d'avis que cette partie doit être ſéparée du bois par un foſſé de huit pans de largeur, & ſix de profondeur, que les épines, ronces, & buiſſons qui y ſont, doivent être arrachées & déracinées pour mettre le pré en valeur qui par chacun an, ou pour tel autre terme qu'il ſera aviſé, ſera par les Officiers donné à ferme au profit du Roi.

Au-deſſus de la Forêt de S. Rome, en une piéce de terre, contenant à la meſure de Lauragois ſept arpens un boiſſeau, & à celle de Toulouſe ſept arpens une pugnerée deux boiſſeaux un tiers, autrefois appellé le petit bois de la Pointe, & étoit en effet planté en bois, mais à préſent eſt réduit en pré, plein de ronces, d'épines & buiſſons, ſans qu'il y ait la moindre marque qu'autrefois il ait été planté en bois, pourquoi nous eſtimons qu'il eſt à propos de le. nettoyer & d'arracher leſdites épines, pour enſuite l'affermer au profit du Roi, ou plutôt l'on peut l'affermer, & même les trente-ſix arpens de la Forêt de Baziege, à cette condition que le Fermier ſera tenu de faire le foſſé dont eſt parlé ci-deſſus & de nettoyer les prés deſdites épines & buiſſons.

Du Glandage.

Comme la paiſſon des porcs n'apporte aucun dommage aux Forêts, les Officiers par chacun an, dans le mois de Septembre, adjugeront au profit du Roi le Glandage de chacune Forêt, aux termes des Ordonnances & Réglemens.

Du pâturage des Beſtiaux.

Au regard des herbages & pâturages, leſdits Officiers pourront tous les ans en faire des baux à ferme; mais avec ces conditions que les triages qui feront défenſables, & dans leſquels il ſera permis de faire pâturer les beſtiaux, feront déclarés par les Contrats deſdits baux, & que défenſes feront faites aux Fermiers de faire pâturer leurs beſtiaux en d'autres endroits, à peine d'amende & de confiſcation; défenſes auſſi leur feront faites de faire pâturer eſdites Forêts aucunes chêvres ni bêtes à laine, à peine de dix ſols d'amende pour chacune tête, & de confiſcation pour avoir pâturé en ventes défenſables, & d'amende arbitraire pour avoir pâturé dans les jeunes, & même de punition corporelle contre leſdits Fermiers ou autres particuliers en cas de récidive. Et à la fin de l'année viſitation ſera faite des délits commis dans les ventes défendues & prohibées, pour être par les Officiers rendues, contre le Fermier & Sous-Fermier ſolidairement, telles condamnations qu'il appartiendra, eu égard aux délits qui auront été commis ; & pourquoi ledit Fermier fera tenu de donner & mettre au Greffe fa déclaration contenant les noms de ceux aufquels il fera fous-fermé , & la quantité des beftiaux que chacun fera pâturer efdites Forêts,& ne feront les ventes déclarées défenfables , favoir des Forêts de Sarramége, Crabes-Mortes, & l'Efguille, qu'elles n'ayent atteint l'âge de douze ans ; en celles de Vauré & la Greuffe qu'elles n'ayent atteint l'âge de fept ans ; & en celles de la Selve , las Tourradoures, Baziege, & S. Rome, qu'elles n'ayent au moins l'âge de fix ans ; & attendu qu'il eft néceffaire de receper entierement les Forêts de l'Efguille, Vauré , la Greufe , & las Tourradoures , elles feront déclarées clofes pour huit années.

Dont & de tout ce que deffus nous avons fait & dreffé le procès-verbal , pour être référé pardevant mefdits fieurs de Bezons & Tubeuf. Fait à Touloufe le dix-feptième jour de Mars mil fix cens foixante-fept, figné de Froidour, d'Hericourt; & plus bas par mondit fieur le Commiffaire , Prioux.

Ce Procès-verbal ayant été rapporté pardevant Meffieurs les Commiffaires , ils ont rendu Ordonnance conforme à celle qui eft à la fuite du précédent.

PROCÈS-VERBAL D'AVIS
pour le réglement des coupes des Forêts
de la Maîtrise de l'Isle Jourdain.

LOUIS DE FROIDOUR, Écuyer, Seigneur de Serisy, Conseiller du Roi en ses Conseils, Président & Lieutenant Général Civil & Criminel au Bailliage & en la Maîtrise des Eaux & Forêts du Comté de Marle & la Fere, Commissaire député par Sa Majesté pour la Réformation générale des Eaux & Forêts au département de la grande Maîtrise de Toulouse. A tous ceux qui ces présentes Lettres verront; SALUT: Savoir faisons. Que sur ce qui nous a été remontré par le sieur de Hericourt, Ecuyer, sieur de Hedouville, Conseiller du Roi au Siége Présidial de Soissons, Procureur pour Sa Majesté en ladite Réformation, que la Forêt de Bouconne, assise dans le ressort de la Maîtrise de l'Isle Jourdain, étant la Forêt la plus voisine de la ville de Toulouse, & par conséquent en plus beau débit qu'aucune autre Forêt dudit département, aussi bien que la plus considérable par son étendue, on ne pouvoit prendre trop de précaution pour en faire un bon menagement, ou pour en bien régler les coupes, afin qu'après avoir remedié aux dégradations & aux abroutissemens que nous y avons reconnus lors de la visite que nous en avons faite, & travaillé à son rétablisse-

ment

ment par les recepages que nous y avons ordonnés, elle puisse dans la suite fournir au pays les commodités & les secours que l'on a accoutumé de tirer du voisinage des Forêts, & produire au Roi un revenu certain & assuré par chacun an, au lieu que jusques à présent elle a été inutile, ainsi que les Forêts de Labarthe, du Foussaret, de Saint Thomas, de la Ramée & de Rejaumont, que nous avons estimé devoir être annéxées à ladite Maîtrise de l'Isle Jourdain, desquelles depuis très-long-tems les riverains, & les prétendus usagers avoient fait leur propre, sans qu'il s'y fît aucunes ventes au profit du Roi, requerant à ces causes qu'il nous plût dresser notre Procès-verbal en forme d'avis de ce que nous estimerons devoir être fait pour le réglement des coupes desdites Forêts, pour en être fait rapport pardevant Monsieur Pellot Seigneur de Port-David & Sandars, Conseiller du Roi en ses Conseils, Maître des Requêtes ordinaire de son Hôtel, Intendant de Justice, Police & Finances ès Généralités de Guyenne, avec lequel il a plû au Roi de Nous commettre pour la Réformation des Forêts de ladite grande Maîtrise de Toulouse esdites Généralités, & ledit Procès-verbal par lui vû & examiné être ensuite envoyé au Conseil de Sa Majesté, pour y être par elle pourvû ainsi qu'elle avisera être à faire.

Nous ayant égard à ladite remontrance, nous sommes fait représenter les anciens plans & mesurages desdites Forêts, & ceux qui en ont été faits de notre Ordonnance, les Procès-verbaux de visitation que nous en avons faite & fait faire, les anciens ré-

glemens faits pour les coupes defdites Forêts, lefquels nous avons vûs & examinés ; & oüi fur le tout
les Officiers defdites Forêts, & les Marchands de
bois du pays en leurs avis, & le Procureur du Roi
en fes conclufions ; Nous, fauf le meilleur fentiment
de mondit fieur Pellot, fommes d'avis que les coupes defdites Forêts doivent être réglées ainfi qu'il
enfuit.

Forêt de Bouconne.

La Forêt de Bouconne eft affife à deux lieues de
Touloufe ; elle eft beaucoup plus longue que large, & eft environnée de toutes parts de plufieurs
Villages en grand nombre, par les Jurifdictions
defquelles elle eft bornée ; favoir une lifiere du côté
d'orient, par celles de Pibrac, de Brats, & Leguevin ; d'autre lifiere du côté d'occident, par celles
des lieux de Montagut, Levignac, Laferre & Merenvielle ; d'un bout au feptentrion par celles des
lieux de Daux & Mondonville, & d'autre part au
midi par celle de Pujaudran.

Sa fituation eft fort platte, & le fonds eft pour
la plus grande partie un fable aigre plein de cailloux, de mauvaife qualité, & il y a feulement quelques endroits de côté & d'autre qui font meilleurs.

Elle contient fuivant le mefurage que nous en
avons fait faire, quatre mille quatre cens trente-cinq
arpens trois quarts, en ce compris une partie de deux
cens trois arpens qui avoient été délivrés au fieur de
Pibrac, pour l'extinction du droit qu'il avoit de
prendre du bois en cette Forêt pour le chauffage du

four bannal de Daux, & qui par jugement rendu en la réformation ont été réunis au corps de ladite Forêt, en ce compris aussi deux cens huit arpens, qui ont été anciennement donnés aux Auteurs dudit sieur de Pibrac par le Roi de Navarre, & quatre cens arpens délivrés aussi d'ancienneté aux habitans de l'isle Jourdain, pour l'extinction des grands droits d'usage qu'ils avoient sur ladite Forêt, en la possession desquels bois l'un & les autres ont été maintenus ; de sorte que déduction faite de ces deux quantités, il reste au Roi en ladite Forêt trois mille huit cens vingt-sept arpens trois quartiers qui peuvent entrer dans les coupes qui seront faites au profit de Sa Majesté.

Elle est toute tant bien que mal plantée de chêne mêlé de peu d'autre bois, en taillis depuis un, deux, trois, jusqu'à dix-huit ou vingt ans, sans qu'il y ait un seul baliveau de trente ans ni au-dessus : elle a été coupée sans regle, ordre, ni mesure, & est réduite en très-mauvais état ; & nous avons même remarqué plusieurs jeunes baliveaux de l'âge de vingt à vingt-cinq ans qui commencent à sécher par le houpier, d'où nous avons jugé de la mauvaise qualité du fonds. Ce qui a donné lieu à la désolation de cette Forêt, est la licence extrême des habitans des lieux de Daux, Mondonville, Brats, Leguevin, Pujaudran & Laserre qui y prétendoient droit d'usage, & de ceux de Pibrac & Levignac, qui quoiqu'ils n'eussent aucun droit d'y entrer, en ont usé de même que les usagers, non pas comme de leur propre, mais comme d'une chose abandonnée à leurs pillages, & y ont commis toutes fortes d'excès & abus, non-feulement en coupant les bois, mais faifant brouter toutes les jeunes ventes par leurs beftiaux, & mettant le feu aux quatre coins & au milieu pour y faire venir des herbages meilleurs & en plus grande quantité.

Nous avons trouvé plufieurs réglemens faits pour les coupes, que l'on devoit y établir. Les anciens vouloient que cette Forêt fut réglée en coupes de futaye de cent ans, d'autre y ont établi des ventes par expurgade, d'autres l'ont réduite en coupes de taillis, d'autres ont établi la réferve des baliveaux, & ni les uns ni les autres n'ont été exécutés, auffi auroit-il été difficile dans le défordre extrême où les chofes étoient réduites, de fuivre aucune régle : Et nous avons remarqué qu'à caufe des ruines journalieres que l'on y a faites, & des incendies très-fréquens qui y font arrivés, les grands Maîtres ont été obligés de faire inceffamment des recepages, & fi le mal étoit grand comme il en faut demeurer d'accord, il s'eft peut-être gliffé quelques abus dans les remédes, au moins les grands Maîtres ne fe peuvent pas laver du manquement des baliveaux, que les Ordonnances & les Réglemens les obligeoient de faire réferver, pour par fucceffion de tems repeupler la Forêt de futaye.

Lorfque nous en avons fait la vifite nous avons appris qu'elle étoit gardée par quatre Sergens, mais qui n'avoient aucun triaige ; de forte que cela étant contraire aux Ordonnances & Réglemens faits pour la confervation des Forêts, Nous avons parcouru tous les triaiges de celle-ci, nous en avons fait faire le mefurage avec le plan, dans lequel nous avons fait défigner tous les chemins qui pouvoient être utiles à la divifion de la Forêt en quatre gardes, & nous l'avons, de l'avis des Officiers, établie de cette forte.

La premiere garde fait le bout de la Forêt qui eft expofé au feptentrion, bornée contre la feconde par le grand chemin qui conduit de Levignac à Touloufe ; la feconde de la troifième par le chemin de Larmont à Pibrac ; la troifième de la quatrième par le chemin de la Serre à Leguevin, qui ainfi que les deux premiers partage la Forêt d'une lifiere à l'autre ; & la quatrième eft à l'extrémité de ladite Forêt qui eft expofée au midi vers Pujaudran.

Nous avons donné à la premiere le nom de triaige ou de la garde du recepage, parce que tout ce triaige ou de la garde du recepage, parceque tout ce triaige eft planté en bois abrouti, coupé & recoupé, & pour parler aux termes du pays, réduit en bois à faucillon, qui a été recepé entierement, au moins il en refte peu à receper : il contient huit cens foixante-huit arpens trois quartiers, en ce compris deux cens trois arpens trois quartiers, qui avoient été délaiffés au fieur de Pibrac & font réunis, outre deux cens huit qui ont été inféodés à fes predéceffeurs comme places vaines & vagues, ayant été réduites au même état que celui auquel nous avons trouvé le refte de ce triaige.

La feconde garde à laquelle nous avons donné le nom de garde du chêne de l'étang, contient douze cens quinze arpens; il y en a quatre cens six arpens en jeunes tailis de cinq à fix ans du côté de Brats, provenant de femblables recepages dans lesquels il n'y a point de baliveaux; le refte eft en taillis de dix, douze, quinze & vingt ans, où il a été fait des ventes par expurgades: ils font en affez bon état par le milieu, à droite & à gauche du chemin falinier, & ce qui eft aux deux lifieres eft fort endommagé & gâté.

La troifième garde eft celle de la Croix Janlere, qui contient douze cens quatre-vingt-quatre arpens plantés en taillis de dix-huit à vingt ans en affez bon état, fauf qu'aux deux lifieres il y a deux cens arpens ou environ, mal plantés, abroutis & pilés, même quelques endroits où l'on a fait quelques ventes depuis peu.

La quatrième eft celle du Rieutort, qui contient huit cens foixante arpens en deux parties, dont l'une appartient au Roi, & contient quatre cens foixante arpens, & l'autre appartient aux habitans de l'Ifle. Ce qui appartient au Roi eft en affez bon état par le milieu; mais toutes les lifieres font gâtées & perdues, & l'on y a même fait quelques recepages de côté & d'autre.

Toutes ces chofes ainfi vûes & reconnues, & dûement confidérées, Nous fommes d'avis: Premièrement qu'il n'y a point d'apparence de laiffer croître en futaye le bois de cette Forêt, parce qu'encore qu'elle foit toute planté de chênes, Nous avons reconnu que le fonds n'étoit pas affez bon pour produire de la futaye. En fecond lieu, parce que nous n'eſtimons pas que le bois qui reviendra du recepage que l'on y a fait de la quantité exceſſive des bois abroutis , & des bois brûlés que l'on a coupés , puiſſe s'élever en futaye. En troiſième lieu, parce que ſi l'on ne faiſoit point de coupes dans cette Forêt, dont les habitans de tant de lieux deſquels elle eſt environnée ont coûtume d'uſer, on ne pourroit jamais la conſerver de leurs délits, dans l'extrême diſette où ils ſe trouveroient ; & enfin quand nous conſidérons les grands frais de la garde , & le long-tems que le Roi ſeroit ſans tirer aucun profit, nous ne pouvons pas être d'un avis que nous voyons ſuivi de trop d'inconvéniens.

Nous ne pouvons point auſſi approuver les expurgades. Cette façon de couper le bois étant beaucoup plus nuiſible que profitable, doit être réprouvée comme contraire aux Ordonnances , & à cauſe des infinies abus qu'elle a introduits, & peut introduire tous les jours dans les Forêts du Roi, dans leſquelles nous avons à peine trouvé des arbres ſuffiſans pour faire des inſtrumens aratoires.

Nous eſtimons que le réglement le plus utile que l'on peut prendre pour les coupes de cette Forêt, eſt d'en régler les ventes au vingt-cinquième ; & ainſi comme nous trouvons qu'elle eſt de la conſiſtance de trois mille huit cens vingt-ſept arpens, les coupes ſeront réglées par chacun an à cent cinquante-trois arpens, à la charge de laiſſer en chacun arpent ſucceſſivement vingt à vingt-cinq baliveaux.

Par le moyen de cette coupe le Roi jouira d'un revenu certain & aſſuré par chacun an , outre la dépenſe qu'il conviendra faire pour la garde, pour le payement des Officiers, & pour l'acquit des charges & chauffages dont ladite Forêt eſt chargée. Le public auſſi en tirera le ſecours qu'il avoit accoutumé de tirer; la conſervation moyennant cela en ſera plus facile, & inſenſiblement la Forêt ſe repeuplera de futaye; de ſorte que ſi dans la ſuite, on trouve que le fonds produiſe au-delà de ce que nous en eſpérons, on pourra la laiſſer élever en futaye, & en réduire les coupes ainſi qu'on le jugera plus à propos. L'on doit conſidérer enfin que par l'établiſſement de ces ventes, nous ne haſardons rien pour les intérêts du Roi, parce que quand la premiere coupe ne ſerviroit que de recepage, elle ſeroit toujous utile, & dans vingt-cinq ans on ſera en état mieux que jamais de laiſſer croître le tout en futaye, parce que nous nous promettons que les Forêts ſeront mieux conſervées à l'avenir que par le paſſé; & nous conſidérons auſſi que le Roi voulant ſur toutes choſes pourvoir à ce que ſes Forêts, qui ſont plantées en bois propres pour les bâtimens de Mer, & avantageuſement ſituées, comme celle-ci, qui n'eſt qu'à deux lieues de la Garonne, & dont au beſoin on y pourroit faire tranſporter les bois par la riviére de Save, proche de laquelle elle eſt aſſiſe, ſoient conſervées ſoigneuſement pour être employées à cet uſage, la volonté de Sa Majeſté ſera accomplie, en ce que les coupes qui ſe pourront faire ſucceſſivement des baliveaux qui ſe trouveront dans les ventes, fourniront autant de bois que ſi on les avoit laiſſés croître en futaye, pour les couper par coupes

réglées,

réglées, & même avec plus de succès, parce qu'on ne fera choix que des plus beaux arbres, lesquels étant pris de l'âge de vingt-cinq ans, feront élevés & fans branches, comme les arbres de haute futaye.

Mais d'autant que par la difcuffion que nous avons faite de l'état des bois de chacune garde, nous avons remarqué qu'il en a été coupé une grande partie en recepage nouvellement faits, qui peut monter jufqu'à la quantité de quatorze à quinze cens arpens, & que fi dès à préfent nous établiffions cette coupe de cent cinquante-trois arpens par chacun an, on tomberoit dans la fuite dans les jeunes bois qui n'auroient que l'âge de feize, dix-fept & dix-huit ans. Pour remédier à cela nous eftimons que pendant les vingt premieres années les coupes doivent être réglées à fix-vingt arpens par chacun an, à commencer par le bout de la garde du chêne de l'étang, joignant le chemin de Levignac à Touloufe, continuant fucceffivement de fuite en fuite, & de proche en proche, une année du côté d'orient, & la fuivante du côté d'occident, de maniere que le chemin falinier ferve de féparation aux ventes qui feront faites de côté & d'autre depuis la Croix de Montagne jufqu'au chêne de l'étang, depuis lequel il fera faite une liffe qui partagera la largeur de ladite Forêt, autant que faire fe pourra. Et afin de peupler lefdites ventes de baliveaux, il en fera laiffé lors defdites premieres coupes jufqu'au nombre de trente par chacun arpent des plus beaux & des mieux venans, au choix des Officiers qui fe-

P

ront tenus de les marquer du marteau du Roi, &
après lefdites vingt années expirées, lefdites coupes
de cent cinquante-trois arpens feront établies juf-
ques à l'entiere exploitation des anciens bois, après
laquelle elles feront continuées dans les quatre cens
fix arpens de taillis de la garde du chêne de l'étang,
continuées enfuite dans les recepages, après l'ufance defquels on reprendra la même route que celle
dont on fe fera fervi pour l'exploitation des coupes
ordonnées pour les vingt premieres années.

Forêt de Saint Thomas.

La Forêt de Saint Thomas eft à deux lieues de la
Ville de l'Ifle Jourdain & de la Forêt de Bouconne; elle a au feptentrion le Confulat de Saint
Thomas, qui n'en eft éloigné que de la portée du
moufquet, au midi la Jurifdiction de Bragairac, à
l'orient fainte Foy, & au couchant Seiffes & Lagarde.

Elle eft affife en bon fonds fur une petite éminence qui s'encline de toute parts jufqu'à de petits ruiffeaux qui lui fervent de bornes; elle contient à la
mefure de Touloufe, fuivant le mefurage que nous
en avons fait faire, deux cens trente-un arpens, tant
bien que mal plantés en bois de chêne, fans mélan-
ge d'autre bois, ou du moins il y en a très-peu.

Quoique depuis vingt à trente ans & plus, on n'y
ait fait que trois ou quatre coupes de petite confidération, cette Forêt néanmoins eft fort dégradée, les
habitans de S. Thomas en ayant ufé comme de leur

propre : il y a quatre-vingt arpens fur les lifieres du côté de Saint Thomas, de Lagarde, & de Bragairac, qui font tous ruinés, abroutis & dépeuplés de bois ; le refte eft en taillis coupé par lefdits habitans fans régle ni mefure, fur lefquels il y a quelques baliveaux mal venans & de nulle valeur.

Dès l'année derniere nous avons fait mefurer & expofer en vente quarante arpens defdits quatre-vingt qui font en recepage, qui font demeurés à vendre, non-feulement parce qu'ils font de nulle valeur, mais auffi parce que le débit du bois eft difficile en cette contrée, & ne fe trouve à débiter qu'en charbon, pour être tranfporté par charge de mulets, ânes ou chevaux, à Touloufe : il fera néceffaire de les expofer en vente de nouveau pour l'année prochaine, & fi on ne trouvoit point à les vendre, il faudra les faire receper aux dépens du Roi, & débiter le bois qui en proviendra le mieux qu'il fe pourra. L'année fuivante on coupera en recepage le refte des quatre-vingts arpens, après quoi on coupera pendant quinze années le reftant de ladite Forêt, par coupes réglées de dix arpens, à commencer par les plus anciens, qui font du côté du midi, entre le chemin de fainte Foy à Lagarde, & les communaux & bruyeres de fainte Foy & Bragairac, après quoi l'on exploitera l'autre partie qui eft du côté de Saint Thomas, en-deçà dudit chemin, à la réferve de vingt-cinq baliveaux par arpent pour les premieres coupes que l'on fera defdits bois, & dix-huit feulement lorfque l'on coupera pour la feconde fois, & dans les bois à receper, il n'en fera laiffé qu'autant que les Officiers qui feront les ventes le trouveront à propos, & il ne fera permis de couper lefdits baliveaux qu'ils n'ayent atteint l'àge de cent à fix-vingt ans.

Forêt de la Barthe du Fouffaret.

La Forêt de la Barthe du Fouffaret eft affife à fept lieues au-deffus de Touloufe, à une lieue de la Garonne, dans le milieu d'une prairie qui eft le long de la riviére de Louge, laquelle riviére eft divifée en deux rameaux, dont l'un traverfe toute cette Forêt de bout à autre, & l'autre lui fert de borne du côté du midi; de forte que le fonds en eft fort gras & fort aquatique, & les habitans des lieux voifins, qui nous affiftoient lorfque nous en avons fait la vifite, nous ont dit que la plus grande partie de l'année elle étoit inondée.

Elle eft prefque par tout bien plantée de bois taillis de différens âges, d'effence de chêne, mêlée de charme & autres bois blancs, & de quantité d'épines, fur lequel taillis il y a quelques anciens baliveaux rabougris, & de nulle valeur, & contient à la mefure de Touloufe quatre cens feize arpens & demi en trois piéces.

La premiere eft un bout de la Forêt appellé de las lougettes, qui eft du côté du Fouffaret, ou du pont de Benque, & contient environ foixante arpens de bois taillis mal venant, coupé & récoupé, & fur lefdits taillis il y a tout au plus vingt-cinq à trente vieux arbres ébranchés & deshonorés, gâtés, pourris & de nulle valeur, tous les délits commis enladite partie, ainſi qu'au reſte de ladite Forêt, ayant été faits par les habitans du lieu du Fouſſaret, & notamment par les fourniers des fours bannaux dudit lieu, qui à leur diſcrétion ont coupé ainſi que bon leur a ſemblé.

La ſeconde partie eſt la plus grande & ſituée entre les deux bras de ladite riviere appellée vieille & nouvelle Louge, & contient deux cens trente-neuf arpens ou environ, plantés; ſavoir une petite portion de douze arpens ou environ, qui joint la piéce ci-deſſus, la riviére entre deux, en bois pillé, coupé & récoupé, comme celui de la piéce ci-deſſus : une autre portion au triaige de Barbat, contenant ſoixante & dix-ſept arpens & demi plantés en jeunes revenus de ventes de l'âge de deux, trois & quatre ans, avec quantité de baliveaux de l'âge du taillis dernier coupé, qui étoit de l'âge de huit à dix ans, ſans aucuns anciens ni modernes, leſquels étant de la même eſſence & valeur que ceux dont eſt parlé ci-deſſus, ont été vendus & coupés avec leſdits taillis : le reſte eſt planté en haut taillis de dix-huit, vingt & vingt-cinq ans, avec cette différence que dans la moitié, qui eſt au milieu de ladite Forêt, il y a été fait des ventes par expurgade, qui montent à ſoixante dix-huit arpens ou environ, & le reſte qui eſt au bout eſt tout plein & bien planté, ſauf qu'il y a quelques délits ſur les liſieres, & monte à cinquante-un arpens & demi ou environ, & dans leſdits taillis il y a pluſieurs anciens arbres gâtés, perdus & de nulle valeur, comme ſont ceux dont eſt parlé ci-deſſus.

La troisième partie est au-delà de la vieille Louge, & contient cent dix-huit arpens & demi demi
quart, dont partie est plantée en bois où l'on a fait
des expurgades comme ci-dessus, & contient quatre-vingt arpens & demi, & l'autre en taillis plein,
avec quelques vieux chênes de nulle valeur & en petit nombre, & contient trente-huit arpens demi
quart.

Par cette discussion, il résulte que ladite Forêt
contient en haut taillis bien plantés & de belle venue au bout de la Forêt qui est du côté d'orient,
quatre-vingt-neuf arpens un huitième; ensuite au
milieu de la Forêt, avançant d'orient vers l'occident, cent soixante-dix-huit arpens & demi en bon
taillis où on a fait des expurgades, en-deçà & au-
delà de la vieille Louge; en jeunes rejets de ventes
soixante dix-sept arpens & demi, & en bois pillés
& rabougris au bout de ladite Forêt du côté du pont
de Benque, soixante onze arpens un quart & demi:
Et après avoir delibéré de ce qu'il étoit à propos de
faire pour un bon ménagement des coupes de ladite
Forêt.

Nous sommes d'avis que pendant les trois premieres années les soixante & onze arpens un quartier
& demi de bois pillés & dégradés, qui sont au bout
de ladite Forêt du côté du Foussaret, soient coupés
par coupes réglées de vingt-quatre arpens par chacun an, à commencer à la suite des jeunes remises,
& continuant jusqu'au bout.

Qu'après lesdites trois années expirées, les ventes soient établies à l'autre bout de ladite Forêt, &

réglées pendant les six années suivantes à quinze arpens par chacun an, une année entre deux Louges, & une année de l'autre côté alternativement.

Et ensuite pendant les onze années suivantes & consécutives, elles seront établies dans les bois qui ont été coupés par expurgades, & faisant lesdites coupes tout ce qu'il y a de vieux baliveaux, qui sont de nulle valeur, & qui ne servent qu'à offusquer le taillis, sera coupé, & au lieu d'iceux il en fera laissé en chacun arpent vingt-cinq baliveaux qui feront choisis les plus beaux & les mieux venans, & les plus âgés du bois qui sera mis en coupe, pour être conservés jusqu'à ce qu'ils ayent atteint l'âge de cent à six-vingt ans, voire plus s'il est ainsi jugé à propos, & successivement aux coupes qui feront renouvellées, outre les susdits il en fera laissé jusqu'au nombre de vingt par chacun arpent.

Et comme après toutes lesdites coupes finies, les jeunes rejets des ventes nouvellement faites auront atteint l'âge de vingt, même de vingt-trois ans, les coupes feront pour lors réglées, entretenues, & continuées sur le pied de vingt arpens de l'âge de vingt ans par chacun an, à la réserve de dix-huit à vingt baliveaux par arpent.

Forêt du Ramier ou de la Ramée.

Cette Forêt est assise dans le Comté de Gaure; elle est plus longue que large, ayant son étendue d'orient en occident, depuis la Ville de Fleurence juſqu'à celle de Lectoure ; ce qui eſt du côté du midi, eſt ſur une petite éminence qui s'encline vers le ſeptentrion, juſqu'au chemin qui conduit de l'une à l'autre deſdites Villes ; elle a par bas à la portée du piſtolet de ſa liſiere la riviére de Giers, qui eſt accompagnée d'une belle prairie, au bout vers l'occident un petit ruiſſeau accompagné de quelques prés, & à l'autre bout le ruiſſeau de Lauſe, le long duquel il y a auſſi quelques prairies, & même au milieu elle a un petit ruiſſeau qui deſcendant de l'Abbaye de Bovillas juſques dans le Giers, la partage en deux parties.

Elle contient, ſuivant le meſurage que nous en avons fait faire, dix-ſept cens quatre-vingt-deux arpens & demi à la meſure de Toulouſe. Elle eſt en bon fonds pour porter du bois, & bien plantée de chêne, ſauf deux cens arpens qui ſont dépeuplés de bois, & quoique depuis long-tems il ne s'y ſoit fait aucune coupe au profit du Roi, & que les plus anciens du pays n'ayent point de mémoire d'y en avoir vû faire, elle eſt néanmoins réduite en très-mauvais état par les exceſſifs délits & dégradations que l'on y a faites, & par les abroutiſſemens d'une exceſſive quantité de toutes ſortes de beſtiaux, & même de moutons & de chêvres, qu'on y a fait pâturer en tout tems, & ſans diſtinction de taillis défenſables ou non défenſables.

Nous avons reconnu par des anciens Procès-Verbaux du Siége de la Table de Marbre, qu'à diverſes repriſes les Grands Maîtres ès années 1625, 30, 35, & 36, y ont fait pluſieurs viſites & fait des réglemens

mens pour tâcher de la rétablir ; mais comme toutes les Forêts qui appartiennent au Roi, dans les Provinces de Guienne & de Languedoc, ont été très-mal gardées, & comme abandonnées, les habitans de Fleurence & de Pauliac, qui y prétendoient quelques droits d'ufage, en ont tellement abufé, & ceux de la Ville de Lectoure, qui n'en eft qu'à un demi quart de lieue, y ont commis des dégradations fi énormes, qu'elle eft ruinée aux trois quarts.

Toute la lifiere d'en bas d'un bout à autre eft prefque défertée de bois; celle d'en haut eft entierement abroutie, & la partie qui eft du côté de Lectoure eft entierement détruite. Il y a deux cens arpens réduits en bruyeres, fans qu'il y ait aucune apparence que jamais il y ait eu du bois : pareille quantité en bois mal planté & abrouti à tel excès, que le bois n'eft que de la hauteur d'un à deux pieds : il y en a pareille quantité ou environ plantée en bois de trois à quatre pieds de hauteur ; ce qui eft plus proche du ruiffeau eft bien planté en taillis de l'âge de fept, huit, dix à douze ans, fur lefquels il y a quelques baliveaux de vingt-cinq à trente ans, mal venans, les meilleurs & les plus beaux ayant été emportés ; l'autre partie qui eft du côté de Fleurence eft celle où fe trouvent les meilleurs bois. Il y a environ cinq cens arpens de bois, compris ceux ci-deffus, depuis douze jufqu'à trente & trente-cinq ans, qui font bien plantés & bien venans ; il y a au-deffus de ce triaige deux cens arpens ou environ plantés en jeune bois de deux, trois & quatre ans, coupé par délit, avec quelques baliveaux de dix-huit

Q

à vingt ans, & le reste qui est aux lisieres, qui peut être de la consistance de trois à quatre cens arpens, est entierement planté en bois abrouti de hauteur d'un à deux pieds.

Vû ces énormes dégradations, ausquelles les bestiaux, par leurs abroutissemens, n'ont pas moins contribué que les coupeurs de bois, il auroit été à désirer, pour pouvoir rétablir cette Forêt en peu de tems, qu'on les en eût pû bannir absolument : mais nous avons trouvé que les habitans de Pauliac étant éloignés des prairies, n'avoient autre pâturage que celui de cette Forêt : de sorte qu'ils se trouveroient réduits à la nécessité de quitter le labourage de leurs terres, si on les en privoit, & par cette raison nous n'avons pas pû nous dispenser de le leur accorder pour leurs bêtes de labourage seulement ; & d'ailleurs Sa Majesté nous ayant par Arrêt rendu en son Conseil d'Etat le 31 Mars dernier, obtenu sur la Requête à Elle présentée par les sieurs Goullard & Bastard, ordonné de lui donner notre avis touchant l'établissement d'un harras en ladite Forêt, comme par la connoissance que nous avions des deux Provinces de Guienne & de Languedoc, nous savions que l'on n'y faisoit le labourage qu'avec des bœufs, que les chevaux y sont très-rares, & que si pour le service de Sa Majesté le pays se trouvoit dans l'occasion & dans la nécessité d'y faire quelque cavallerie, ce seroit absolument une chose impossible ; comme d'ailleurs ces deux Provinces sont sans contredit les plus considérables du Royaume, & desquelles Sa Majesté peut tirer de plus puissans secours d’hommes & de munitions, Nous avons eftimé que non-feulement le harras propofé devoit être établi en ladite Forêt, mais même qu’il feroit très-utile d’en établir d’autres en ces deux Provinces, aux lieux où l’on pourroit rencontrer quelques difpofitions à cela, ainfi qu’il eft plus amplement contenu au Procès-verbal d’avis que nous en avons dreffé le 22 du préfent mois; Et tout ce que nous avons trouvé qu’on pouvoit faire en ce regard, eft de prendre les précautions néceffaires pour empêcher les abroutiffemens, à quoi nous avons pourvû le mieux qu’il nous a été poffible; de forte que cela pofé, & déduction faite de deux cens arpens de places vuides, que nous avons eftimé qu’on pouvoit abandonner aux entrepreneurs dudit harras, pour réduire en prés & pâturages, & outre cinq ou fix arpens pour l’établiffement d’une grange du côté de Fleurence, & une lifiere de dix perches tout le long du chemin de Fleurence à Lectoure, qui pourra contenir quatorze, quinze, feize & dix-huit arpens tout au plus, il reftera encore la quantité de quinze cens cinquante-huit arpens de bois, dont il eft néceffaire de régler les coupes.

Pour cet effet nous fommes d’avis que les deux cens quatre-vingt-quinze arpens & demi de bois abroutis & réduits en bois à faucillon, qui reftent en la partie occidentale de ladite Forêt, des cinq cens cinquante arpens & demi qu’il y en avoit, déduction faite des deux cens arpens de vuide, & de cinquante-cinq qui ont été recepés de notre Ordonnance, foient entierement recepés fans aucune réſerve, & à tire & aire, en une ou deux années au plus.

Qu'enſuite les recepages ſoient établis du côté de Fleurence & Pauliac, & que les trois cens trente-un arpens & demi qui reſtent, déduction faite de vingt-quatre arpens, à quoi montent la liſiere & le lieu que le Roi pourra accorder aux entrepreneurs, ſoient coupés en deux années, voire plutôt ſi faire ſe peut, & même afin que le débit deſdits bois ſe faſſe plus commodément, qu'il en ſoit pendant les trois ou quatre premieres années coupé partie du côté de Fleurence, & partie du côté de Pauliac, ainſi qu'il ſera trouvé plus à propos par les Officiers, & que la vente & le débit s'en trouvera plus facile.

Et après leſdits recepages finis, comme de part & d'autre à proportion que l'on avance dans le corps de la Forêt, les bois ſe trouvent un peu meilleurs, il y a du côté de Lectoure à la ſuite deſdits recepages cent ſoixante-deux arpens & demi, & du côté de Fleurence cent quatre-vingt-ſeize arpens un quart, revenant le tout à trois cens cinquante-huit arpens trois quartiers, qui ſeront coupés en quatre années, partie d'un côté, & partie de l'autre, ou alternativement une année d'un côté, & une année de l'autre, ainſi qu'il ſera trouvé plus à propos, & que le débit s'en pourra mieux faire.

Et leſdites coupes finies, pour leur donner le tems de recroître juſqu'à l'âge de vingt-cinq ans, l'on coupera par coupes réglées de vingt-neuf arpens par chacun an, les cinq cens dix-ſept arpens trois quartiers de bois qui ſont en bon état : Et faifant lefdites coupes, il ne fera fait aucune réferve dans les recepages des quatre premieres années , & les quatre fuivantes les Officiers auront foin de faire réferver ce qui fe trouvera de baliveaux bien venans de l'âge du taillis, jufqu'au nombre de trente, outre les anciens fi tant s'en trouve, & pareille quantité dans les autres bois, & enfuite les ventes feront ré-glées au vingt-cinquième, à la charge de la réferve des baliveaux.

Forêt de Rejaumont.

La Forêt de Rejaumont eft affife dans le Comté de Gaure, à une lieue & demie ou environ au-deffus de Fleurence, proche le lieu de Rejaumont; elle eft bornée d'une lifiere du côté du Soleil levant par le ruiffeau de la Houffe; d'autre à l'occident par le che-min de Lavardens à Lectoure; d'un bout vers le mi-di par le grand chemin de Rejaumont à Montaftruc, & de l'autre bout par un petit ruiffeau qui defcend de Laurenfan.

Elle eft affife en bon fonds, très-bien plantée en taillis de chêne, mêlé de très-peu d'autre bois, & contient deux cens foixante-onze arpens deux pu-gnerades & un boiffeau à la mefure de Touloufe, qui revient à celle de Rejaumont, ou du Comté de Gaure à cent trente-cinq arpens trois pugnerades & demi-boiffeau, de laquelle quantité il y en a moitié & plus qui eft de nulle valeur, dont la plus grande partie eft du côté de Rejaumont, aux lifie-res qui confrontent les chemins dudit lieu à Mon-taftruc, & de Lavardens à Lectoure, & le refte au bout qui regarde le feptentrion, lefquelles lifieres ont été brûlées, coupées & récoupées, & abrouties à tel point, que s'il n'y avoit été remédié au moyen de la clôture & de la réformation, elles alloient tomber dans une entiere ruine : le refte eft planté en bois taillis de dix, douze, quatorze, quinze & feize ans, dans lefquels il y a quelques baliveaux de vingt, & quelques-uns de vingt-cinq ans ou environ feulement, quoique depuis que les Grands Maîtres font en exercice de leurs Charges, & même depuis trente & quarante ans, il ne s'y foit fait aucune vente au profit du Roi, les habitans dudit lieu en ayant ufé comme de leur propre.

Nous eftimons que les coupes en doivent être réglées à quatorze arpens par chacun an fur le pied de la vingtième partie ; mais comme il n'y a point d'apparence de différer long-tems à couper tous les bois qui font en recepage, les ventes pendant les fix premieres années feront établies dans les bois pillés, dégradés & abroutis par coupes réglées de vingt arpens, & enfuite jufqu'à l'entiere exploitation du reftant, réduites à dix arpens feulement par chacun an ; après quoi ces ventes de quatorze arpens feront affifes dans les bois qui auront été les premiers recepés, & continuées enfuite ordinairement par chacun an, & lefdites ventes feront faites à la charge de laiffer fucceffivement vingt-cinq baliveaux, fauf dans les ventes de recepage qui feront coupées à tire & aire & fans aucune réferve.

Remarque touchant les Baliveaux.

Nous avons remarqué ci-deffus que par le Réglement que nous propofons pour les coupes que l'on
pourra établir efdites Forêts, notamment pour celles que nous eftimons que l'on doit régler au vingt-
cinquième, nous ne hafardons aucune chofe, parce
qu'en tout tems, fi c'eft le bon plaifir du Roi, on
pourra les laiffer croître en futaye, & on aura cet
avantage que les bois auront été recepés, & qu'ils
feront peuplés de baliveaux qui n'empêcheront pas
que le bois ne puiffe s'élever en futaye; mais nous
perfiftons toujours dans le fentiment que l'on ne
peut pas faire un meilleur Réglement pour les coupes de ces Forêts, ni plus avantageux pour le Roi
& pour le public; Nous en avons remarqué les raifons fuccintement, & nous en donnerons de plus
amples éclairciffemens, fi Monfieur Pellot le défire,
& fi Sa Majefté nous l'ordonne. Nous dirons feulement qu'il doit être très-expreffément enjoint aux
Officiers de bien choifir les baliveaux au nombre
porté par les Réglemens ci-deffus, qu'il faut particulierement les charger de la garde d'iceux, & leur
ordonner de n'en fouffrir la coupe, qu'ils n'ayent
au moins l'âge de cent à fix-vingt ans, auquel cas,
comme nous ne doutons pas que dans les mauvais
fonds il ne fe trouve plufieurs arbres de cet âge qui
feront fur le retour, lefdits Officiers, & même les
Grands Maîtres, donneront avis à Monfieur l'Intendant de la Province, & à Noffeigneurs du Confeil

de Sa Majesté, de ce qu'ils estimeront devoir être coupé, & de ce à quoi lesdits bois seront utiles, soit pour les bâtimens de Mer, ou pour autres sortes de marchandises, même s'il sera besoin de laisser croître davantage les arbres pour les rendre utiles à cet usage, afin qu'il soit ordonné de la coupe d'iceux, ainsi que Sa Majesté avisera être à faire en son Conseil.

Et en cas que Sa Majesté trouve à propos d'établir lesdites ventes de baliveaux, elles seront faites seulement des plus anciens, & lorsque l'on vendra les taillis ; de sorte que successivement de coupe en coupe on puisse couper certain nombre desdits arbres, tel qu'il sera ordonné par Sa Majesté ; & afin qu'il ne se commette en la coupe d'iceux aucuns délits ni abus, incontinent après que le taillis aura été abbattu, lesdits Officiers marqueront du marteau du Roi au pied, & en face les arbres dont ils entendront faire l'adjudicatiou ; savoir en face, afin que les Marchands puissent mieux voir & connoître, & au pied, afin qu'après l'usance ils puissent représenter l'empreinte du marteau, dont chacun desdits arbres aura été marqué, pour lequel effet sera dressé Procès-verbal du nombre & de la quantité des arbres qui auront été martelés pour être coupés, & après la coupe il sera procédé au recollement de la vente, & tous les pieds des arbres coupés & abbattus seront vûs & visités, pour être ladite empreinte reconnue, sinon, & à faute de ce, sera ledit Marchand tenu payer le double des amendes portées par les Réglemens, ou du prix légitime desdits arbres

bres, pour chacun de ceux aufquels ladite empreinte fe trouvera manquer.

Du Glandage.

Comme la paiffon des porcs n'apporte aucun dommage aux Forêts , lefdits Officiers par chacun an dans le mois de Septembre adjugeront au profit du Roi le glandage de chacune Forêt, aux termes des Ordonnances & Réglemens.

Du pâturage des beftiaux.

Au regard du pâturage des beftiaux , comme nous avons reconnu que par leurs abroutiffemens ils ont fait autant de dégradations que les délinquans mêmes par la coupe du bois , nous eftimons que pour la Forêt de Bouconne où les Ufagers font en grand nombre , pour celle du Ramier pour laquelle on prétend établir un harras , & conferver l'ufage des habitans de Pauliac pour leurs beftiaux de laboura-ge , & pour celle de S. Thomas où les habitans font Ufagers , le pâturage doit être réduit à celui des bef-tiaux des Ufagers feulement. Et pour ce qui eft des Forêts du Fouffaret & de Rejaumont qui font fran-ches & exemptes des droits d'ufage , les Officiers pourront tous les ans faire des baux à ferme , mais avec ces conditions que les triaiges qui feront dé-fenfables , & dans lefquels il fera permis de faire pâturer leurs beftiaux , feront déclarés par les Con-trats de baux ; & que défenfes feront faites aux Fer-

R

miers de faire pâturer leurs beftiaux en d'autres endroits, à peine d'amende & de confifcation : défenfes auffi leur feront faites de faire pâturer efdites
Forêts, & même dans les trois autres, aucunes chévres & bêtes à laine, à peine de dix fols d'amende
pour chacune bête, & de confifcation, pour les avoir
fait pâturer en ventes défenfables, & d'amende arbitraire, pour les avoir fait pâturer dans les jeunes
ventes, & même de punition corporelle contre
lefdits Fermiers, Sous-fermiers, Ufagers, ou autres
particuliers, en cas de récidive ; & à la fin de l'année
vifitation fera faite des délits commis dans les ventes
défendues & prohibées, pour être par lefdits Officiers contre les Fermiers, Sous-fermiers & Ufagers,
rendu telles condamnations qu'il appartiendra, eu
égard aux délits qui auront été commis ; pourquoi
ledit Fermier fera tenu de donner & mettre au Greffe
fa déclaration, contenant les noms de ceux aufquels
il aura fous-fermé, & la quantité du bétail que chacun fera pâturer efdites Forêts ; ce que les Confuls
& Syndics qui ont droit d'ufage, feront auffi tenus
de faire pour les beftiaux de labourage de leurs
Confulats & Syndicats, & ne feront les ventes déclarées défenfables qu'elles n'ayent atteint l'âge de
fix ans : Et attendu les recepages faits efdites Forêts,
le Maître particulier & autres Officiers d'icelle auront foin de marquer les triaiges, & les chemins
par lefquels les beftiaux pourront y entrer, &
obligeront les Fermiers d'avoir des Pâtres, qui folidairement avec eux répondront des délits. Fait à
Montauban le vingt-fix Mai mil fix cent foixante-

fept. *Signé* De Froidour & De Hericourt : *Et plus bas*, par mefdits fieurs les Commiffaires, Prioux.

Ordonnance de Meffieurs les Commiffaires, pour l'approbation du Procès-verbal d'avis ci-deffus.

Claude Pellot, Chevalier, Seigneur de Port-David & Sandars, Confeiller du Roi en fes Confeils, Maître des Requêtes ordinaire de fon Hôtel, Intendant de Juftice, Police & Finances ès Généralités de Bourdeaux & Montauban, Commiffaire député par Sa Majefté pour la réformation générale des Eaux & Forêts au département de la grande Maîtrife de Touloufe. Et Louis de Froidour, Ecuyer, Seigneur de Serify, Confeiller du Roi en fes Confeils, Préfident, Lieutenant Général, Civil & Criminel au Bailliage & en la Maîtrife des Eaux & Forêts du Comté de Marle & la Fere, Commiffaire député par Sa Majefté pour ladite réformation.

Vû le Procès-verbal dudit fieur de Froidour ci-deffus, contenant Réglement, & après l'avoir examiné & déliberé fur chacun des articles contenus en icelui, nous avons ordonné qu'il fera porté vers le Roi & Noffeigneurs de fon Confeil, donnant avis à Sa Majefté qu'il y a lieu, fi tel eft fon bon plaifir, d'autorifer ledit Réglement, & d'ordonner que tous Arrêts & Lettres Patentes feront expédiés pour être enregiftrés par-tout où befoin fera, & le contenu audit Réglement exécuté felon fa forme & teneur. Fait à Montauban le quatriéme Juin mil fix cent foixante-fept. *Signé* Pellot & De Froidour : *Et plus bas*, par mefdits fieurs les Commiffaires, Prioux.

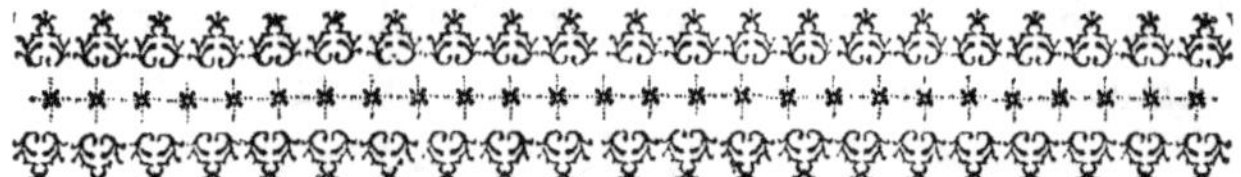

SECONDE PARTIE.

Des formalités requises pour les ventes & adjudications des Bois du Roi.

COMME la vente des Bois du Roi est la matiere de Forêt la plus susceptible d'abus, & en laquelle il faut aussi demeurer d'accord qu'il s'en est commis davantage, les Ordonnances y ont pourvu avec des soins qui ne se peuvent comprendre que par l'examen des formalités qu'elles ont prescrites. C'est une matiere très-ample, dans la discussion de laquelle les Officiers de cette Province, qui jusqu'à présent ont eu l'administration des Forêts, ne se font pas mis en peine d'entrer, ni par la pratique, ni même par la théorie ; & pour la leur expliquer avec méthode, & leur tracer un chemin qu'ils puissent suivre facilement, je diviserai cette second Partie en quatre chapitres. Dans le premier, je dirai par qui & en vertu de quels titres les adjudications doivent être faites ; dans le second, j'expliquerai tout ce qui doit précéder les adjudications ; dans le troisiéme, ce qui se doit faire lors des adjudications mêmes ; & dans le quatriéme, je dirai ce qui les.doit suivre, ou pour parler plus intelligiblement, ce que l'on doit faire après que les adjudications sont faites.

CHAPITRE I.

Par qui & en vertu de quels titres les ventes ou adjudications doivent être faites.

LEs ventes ou fermes des Bois (*a*) taillis & des menus marchés, aussi-bien que des herbages, paissons, glandées, pêcheries d'étangs ou rivieres, de moulins, & autres choses semblables, doivent être faites incontestablement par les Maîtres particuliers; & pour ces ventes ou fermes il n'est pas besoin d'aucun titre, il ne faut que la requisition du Procureur du Roi, ou du Receveur du Domaine, & au besoin le Maître même le peut de son office.

Les ventes des Bois de haute (*b*) futaye doivent être faites par les Grands Maîtres; mais comme le Roi par son Edit du mois de Décembre 1666 les a supprimés, les Officiers du Siége de la Table de Marbre & des Maîtrises particulieres connoîtront la volonté de Sa Majesté par les Arrêts du Conseil d'Etat, ou par les Edits & Déclarations qu'elle envoyera pour la vente de ses Bois. Je dirai seulement en passant,

(*a*) Henri IV. en Mai 1597, art. 24. Suivant l'Ordonnance de 1669, titres 17 & 18, il n'est pas permis de donner à ferme les Bois taillis & menus marchés; mais il est enjoint aux Officiers d'en faire les ventes, comme nous l'avons observé en la premiere Partie, après toutefois deux publications faites par les Sergens ou Gardes-fonds de la Forêt du Roi, si dans le Siége il y a des Bois du Roi, ou les Huissiers & Gardes Généraux.

(*b*) François I. en Juillet 1544, art. 10. Charles IX. en Août 1573. Henri III. en Mai 1587. Henri IV. en Mai 1597, art. 24.

que foit qu'ils foient adreffés au Lieutenant Général de la Table de Marbre , foit à Meffieurs les
Intendans des Provinces, ou à tels autres Commiffaires que Sa Majefté trouvera bon , les Officiers des
Maîtrifes particulieres qui font chargés de la garde
des Forêts , & refponfables de tout ce qui s'y fait ,
doivent affifter avec eux à ces ventes , & que mal-
à-propos les Grands Maîtres de ce département les
en ont exclus, & leur en ont ôté la connoiffance.

La vente des Baliveaux (c) fur taillis qui tiennent nature de futaye , appartenoit auffi aux Grands
Maîtres , fauf de ceux qui par certaine quantité réglée devoient être coupés avec les ventes ordinaires
des taillis , qui étoient & devoient encore être
faites par (d) les Maîtres particuliers.

Toutes les ventes extraordinaires de (e) futaye,
de bois en recepage , & de haut taillis , apparte-
noient pareillement aux Grands Maîtres , fauf les
menus recepages des bois taillis feulement que
les Maîtres particuliers peuvent faire.

Pour pouvoir faire les ventes (f) extraordinaires,
il eft requis par les Ordonnances qu'il y ait des Lettres Patentes vérifiées au Parlement & en la Chambre des Comptes , & cette Loi doit être religieufement obfervée. Quant aux ventes ordinaires de futaye , celui de Meffieurs les Intendans des Finances

(c) Par la raifon des Ordonnances ci-deffus alléguées.
(d) Cela eft établi par un ufage introduit en la Maîtrife particuliere
de Dreux , en celle de la Fere , & plufieurs autres.
(e) Par la raifon des Ordonnances ci-deffus alléguées.
(f) Ordonnance de Charles IX. 1566, art. 11. Henri III. en
1579 , art. 338, & autres.

qui a le département des Bois, a coutume d'envoyer tous les ans aux Grands Maîtres, ou autres Commiſſaires, un Arrêt du Conſeil d'Etat, pour en faire les aſſiettes & les adjudications. Je ne voudrois pas ſoutenir que cela fût abſolument néceſſaire, particulierement quand les ventes ſont réglées, & qu'il ne s'agit que d'exécuter le (g) Réglement ; mais j'eſtime qu'il ſeroit fort à propos de le faire, parce que c'eſt un moyen de donner aux Officiers qui auront la direction des Forêts, quelque relation au Conſeil, laquelle les obligeant à y rendre compte de ce qu'ils feront, particulierement pour le fait des ventes qui eſt le point le plus important, les obligera auſſi à y faire leur devoir : elle leur donnera auſſi occaſion d'informer le Conſeil des abus qui ſe pourroient introduire au préjudice des Réglemens, & de recourir à la protection & à l'autorité du Roi contre les perſonnes de main-forte, & en toutes les autres rencontres dans leſquelles ils reconnoîtront en avoir beſoin.

(g) Encore bien qu'il y ait un Réglement particulier pour les Bois du Roi d'une Maîtriſe, les Maîtres particuliers ne peuvent l'exécuter qu'ils n'ayent un Mandement du Grand Maître, qui, conformément à l'art. 11 du titre 3, eſt obligé d'envoyer ſon Ordonnance & Mandement aux Officiers des Maîtriſes pour faire l'aſſiette des ventes avant le mois de Juin, & un autre pour déſigner le jour des ventes avant le mois de Septembre, à moins qu'il ne faſſe qu'un ſeul Mandement qui contienne les deux diſpoſitions; pour lors le Maître particulier déſigne le jour, qui doit toujours être avant le premier Janvier, ſuivant l'art. 13 du titre 3.

CHAPITRE II.

De ce qui doit préceder la vente & adjudication des Bois.

Six choses doivent préceder l'adjudication des ventes : la premiere, l'enregistrement du Titre, soit Arrêt du Conseil , soit Lettres Patentes en vertu desquelles on les doit faire ; la seconde, l'assiette ; la troisiéme, le mesurage ; la quatriéme, le martelage & balivage ; la cinquiéme , les publications ; & la sixiéme, l'expédition du cahier des charges.

ARTICLE I.

De l'enregistrement de l'Arrêt du Conseil, ou Edit & Lettres Patentes en vertu desquelles les ventes doivent être faites.

L'Arrest, ou les Lettres Patentes en vertu desquelles les Officiers doivent faire l'adjudication des ventes, étant envoyé à celui à qui l'adresse en est faite, il peut l'exécuter lui-même, ou donner sa Commission pour l'exécuter aux Officiers des Maîtrises particulieres.

S'il trouve à propos de l'exécuter lui-même, il doit se trouver à l'Audience, soit du Siége de la Table de Marbre, soit de la Maîtrise particuliere

dans

dans le reſſort de laquelle il doit faire les ventes
des Bois ; & après y avoir communiqué l'Arrêt ou
les Lettres Patentes dont eſt queſtion aux Officiers,
il en ordonnera ſur la requiſition du Procureur du
Roi la lecture & (a) enregiſtrement , dont il fera
expédier l'Acte en cette forme.

Formule d'Acte d'enregiſtrement.

Aujourd'hui dix-ſeptiéme jour du mois d'Octobre
de l'année 1667, en l'Audience tenue au Siége de
la Table de Marbre du Palais à Toulouſe , par nous
Louis de Froidour , &c. ſur la requiſition du Procureur du Roi audit Siége , & de notre Ordonnance ,
l'Arrêt du Conſeil d'Etat de Sa Majeſté du quinze
Septembre de la préſente année , par lequel il nous
eſt ordonné de procéder à l'aſſiette & adjudication
des ventes ordinaires des Forêts dépendantes de la
grande Maîtriſe de Toulouſe , a été lû, & regiſtré
enſuite au préſent Regiſtre , pour y avoir recours,
& être exécuté ſelon ſa forme & teneur, ainſi qu'il
s'enſuit , & jour pris pour procéder à l'exécution
d'icelui au vingtiéme dudit préſent mois , auquel
nous avons ordonné que les Officiers de la Maîtriſe
particuliere de Toulouſe ſeront aſſignés , pour avec

(a) Cet enregiſtrement a été ordonné par les Réglemens de la derniere réformation des Forêts de la grande Maîtriſe de l'Iſle de France.

Par l'art. premier du titre 15. de l'Ordonnance de 1669 , il eſt dit
qu'il ne ſera fait aucune vente , ſoit de futaye , ſoit de taillis, que ſur le
Réglement qui en ſera arrêté au Conſeil , ou ſur Lettres Patentes regiſtrées au Parlement & à la Chambre des Comptes , à peine de reſtitution du quadruple contre les Adjudicataires , & contre les Ordonnateurs de perte de leurs Charges.

S

nous ſe tranſporter aux Forêts en dépendantes, & y procéder à l'aſſiette deſdites ventes.

Il faut mettre enſuite la teneur de l'Arrêt.

Si l'enregiſtrement ſe fait au Siége de la Maîtriſe particuliere, il faut ſeulement changer le nom du Siége de la Table de Marbre en celui de la Maîtriſe particuliere dont il s'agira, & à la fin mettre ce qui ſuit.

Et jour pris pour procéder à l'exécution dudit Arrêt au vingt dudit préſent mois, auquel nous avons aſſigné les Officiers de ladite Maîtriſe, pour avec iceux nous tranſporter aux Forêts dépendantes d'icelle, & pour procéder à l'aſſiette deſdites ventes.

Cet enregiſtrement doit être fait au Siége de la Table de Marbre dans le Regiſtre des Inſinuations, & aux Siéges des Maîtriſes particulieres dans le Regiſtre des ventes; (b) mais comme l'Ordonnance en vertu de laquelle il eſt fait ſe prononce en Jugement & à l'Audience, il eſt auſſi à propos que ſur le Regiſtre de l'Audience il en ſoit fait mention en la maniere ſuivante.

Formule d'Ordonnance rendue pour l'enregiſtrement.

Du 17 Octobre 1667.

Pardevant nous Louis de Froidour, &c. Sur la requiſition à nous judiciairement faite par le Pro-

(b) Parce qu'en chacune Maîtriſe il doit y avoir, ſuivant les Régle-mens de la moderne réformation, un regiſtre particulier pour les ventes & tout ce qui les concerne, & un autre pour ce qui ſe fait à l'Audience, qui doit conſerver toutes les Ordonnances & Jugemens qui s'y rendent.

cureur du Roi, tendante à ce que l'Arrêt du Conseil d'Etat de Sa Majesté du quinze Septembre de la présente année, par lequel il nous est ordonné de procéder à l'assiette & adjudication des ventes ordinaires des Forêts dépendantes de la grande Maîtrise de Toulouse, fût lû & regiftré au Greffe de ce Siége, pour être exécuté dans le reffort d'icelui felon fa forme & teneur : Nous avons ordonné que ledit Arrêt fera lû & regiftré, ce qui a été fait à l'instant, & ledit Arrêt délivré au Greffier, pour être regiftré au Regiftre des ventes.

L'Ordonnance d'enregiftrement peut être rendue, & même l'enregiftrement peut être fait fans qu'en même-tems on défigne le jour auquel il doit être procédé à l'affiette des ventes ; & en ce cas il faut omettre ce qui eft à la fin du modele de l'Acte d'enregiftrement ci-deffus, & n'en point parler : mais lorfqu'on prendra jour pour cela , on en fera un Acte en la maniere fuivante, & on l'inferera au Regiftre des ventes.

Formule de l'Acte qui s'expédie pour prendre affignation pour procéder à l'affiette des ventes.

Aujourd'hui vingtiéme Octobre 1667, à l'iffue de l'Audience tenue pardevant nous Louis de Froidour, &c. au Siége de la Table de Marbre du Palais à Toulouse, fur la requifition du Procureur du Roi, nous avons pris jour pour en exécution de l'Arrêt du Conseil d'Etat du 15 Septembre dernier, ci-devant tranfcrit, procéder à l'affiette des ventes ordinaires des Forêts dépendantes de la Maîtrife particuliere de Touloufe au 24 du préfent mois, auquel nous avons affigné les Officiers de ladite Maîtrife, pour avec iceux nous tranfporter aufdites Forêts aux fins fufdites.

Mais fi celui auquel l'Arrêt ou les Lettres Patentes données pour les ventes font adreffées, ne fe trouve point en état de les exécuter lui-même, il eft certain qu'il peut fubdéleguer & donner fa Commiffion aux Officiers des Maîtrifes particulieres pour les exécuter (a) pour le tout ou pour partie ; car il peut fans contredit fubdéleguer & commettre pour faire l'affiette des ventes, pour en faire faire le mefurage, pour en faire le martelage & balivage, même pour en faire les adjudications & les recollemens, ou feulement pour quelques-unes, ou pour une feule de toutes ces chofes. Ainfi j'ai vû fouvent que les Grands Maîtres du département de l'Ifle de France envoyoient leurs Commiffions aux Officiers des Maîtrifes particulieres, pour faire l'affiette, le mefurage, martelage & balivage des ventes, & fe contentoient d'en faire les adjudications, laiffant même aux Officiers le foin de faire les recollemens. J'ai vû auffi qu'en quelques rencontres, après avoir eux-mêmes fait les affiettes des ventes, ils commettoient les mêmes Officiers pour en faire les adjudications, & leurs Commiffions étoient à peu près conçues en ces termes.

(a) Cela eft fondé fur le droit & fur l'ufage.

Modele de la Commission que le Commissaire envoye aux Officiers des Maîtrises particulieres, pour procéder à l'assiette, mesurage, martelage & balivage des ventes.

Louis de Froidour, &c. Au Maître particulier des Eaux & Forêts de la Maîtrise de Toulouse, Salut. Sa Majesté nous ayant par Arrêt rendu en son Conseil d'Etat le 15 Septembre de la présente année, ordonné de procéder à l'assiette & adjudication des Forêts dépendantes de la grande Maîtrise de Touloufe, ce que nous ne pouvons faire nous-mêmes, attendu que nous sommes employés ailleurs pour le service de Sadite Majesté : A ces causes, nous vous avons commis & commettons par ces Préfentes pour appeller avec vous les autres Officiers de ladite Maîtrise, procéder à l'assiette des ventes ordinaires des Forêts dépendantes d'icelle, en faire faire le mesurage par tel (*a*) Arpenteur que vous aviserez, en faire le martelage & balivage, & ensuite après les annonces & publications bien & dûement faites, procéder à l'adjudication d'icelles, gardant les formalités prescrites par les Ordonnances, pour après le tems d'exploitation & vuidange expiré, en faire

____

(*a*) Par l'Ordonnance de 1669, titre 11, art. 3, il est dit que ceux qui feront nommés par les Grands Maîtres, feront toutes les assiettes des ventes ; & par l'art. 1 du titre 16, il est ordonné de se servir d'un autre Arpenteur que celui qui aura fait l'assiette, sans pouvoir, suivant l'art. 6 du titre 11, par les Officiers des Maîtrises, se servir d'autres Arpenteurs que ceux qui auront été nommés par le Roi ou le Grand Maître, à peine de nullité ; enjoignant aux Officiers, en cas de maladie ou autre empêchement, de se servir de ceux de la Maîtrise voisine.

le recollement : de ce faire vous donnons pouvoir. Fait à Touloufe le 25 Octobre 1667. DE FROIDOUR. Par mondit fieur le Commiffaire, Prioux.

Cette Commiffion contient pouvoir de faire toute l'exécution de l'Arrêt; & fi le Commiffaire auquel l'adreffe en eft faite trouve à propos de l'exécuter en partie, il faudra en retrancher ce qu'il voudra fe réferver de faire : (b) mais quoi qu'il en foit, la Commiffion étant ainfi expédiée, doit être envoyée avec la copie de l'Arrêt au Maître particulier, qui aura le foin de faire enregiftrer le tout dans le Regiftre des ventes, felon l'Acte fuivant.

Modele de l'Acte d'enregiftrement ordonné par les Maîtres particuliers.

Aujourd'hui 28 Octobre 1667, en l'Audience tenue au Siége de la Maîtrife particuliere des Eaux & Forêts de la Sénéchauffée de Touloufe, par nous

(b) Si le Grand Maître a une fois envoyé fa Commiffion, portant que par les Officiers de la Maîtrife qu'il commet pour l'exécution dudit Arrêt, il ne peut plus fe rien réferver ni en connoître, à moins que les Officiers ne lui en réferent; & dans l'un & l'autre cas, foit que les conteftations foient portées d'abord au Siége de la Maîtrife, foit qu'elles foient portées devant ledit Grand Maître, l'appel ne peut fe relever qu'au Confeil. Le Grand Maître étant Commiffaire en cette partie, a droit de juger en fon Hôtel, & fon Secretaire devient Greffier, excepté néanmoins que le Jugement doit être dépofé au Greffe de la Maîtrife, & l'expédition délivrée par le Greffier d'icelle, fuivant l'Arrêt du Confeil du 28 Août 1753, qui caffe un Arrêt rendu en la Chambre des Eaux & Forêts du Parlement de Touloufe, & décide que les appels des Jugemens rendus par MM. les Grands Maîtres des Eaux & Forêts pour l'exécution des Arrêts du Confeil, ne peuvent être relevés qu'au Confeil. De même quand le Grand Maître commet les Officiers pour l'exécution d'un Arrêt, il met toujours, fauf l'appel au Confeil, s'agiffant d'exécution d'Arrêt d'icelui.

Jean Courdurier, Sieur de Crouſet, Conſeiller du
Roi, Maître particulier des Eaux & Forêts de ladite
Maîtriſe, ſur la requiſition du Procureur du Roi audit Siége , l'Arrêt du Conſeil d'Etat de Sa Majeſté
du 15 Septembre de la préſente année , dont la
copie dûement collationnée (c) nous a été envoyée
par Monſieur de Froidour , Conſeiller du Roi en
ſes Conſeils, &c. enſemble la Commiſſion de mondit Sieur , en date du vingt-cinquiéme jour du mois
d'Octobre de ladite année , à nous adreſſante, par
laquelle il nous eſt mandé & ordonné pour l'exécution dudit Arrêt dans le reſſort de ladite Maîtriſe,
de procéder conformément à icelui , à l'aſſiette &
adjudication des ventes ordinaires des Forêts dépendantes dudit reſſort, ont été lûs , & regiſtrés enſuite
au préſent Regiſtre, pour y avoir recours, & être
exécuté ſelon la forme & teneur, ainſi qu'il enſuit,
& jour pris pour procéder à l'exécution d'iceux au
trentiéme dudit préſent mois, (d) auquel nous avons
aſſigné le Procureur du Roi (e) & Greffier de ladite
Maîtriſe , & même les Capitaines Foreſtiers & Gar-

(c) Les Grands Maîtres mettant leur Ordonnance pour l'enregiſtrement
d'un Arrêt du Conſeil en fait de matiere d'Eaux & Forêts, ou pour l'exécution & enregiſtrement, donne à ladite copie la même force que ſi elle
étoit collationnée ; & quand on leur porte un Arrêt, on leur en fournit
une copie collationnée , & une où il n'y a pas de collation , au bas de
laquelle ils mettent leur Ordonnance pour l'enregiſtrement au Greffe
de la Maîtriſe , & pour l'exécution du tout ou pour partie dudit Arrêt.

(d) Suivant l'art. 5 du titre 15 de l'Ordonnance de 1669 , les Officiers ayant reçu le Mandement du Grand Maître pour procéder à l'aſſiette des ventes & martelage, doivent inceſſamment s'aſſembler & prendre jour entr'eux pour y procéder , toutes affaires ceſſantes : c'eſt au
Maître particulier à l'indiquer.

(e) La préſence du Garde-Marteau dans les Maîtriſes où il y en a , eſt
auſſi néceſſaire.

des defdites Forêts, pour avec nous fe tranfporter en icelles, & y procéder à l'affiette defdites ventes.

Il faut mettre enfuite la teneur de l'Arrêt & de la Commiffion ; mais comme l'Ordonnance en vertu de laquelle cet enregiftrement fera fait, doit être prononcée en Jugement & à l'Audience, il eft auffi à propos que fur le Regiftre de l'Audience il en foit fait mention en la maniere fuivante.

Modele de l'Ordonnance que le Maître particulier doit rendre pour l'enregiftrement.

Du 28 Octobre 1667.

Pardevant nous Jean Courdurier, &c. Sur la requifition à nous judiciairement faite par le Procureur du Roi, tendante à ce que l'Arrêt du Confeil d'Etat de Sa Majefté du quinze Septembre de la préfente année, dont la copie dûement collationnée nous a été envoyée par Monfieur de Froidour, &c. enfemble la Commiffion de mondit Sieur, en date du quinziéme jour du mois d'Octobre de la préfente année, à nous adreffante, par laquelle il nous eft mandé & ordonné pour l'exécution dudit Arrêt dans le reffort de ladite Maîtrife, de procéder conformément à icelui, à l'affiette & adjudication des ventes ordinaires des Forêts dépendantes dudit reffort, fuffent lûs & regiftrés au Greffe de ce Siége, pour être exécutés dans le reffort felon leur forme & teneur ; nous avons ordonné que ledit Arrêt, enfemble ladite Commiffion, feront lûs & regiftrés, ce qui a été fait à l'inftant, & ledit Arrêt

&

& Commiffion délivrés au Greffier, pour être regiftrés au Regiftre des ventes.

Le Maître particulier, auffi-bien que celui auquel l'exécution de l'Arrêt eft adreffée, peut ordonner l'enregiftrement fans prendre en même-tems
affignation pour procéder à l'affiette des ventes, &
en ce cas il omettra ce qui eft à la fin du modele de
l'Acte d'enregiftrement; mais lorfqu'il voudra prendre jour pour cela, il en dreffera un Acte en la maniere fuivante, & l'inferera à la fuite de l'enregiftrement de l'Arrêt & Commiffion dans le Regiftre
des ventes.

*Modele d'affignation prife pour procéder à l'affiette
des ventes.*

Aujourd'hui 30 Octobre, à l'Audience tenue
pardevant Nous Jean Courdurier, &c. au Siége de
ladite Maîtrife, fur la requifition du Procureur du
Roi, nous avons pris jour pour en exécution de
l'Arrêt du Confeil d'Etat du 15 Septembre dernier,
ci-devant tranfcrit, & Commiffion de Monfieur de
Froidour, &c. à Nous adreffante, procéder à l'affiette des ventes ordinaires des Forêts dépendantes
du reffort de ladite Maîtrife, au fecond jour du mois
de Novembre prochain, auquel nous avons affigné
le Procureur du Roi (a) & Greffier d'icelle, enfemble les Capitaines Foreftiers & Gardes defdites
Forêts, pour avec nous fe tranfporter en icelles, &
y procéder à l'affiette defdites ventes.

(a) Le Garde-Marteau, s'il y en a.

T

ARTICLE II.

De l'affiette des ventes.

L'ASSIETTE des ventes ou des coupes n'eft autre chofe que la défignation de l'endroit de la Forêt auquel la coupe doit être faite; & comme ce qui fe fait pour cela s'appelle défigner, marquer, ou affeoir la vente, qui eft le mot le plus ordinaire & le plus commun, c'eft pour cette raifon qu'on dit affiette des ventes.

La premiere chofe qu'il faut faire pour cela, eft que les Officiers fe rendent au jour affigné au logis du Grand Maître, ou autre Commiffaire, fi lui-même a réfolu de faire l'affiette, ou du Maître particulier, fi la Commiffion lui eft adreffée, & conjointement ils vont à la Forêt où les Capitaines Foreftiers & Gardes doivent auffi fe trouver, & même l'Arpenteur dont on a réfolu de fe fervir pour en faire le mefurage, & y étant, vifitent en perfonne & tous enfemble la Forêt, & particulierement le lieu où ils eftiment que la vente doit être affife, fuivant les Ordonnances du Roi Charles V. de l'année 1376, art. 15 & 16, du Roi Charles VI. de l'année 1402, art. 14 & 15, & de François I. de l'année 1515, art. 31 & 32, & fur les conclufions du Procureur du Roi, par délibération & avis des autres Officiers, le Commiffaire ou le Maître particulier ayant commiffion, ordonne de l'affiette & de la quantité d'arpens dont

la vente doit être compofée, fait la défignation du
triaige où elle doit être affife , montre le lieu au
doigt & à l’œil à l’Arpenteur, lui indique les bouts
& les côtés de la vente, & comment & en quelle
forme elle doit être mefurée , & marque de fon
Marteau en face deux arbres qui doivent fervir de
pieds corniers & de guides pour le mefurage, l’un
à un bout & l’autre à l’autre, pour marquer la hauteur, longueur ou largeur, fur laquelle l’Arpenteur
doit fe régler pour la figure qu’il doit donner à la
vente en la mefurant. Il prend enfuite le ferment
de cet Arpenteur, qui jure & promet de bien & fidélement procéder au mefurage , lui donne commiffion pour cet effet , & de tout en dreffe fon Procès-verbal en la forme qui fera dite ci-après. Mais
il eft à propos que je remarque cependant , que
comme anciennement il n’y avoit aucune régle certaine pour la coupe des Bois, les anciennes Ordonnances, comme celles des Rois Charles V. & VI.
ci-deffus rapportées , vouloient qu’avant de procéder aux affiettes des ventes, on fît des exactes vifites
des Forêts, pour avifer où elles feroient mieux pla-
cées; & il eft facile de juger que l’efprit de ces Ordonnances étoit d’infpirer aux Officiers qui avoient
la direction des Forêts , qu’il falloit apporter un
ordre certain pour les coupes qui devoient y être
établies , afin que par ce moyen on pût les main-
tenir en l’état de pouvoir par des ventes réglées
donner au public les fecours & les commodités
qu’on en devoit efperer; mais les Officiers abufans du
fens de ces Ordonnances, fe font attachés à prendre

les plus beaux & les meilleurs Bois pour tirer un plus grand revenu des coupes, & ont réduit les Forêts en tel état, qu'il a fallu y pourvoir par l'Ordonnance du Roi Charles IX. de l'année 1573, par laquelle il a été ordonné qu'on commenceroit à couper à la plus vieille futaye ou plus en dégât. Il ne s'agit plus maintenant de l'esprit de ces Ordonnances, parce que dans la réformation générale qui a été faite dans toutes les Forêts du Royaume, on a réglé les coupes qui doivent être faites en chacune, de forte qu'il n'y a rien autre chose à faire dans les affiettes qu'à fuivre ce qui eft porté par les Réglemens ; & où il arriveroit quelqu'incendie, abroutiffement, ou quelqu'autre délit confidérable qui requît qu'on fît quelque recepage, je n'eftime point que les Officiers doivent l'ordonner de leur chef, pour en faire une vente extraordinaire, ou lui faire tenir lieu de vente ordinaire ; mais ils en doivent donner avis à celui qui fe trouvera chargé de la direction des Forêts, pour y être pourvu ainfi qu'il appartiendra.

Modele du Procès - verbal d'affiette faite par le Commiffaire.

L'an 1667 & le 20 Octobre, Nous Louis de Froidour, Ecuyer, &c. fuivant l'affignation prife à cejourd'hui pour en exécution de l'Arrêt du Confeil d'Etat du 15 Septembre dernier, regiftré de notre ordonnance au Greffe de la Maîtrife particuliere de Toulouse, procéder à l'affiette des ventes ordinaires des Forêts dépendantes du reſſort de ladite Maîtriſe, qui doivent être exploitées & uſées pendant l'année prochaine, ſommes partis de ladite Ville de Toulo:ſe, & accompagnés de Mᵉ Jean Courdurier, Sieur de Crouſet, Maître particulier des Eaux & Forêts de ladite Maîtriſe, de Mᵉ Prouho, Procureur du Roi, Mᵉ Pierre Caſes Greffier en icelle, Nous ſommes tranſportés en la Forêt de Montech, en laquelle Mᵉ Michel Mazade, Capitaine Foreſtier, & les Sergens, Gardes d'icelle, enſemble François Rey, Arpenteur Juré, demeurant à l'Iſle-Jourdain, s'étant rendus auprès de Nous au triaige de Boutanelle, où la vente délivrée en l'année précédente, & qui eſt préſentement en uſance a été meſurée, Nous ſommes paſſés plus avant en ladite Forêt au-delà de ladite vente, & ayant avec les Officiers vû & viſité le lieu où nous pouvions établir & faire l'aſſiette de la vente à délivrer en la préſente année pour être uſée & exploitée en la prochaine, ſur la requiſition à Nous faite par ledit Procureur du Roi, à ce que, ſuivant & conformément au Réglement fait pour les coupes de ladite Forêt de Montech, aſſiette en fût faite à la ſuite de ladite coupe préſentement en uſance, de l'avis & conſentement dudit Maître particulier & autres Officiers, avons ordonné qu'à la ſuite de ladite coupe & joignant icelle, il ſera audit triaige de Boutanelle meſuré & arpenté par ledit Rey, Arpenteur, la quantité de cent arpens de bois taillis, ayant préſentement l'âge de dix à douze ans, inégalement venant à cauſe des délits & abroutiſſemens qui y ont été faits dès y a long-tems, & ce à

la mesure royale & ordinaire de Toulouse, à raison
de cinq cens soixante-seize perches pour arpent,
& de quatorze pans quarrés pour la perche; & pour
cet effet Nous lui avons montré au doigt & à l'œil,
& désigné l'endroit où ladite vente doit être mesurée, confrontant d'une lisiere à ladite vente présentement en usance, d'autre lisiere au corps de ladite
Forêt, d'un bout aux terres de Montech, & d'autre
bout à celle de la Bernause; lui ayant pour une plus
sûre indication marqué en face & du côté de la vente
à mesurer, deux arbres chênes étant sur la lisiere de
la vente précédente, chacun d'un coup de notre
Marteau ordinaire & à nos Armes, l'un au bout qui
regarde ladite Ville de Montech, & l'autre celui
qui regarde la Bernause, pour lui servir de pied cornier & de guide, & sur l'alignement d'iceux & de
ladite coupe précédente, tracer une autre ligne parallele à telle distance, qu'entre lesdites deux lignes
la quantité de cent arpens que ladite vente ordinaire doit contenir se trouve justement. Pourquoi
faire nous lui avons délivré notre Commission à ce
nécessaire, au fait de laquelle par serment de lui
pris en la présence & sur la requisition du Procureur
du Roi, il a juré & promis de bien & fidélement
vaquer, & de nous rapporter le Procès-verbal de
son mesurage, avec le plan & figure d'icelui en
bonne & dûe forme; dont & de tout ce que dessus nous avons fait & dressé notre présent Procès-
verbal que nous avons signé avec lesdits Officiers les
jour & an susdit..

Si le Maître particulier procede à l'assiette des

ventes, il n'y aura autre chofe à changer à ce Procès-verbal que les qualités, y ajoutant au commencement un mot de la Commiſſion en vertu de laquelle il procede ainſi qu'il ſuit.

Modele du Procès - verbal d'aſſiette faite par le Maître particulier.

L'an 1667 & le 20 Octobre, Nous Jean Courdurier, &c. ſuivant l'aſſignation priſe à cejourd'hui pour l'exécution de l'Arrêt du Conſeil d'Etat du 15 Septembre dernier, & Commiſſion de Monſieur de Froidour, à Nous adreſſante, en date du, &c. regiſtrés de notre ordonnance, &c.

ARTICLE III.

Du meſurage des ventes.

PREMIER POINT.

Le meſurage des ventes doit précéder l'adjudication.

LE meſurage des ventes doit précéder l'adjudication, ſelon la diſpoſition des Ordonnances du Roi Philippe le Long de l'année 1318, art. 9, & du Roi Charles IX. de l'année 1573, parce qu'il faut que les Officiers ſçachent ce qu'ils vendent, & les Marchands ce qu'ils achetent : & ſi on attendoit à faire le meſurage après les ventes, on ne manqueroit jamais d'y trouver du mécompte pour le Roi, par les intelligences fecrettes qu'il pourroit y avoir du Marchand , ou avec les Officiers , ou avec les Arpenteurs, qui au lieu de mauvais bois donneroient le meilleur & en plus grande quantité ; & il feroit même auffi à craindre qu'il n'y en eût pour le Marchand tout autant de fois qu'il ne voudroit point entrer en compofition avec les Officiers : ainfi pour ne point tomber dans l'un & dans l'autre inconvénient, il faut fuivre l'Ordonnance, & mefurer la vente auparavant l'adjudication.

DEUXIÉME POINT.

Les Capitaines Foreftiers doivent être préfens au mefurage.

Le mefurage des ventes ne fe doit point faire auffi , que les Capitaines Foreftiers, Maîtres Gardes, Verdiers , Gruyers, & autres femblables Officiers, & les Gardes mêmes dans le triaige defquels elles font affifes, n'y foient préfens, à peine de fufpenfion de leurs Offices , fuivant les Ordonnances de François premier du mois de Mars 1516, art. 3 , & 1518, auffi art. 3 , parce que comme ils font chargés de la garde des Forêts , ils doivent répondre chacun de tout ce qui fe fait dans leur triaige.

TROISIÉME POINT.

L'Arpenteur doit avoir affifté à l'affiette.

Mais ce mefurage eft le principal ouvrage de l'Arpenteur,

l'Arpenteur, & la piéce la plus importante de toutes celles qui regardent les ventes ; c'eft pourquoi
il eft à propos d'en bien remarquer toutes les circonftances, afin qu'il foit fait dans les ordres qui
font prefcrits par les Ordonnances.

Premierement, il eft néceffaire que l'Arpenteur
ait affifté à l'affiette, & je ne voudrois pas foutenir
que ce fût de néceffité abfolue, ne l'ayant pas remarqué dans les Ordonnances; mais parce qu'ayant
été préfent à ce qui a été ordonné, & les chofes
lui ayant été montrées au doigt & à l'œil, il peut
fans contredit les exécuter beaucoup mieux, & avec
plus de facilité & de certitude, que fi les ordres ne
lui étoient donnés que par écrit.

Q u a t. r i é m e P o i n t.

L'Arpenteur doit avoir commiffion pour mefurer.

En fecond lieu, il doit avoir auffi commiffion
pour faire le mefurage ; je n'ai point auffi remarqué
cela dans les Ordonnances, mais c'eft un ufage que
j'ai trouvé établi en plufieurs Maîtrifes du département de l'Ifle de France, qui paroît bien fondé par
trois raifons. La premiere, parce qu'après qu'on a
défigné au doigt & à l'œil à l'Arpenteur tout ce qu'il
doit faire pour fon mefurage, les ordres qu'on lui
donne enfuite par écrit, lui fervent de mémoire
pour lui mieux faire obferver tout ce qui eft de fon
devoir. La feconde, parce qu'étant refponfable de
fon mefurage, il doit avoir fa loi écrite pour s'y

V

conformer. Et la troisiéme, parce que comme l'Arpenteur doit rapporter le Procès-verbal de son mesurage, il est à propos que la Commission y soit jointe, afin que les Officiers confrontant l'un avec l'autre, connoissent si ce qu'ils ont ordonné a été bien exécuté, pour y pourvoir, s'il étoit besoin. La Commission donc sera conçue en ces termes, ou autres semblables.

Modele de la Commission qui doit être délivrée à l'Arpenteur pour mesurer la vente.

Louis de Froidour, &c. à François Rey, Arpenteur Juré, demeurant à l'Isle-Jourdain, Salut. Nous vous mandons & ordonnons par ces Présentes, appellés avec vous le Capitaine-Forestier & Gardes de la Forêt de Montech, & en la présence d'iceux, arpenter & mesurer à la mesure royale & ordinaire de Toulouse, qui est de 576 perches pour arpent, & de 14 pieds quarrés pour perche, la quantité de 100 arpens de bois taillis de l'âge de 10 à 12 ans, inégalement venans à cause des abroutissemens & délits qui y ont été faits depuis long-tems, au triaige de Boutanelle, à la suite & joignant la vente qui est présentement en usance, pour la vente ordinaire de l'année prochaine, & ce suivant l'assiette & désignation que nous en avons cejourd'hui faite en votre présence, retenant pour pieds corniers les deux arbres chênes que nous avons marqués de notre marteau & à nos armes, pour vous servir de guide, prenant pour confrontation d'une lisiere la lisse de ladite vente

préſentement en uſance, d'autre liſiere en ligne parallele le corps de ladite Forêt, d'un bout les terres
de Montech, & d'autre les terres de la Bernauſe :
vous ordonnons de faire la retention des pieds corniers, tournans & parois qui feront néceſſaires pour
l'enceinte & déſignation de ladite vente, leſquels
vous marquerez de votre marteau ordinaire, & y
ferez les placquis & miroirs ordinaires pour y appoſer le marteau du Roi & le nôtre, dont & de tout ce
que deſſus vous dreſſerez procès-verbal avec plan
& figure géométrique, ſelon l'art de l'arpentage,
où vous remarquerez la ſituation, qualité & conſiſtance de ladite vente, les plis & replis de ſa cir-
conférence, avec les pieds corniers, tournans &
parois, dans l'ordre de ſa ſituation, faiſant obſerva-
tion de la diſtance que vous trouverez de l'un à l'autre, pour le tout remettre au Greffe de ladite Maîtriſe,
à quoi nous vous enjoignons de vaquer inceſſamment & loyaument, & mandons auſdits Officiers
vous aſſiſter, à peine de ſuſpenſion de leurs Charges.
Fait à Montech le 20 Octobre 1667.

CINQUIÉME POINT.

L'Arpenteur doit meſurer la vente ſuivant l'indication
qui lui en a été faite à l'aſſiette, & ſuivant
ſa Commiſſion.

Pour l'exécution de cette Commiſſion, l'Arpenteur doit faire ſon meſurage au lieu & endroit
déſigné, obſervant les confrontations qui lui ſont

marquées, & se proposant pour base de son mesurage la (*a*) lisse de la derniere coupe, & même en cas qu'il n'y eût point de coupe précédente, l'alignement désigné par les deux pieds corniers qui ont été martelés du marteau du Commissaire ou du Maître particulier qui a fait l'assiette, pour éloigner & dresser sa parallele à telle distance, que la quantité d'arpens qui lui est ordonné de mesurer, soit de vingt, trente, quarante, cinquante, cent, ou deux cens arpens se trouve justement : (*b*) mais à ce propos, il est bon de remarquer une chose qui ne doit pas être ignorée des Arpenteurs, qui est que quelquefois les ventes se trouvent dans une telle situation, que la ligne qui sert de base ne peut pas servir de lisiere, qui est le côté le plus large de la vente, mais seulement d'un bout. Cet avertissement regarde celui qui fera l'assiette aussi-bien que l'Arpenteur, & il se souviendra que dans le Procès-verbal qu'il en dressera, & dans la commission qu'il en donnera pour le mesurage, il doit faire distinction de l'un & de l'autre, & appeller les choses

(*a*) *Lisse*, c'est la route, laye, ou ligne que l'Arpenteur fait dans le Bois pour faire son mesurage.

Par l'art. 7 du titre 15 de l'Ordonnance de 1669, il est défendu aux Arpenteurs & Sergens à garde de faire les routes plus larges de trois pieds pour passer les Portes perches & les Marchands qui feront visiter les ventes, à peine de cent livres d'amende, & de la restitution du double de la valeur du bois abbatu.

(*b*) Par l'art. 10 dudit titre 15, il est ordonné aux Arpenteurs de faire ensorte que leurs ventes soient mesurées de façon que le plus ou moins de mesure ne puisse exceder un arpent sur vingt, & ainsi à proportion, à peine d'interdiction & d'amende arbitraire ; & s'ils tomboient jusqu'à trois fois dans cette erreur, ils sont interdits & déclarés incapables de faire la fonction d'Arpenteur.

par leurs noms , auquel cas il changera ce qu'il échoira de changer au modele du Procès-verbal ci-deſſus. Quelquefois auſſi il n'y a point de parallele à faire , par exemple , quand on ſe trouve à l'extrémité de la Forêt. De plus , toutes les manieres de meſurer les ventes ne ſont pas ſemblables & conformes, du moins en ce qui regarde la figure & le plan : quelquefois on meſure les ventes en quarrés parfaits , quelquefois en quarrés longs ; quelquefois il n'y a qu'un côté qui ait la ligne droite , & les trois autres ſont ſinueux , & ont pluſieurs plis & replis; quelquefois auſſi il y a deux côtés à droites lignes , & les deux autres ſont à replis; quelquefois il y a trois côtés à droites lignes, & un ſeul à repli ; quelquefois la figure eſt triangulaire, & la même différence de lignes peut s'y rencontrer, cela dépendant de la ſituation des lieux à laquelle il faut s'accommoder. C'eſt ce que les Officiers qui feront l'aſſiette & les Arpenteurs qui feront le meſurage doivent remarquer, pour dreſſer chacun leurs Procès-verbaux dans les termes qui doivent être.

SIXIÉME POINT.

Des liſſes , routes ou layes que l'Arpenteur doit faire pour ſon meſurage.

Comme pour parvenir à ce meſurage , l'Arpenteur eſt obligé de faire des liſſes , pour parler aux termes de cette Province , & autrement pour parler en termes qui foient connus par les Ordonnances, des (*a*) routes, layes, layons, lignes ou cliquetis, il en doit ufer fans excès & abus, mais avec la modération prefcrite par l'Ordonnance de François I. de l'an 1518, art. 4 & 11 ; c'eft-à-dire, qu'il lui doit fuffire de couper le petit bois, les épines & les brouffailles, & faire les liffes, routes ou layes fuffifantes feulement pour y pouvoir porter fon compas ou fa chaîne, & pour diftinguer une vente d'avec une autre, de maniere que les Marchands qui voudront la vifiter puiffent y marcher & en reconnoître les bornes & les limites. Autrefois il y avoit un très-grand abus pour ces routes, parce que les Officiers qui appliquoient à leur profit le bois qui en provenoit, tenoient eux-mêmes la main à ce que les Arpenteurs les fiffent plus grandes & plus larges, & les fiffent paffer par les endroits où étoient les plus beaux arbres pour en avoir plus de profit. J'ai vû des Forêts dans l'Ifle de France & en Picardie, où pour faire le mefurage des ventes, on prenoit premierement tout autour une route ou laye de 7 pieds de largeur, qu'on appelloit ligne ou baffe de clôture : on partageoit enfuite ces mêmes ventes en quatre parties par deux femblables lignes qui fe croifoient l'une l'autre, qu'on appelloit lignes traverfines ou traverfantes : on faifoit encore une autre ligne qui s'appelloit ligne d'aventure, qui étoit celle qui faifoit plus de dégâts, parce qu'on la faifoit paffer où l'on

---

(*a*) En plufieurs lieux de Picardie ces routes font appellées baffes, parce que pour les faire il faut mettre du bois à bas. En d'autres lieux on les appelle échantillonage.

vouloit : & enfin on diftinguoit encore chacune de ces parties en ventes de deux arpens par des lignes de trois pieds & demi de largeur, & cela fe pratiquoit dans les bois de futaye & dans les taillis de vingt & de vingt-cinq ans. Je laiffe à juger du défordre qu'un tel abus produifoit. On y a apporté le remede convenable où il a été befoin ; mais comme il n'a pas été introduit dans les Forêts de cette Province, il fuffit d'avertir les Arpenteurs de faire leurs liffes le moins larges qu'ils pourront, & de n'en faire qu'au jour des ventes aux endroits où elles feront néceffaires, pour diftinguer le bois qui doit être coupé d'avec celui qui n'eft point de la vente, & les Officiers de tenir la main à ce qu'il n'y ait point d'excès, & de punir, foit l'Arpenteur, foit les Capitaines-Foreftiers qui pourroient y avoir connivé ou donné lieu (a).

SEPTIÉME POINT.

Des pieds corniers, tournans & parois que l'Arpenteur doit réferver autour de la vente.

Outre ces liffes qui font faites non - feulement pour parvenir au mefurage de la vente, mais encore pour en faire la défignation & diftinction d'avec les autres bois, afin que le Marchand qui en fera adjudicataire n'entreprenne pas de couper au - delà, les Ordonnances, & notamment celle de François I.

(a) Voyez les articles 7 & 10 du titre 15 de l'Ordonnance de 1669, rapportés ci-deffus.

du mois de Mars 1516, ont voulu qu'elle fût enceinte de pieds corniers, tournans & parois, & que pour cela on choisît les plus beaux arbres qui se pourroient trouver autour de la vente, afin que les bornes & limites étant désignées par des marques insignes & indelebiles, il ne pût y avoir aucune occasion aux entreprises & outrepasses ; c'est pourquoi incontinent après que l'Arpenteur a fait son mesurage, il doit parcourir le long de ses lisses ou layes, pour arrêter les pieds corniers, tournans & parois. *

Pour l'intelligence de ces termes, qui ne sont pas connus à ceux qui ne sont pas instruits des matieres des Forêts, il faut sçavoir que ces arbres en général sont appellés arbres de laye, arbres de lisiere, & en quelques Maîtrises de l'Isle de France & de Picardie, arbres des rangs, non-seulement parce qu'ils servent à marquer les layes & les lisieres qui servent à distinguer les ventes d'avec les autres bois, mais même parce qu'ils servent à marquer les bornes & limites d'une Forêt contre une autre, ou autre nature d'héritage. J'ai vu très-souvent qu'entre deux

* Explication des termes de pieds corniers, tournans & parois.
Outre ces trois sortes d'arbres de lisiere qu'on appelle pieds corniers, tournans & parois, il y en a une quatriéme sorte qu'on appelle arbres de lumiere. Ces arbres sont ceux qui se trouvent directement dans la lisse ou laye que les Arpenteurs font pour leur mesurage, lesquels empêchent de voir au-delà ; & anciennement les Arpenteurs avoient coutume de les faire abbatre, en quoi il se commettoit beaucoup d'abus ; pourquoi cela leur a été défendu, de sorte qu'à présent quand ces arbres se rencontrent, les Arpenteurs pour mirer leurs lisses ou layes, se contentent d'y faire deux plaquis ou miroirs, l'un d'un côté & l'autre de l'autre de la lisse.

Forêts

Figure, en laquelle est Deſſinée la ſcituation des Pieds Corniers, Tournaux, & Parois,

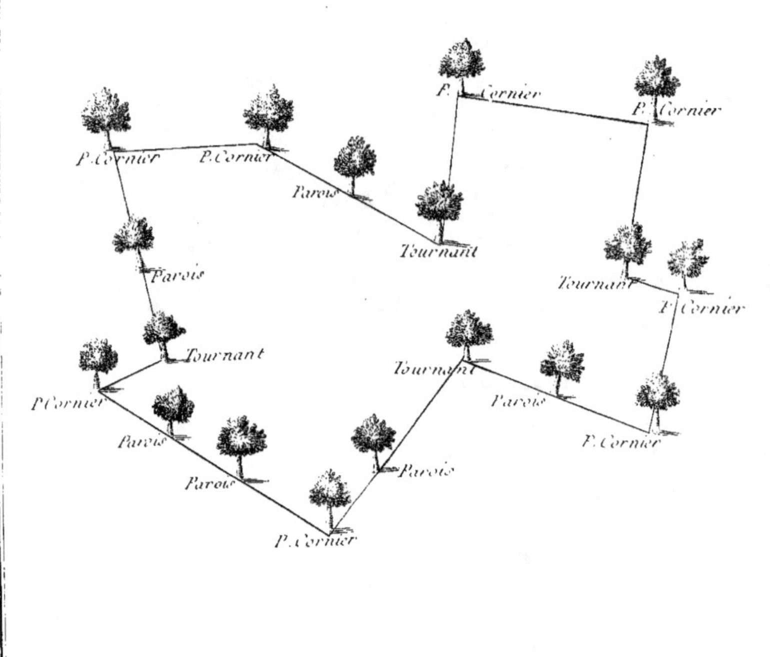

Forêts voisines, dont l'une étoit au Roi, & l'autre
à quelque Communauté Eccléfiaftique ou Séculiere,
ou à quelque Seigneur particulier, il n'y avoit point
d'autres marques de féparation & de divifion, que
des anciens arbres laiflés de tout tems en forme de
bornes. Ces arbres, foit qu'ils fervent à la diftinction & défignation de la vente, foit qu'ils fervent à
borner les Forêts, prennent ces différens noms de
pieds (*a*) corniers, de tournans ou de parois, felon
la fituation où ils fe trouvent; de pieds corniers,
quand ils font fur un angle fortant, pour parler en
termes de géometrie, ou fur un coude qui fait une
maniere de corne, pour parler en termes communs
& connus de tout le monde; de tournans, quand
ils font en un angle rentrant ou en une hache, (*b*)
parce qu'il faut faire une efpece de tour pour y aller;
& de parois, quand ils fe trouvent fur une ligne
droite, foit entre deux pieds corniers, foit entre
un pied cornier & un tournant, foit entre deux
parois; & font ainfi appellés, parce qu'ils fervent
comme de parois pour la fermeture de la vente ou
de la Forêt, comme on peut voir par la Figure
ci-jointe.

(*a*) Je ne penfe pas que ces arbres ne puiffent en toutes occafions être
abbatus. Si c'eft en mefurant une vente qui doit être coupée, nul doute
que ne faifant aucun tort au taillis, puifqu'il doit être coupé, qu'il
n'y a aucun inconvénient à les abbatre; mais fi c'eft pour faire une divifion ou portion de quart de réferve, comme cela feroit préjudiciable au
taillis, il faut les laiffer, & même en faire mention dans le Procès-
verbal, & les marquer du Marteau du Roi au-deffus de celui de
l'Arpenteur.

(*b*) Ce mot de hache ou contre-hache eft connu en l'Ifle de France
& en Picardie, & fignifie un angle rentrant.

X

L'Arpenteur inftruit des chofes ci-deffus, doit arrêter les pieds corniers, tournans & parois de la vente, en telle forte que fur chaque angle, foit fortant, foit rentrant, il défigne un arbre pour fervir ou de pied cornier, ou de tournant; & où il y auroit quelque diftance confidérable d'un pied cornier à l'autre, & d'un pied cornier à un tournant, il défignera entre les uns & les autres quelques parois, plus ou moins, felon la diftance qu'il y aura, de maniere que la liffe ou laye, & la diftinction de la vente foit fuffifamment marquée & reconnue à l'infpection de ces arbres. Il aura auffi en ce faifant cette difcrétion, de n'en point marquer un trop grand nombre, mais feulement ce qui fera abfolument néceffaire; parce que comme le Marchand eft refponfable de ces arbres, & doit les repréfenter après l'ufance, fous peine de groffes (c) amendes, le moindre qu'on en peut retenir eft le meilleur, à caufe du péril qu'il y a de le couper par mégarde ou autrement. Il n'importe pas de quelle efpece ces arbres foient pris, chêne, faux, (d) châtaignier ou autre; mais il faut fatisfaire à l'Ordonnance qui veut qu'on choififfe les plus beaux & les plus apparens. Il faut encore remarquer deux circonftances. La premiere, qu'arrivant fouvent qu'il ne fe trouve point d'arbres précifément fur les angles & fur les lignes pour fervir de pieds corniers & parois, en ce cas

(c) Par l'art. 4 du titre 32 de l'Ordonnance de 1669, l'amende pour les parois & arbres de lifiere eft de cinquante livres, & pour pieds corniers marqués du Marteau, abbatus, cent livres; s'ils font arrachés ou déplacés, deux cens livres.

(d) C'eft-à-dire hêtre. Dans certains pays on l'appelle fouteau.

l'Arpenteur pofe des (e) piquets fur les angles, &
emprunte au-dehors ou au-dedans de la vente les
arbres les plus proches & les plus apparens pour fervir de témoins, qu'il défigne comme fi effectyvement
ment ils étoient fur les angles. La feconde circonf-
tance eft, que lorfque les bordages des Forêts qui
font bornées par des foffés ou par des bornes de
pierre, fe trouvent compris dans les ventes qu'on
doit mefurer ou qu'on a effectivement mefurées,
il n'eft pas befoin abfolument d'y réferver les pieds
(f) corniers, tournans & parois, parce que l'on ne
fait la réferve de ces arbres que manque d'autres
bornes; & ainfi quand on en trouve, la retention des
pieds corniers, tournans & parois femble inutile.
Mais comme par fucceffion des tems les foffés peuvent être comblés, & les bornes de pierre être en-
levées & emportées fans qu'on s'en apperçoive, j'ai
toujours vu pratiquer une chofe fort importante
pour empêcher les entreprifes & ufurpations du
fond des Forêts du Roi, qui eft que les Officiers qui
font les ventes ont foin de faire laiffer à l'extrémité
& le long des lifieres les arbres les plus apparens,
qui fervent comme de hayes pour les défendre; &
j'eftime qu'on doit toujours en ufer de même.

(e) Autrement appellés Eribos.
(f) J'eftime qu'il eft toujours néceffaire de réferver les pieds corniers,
étant la marque la plus immuable & la plus aifée à prendre les
différens angles.

Huitiéme Point.

De la maniere de désigner les pieds corniers, tournans
& parois.

Quant à la maniere de désigner ces arbres, l'Arpenteur ne fait autre chose que les marquer de son marteau au pied ; sçavoir les pieds corniers & tournans de deux coups, dont l'un regarde la ligne qui est à droite, & l'autre celle qui est à gauche, pour servir de guide à faire remarquer les lignes ou layes qui font la clôture de la vente ; & les parois d'un seul coup en face & du côté de la vente. Outre cela, il fait quatre plaquis ou miroirs aux pieds corniers & aux tournans, dont deux regardent la ligne qui est à droite, les deux autres celle qui est à gauche, l'un étant à la hauteur de trois ou quatre pieds de terre, & l'autre un peu au-dessus ; & un seul plaquis ou miroir aux parois en face & du côté de la vente, à trois ou quatre pieds au-dessus de son martelage. Ces plaquis ou miroirs ne font autre chose que les entailles qui se font aux arbres pour y appliquer l'empreinte du marteau ; ainsi appellés, premierement plaquis, parce qu'il se fait une espece de plaque sur laquelle le marteau s'imprime ; & miroir, parce qu'elles font tournées pour regarder & mirer la droite ligne qui conduit d'un pied cornier ou d'un tournant à l'autre ; & les côtés où lesdits miroirs font faits, même tous les côtés des arbres que l'on veut marquer, font appellés faces ; & on ne

Terres de Montech
Terres de Montech
P. Cornier
2.eme
F. Cornier   88 Perches   70. P.   Tournant   117. Perches   P. Cornier
PLAN, D'Une Vente de
Cent Arpents de bois Taillis
en la Forest de Montech.
Pour l'Année 1668
50 P.   Parois
50 P.   Parois
50 P.   Parois
50 P.   Parois
Corps de la Forest
Vente de l'Année
1667.
Deux Cent Perches
1.   P. Cornier   Fossé 60. P.   Fossé 105. P.   Fossé 153. P.   P. Cornier
Terres de la Bernause
Terres de la Bernause
Echelle de 200
50   100   150   200 Perches

doit faire aucun miroir ou plaquis à ces arbres, aux faces qui regardent le dehors de la vente, mais feulement aux faces qui regardent les droites lignes, en ce qui eft des pieds corniers ou tournans, & pour ce qui eft des parois, à celle qui regarde directe-ment la vente.

NEUVIÉME POINT.

Du plan que l'Arpenteur doit faire de fon mefurage.

Après cette défignation, l'Arpenteur doit dreffer le plan & la figure géométrique de fa vente, qui contienne la quantité d'arpens de bois qu'il a mefu-rés, & toutes les lignes & différens plis & replis, ou pour parler en termes plus intelligibles, les an-gles fortans & rentrans de la figure de la vente; faire remarque à chacun angle des pieds corniers & tournans qu'il y a trouvés, ou des piquets qu'il y a mis, & des témoins qu'il a pris, & fur les lignes des parois qu'il a retenus, mettant chacun dans fa fituation, avec obfervation des diftances légitimes, fuivant la figure ci-jointe.

J'ai remarqué ci-deffus que les lignes font ordi-nairement différentes les unes des autres, à caufe des différentes fituations des lieux où elles font établies: mais qui voit & qui fçait faire une figure, voit & fçait faire l'autre; c'eft pour cela que je n'en mets point ici davantage.

Dixiéme Point.

L'Arpenteur doit mesurer tant plein que vuide , & sans remplage.

Je passe à un avis important que je ne dois pas omettre de donner à l'Arpenteur, qui est que procédant au mesurage des ventes , quoique dans les lieux où on lui a ordonné de les mesurer il y ait des chemins de traverse ou autres places vuides, ou des bois dégradés ou pillés avec excès, il n'en doit faire aucune déduction pour en augmenter d'autant la quantité d'arpens que les ventes doivent contenir. Ces sortes de remplages (*a*) ou remplacemens sont expressément défendus par les Ordonnances , (*b*) qui veulent qu'on mesure le vuide comme le plein. De sorte que quand il est ordonné aux Arpenteurs de mesurer une vente de cent arpens, ils doivent, non-obstant le mauvais état auquel la vente peut être, & les vuides qu'il peut y avoir , exactement & sans aucune augmentation, mesurer cette quantité. C'est la disposition de l'Ordonnance de François I. de l'année **1515**, art. 31 , (*c*) fondée sur deux raisons. La premiere est, que s'il étoit permis de donner des

(*a*) On dit aussi remplissage.
(*b*) Et notamment par celle de 1669 , titre 15 , art. 13.
(*c*) Cependant par l'article 6 du même titre , il est expressément ordonné à l'Arpenteur d'observer s'il y a des places vuides dans les ventes avec leur continence , & de les inferer dans son Procès-verbal. Cette observation , félon toutes apparences , étoit ordonnée afin que l'année suivante l'on resemât ou replantât ces places vuides; ce qui seroit la meilleure façon d'entretenir en bon état une Forèt.

remplages, il n'y a fortes de malverfations qu'on ne puiffe introduire dans les Forêts par la connivence des Officiers & de l'Arpenteur avec les Marchands. La feconde eft, que par ce moyen on conferve l'ordre des coupes, de maniere qu'en tout tems on trouve en chacune Forêt du bois de l'âge auquel on en a une fois réglé les ventes. Nous avons reconnu en procédant à la réformation des Forêts du département de l'Ifle de France, combien l'inexécution de cette Ordonnance y a introduit d'abus & de défordres : car, fans parler des malverfations que je veux bien paffer fous filence, il eft certain qu'au lieu que nous devions trouver en certaines Forêts du bois de cent & fix vingt ans, nous n'y en avons pû rencontrer que de l'âge de foixante à foixante-dix ans au plus ; parce qu'au lieu, par exemple, que la vente ne devoit contenir que vingt arpens, on en avoit encore coupé tous les ans au-delà quatre, cinq, fix, huit, dix, & jufqu'à vingt autres arpens, fous prétexte de remplages de places vuides. C'eft pour cela que par les Réglemens qui ont été faits en cette réformation, on a expreffément défendu aux Arpenteurs de comprendre à l'avenir en leurs mefurages aucun remplage, à peine du punition corporelle, & aux Officiers de les recevoir, à peine de privation de leurs Offices. Ce même Réglement ayant été donné en la réformation des Forêts de ce département, les Officiers tiendront la main à le faire exécuter.

ONZIÉME POINT.

Du Procès-verbal, que l'Arpenteur doit dresser de son mesurage.

Pour conclusion, l'Arpenteur ayant bien & dûement fait son mesurage suivant les ordres prescrits ci-dessus, il en doit, suivant l'Ordonnance du Roi Charles IX. de l'année 1573, (*a*) dresser son Procès-verbal , & le remettre au Greffe de la Maîtrise pour y avoir recours, & ce Procès-verbal doit contenir plusieurs choses.

Premierement , la date du transport en la Forêt pour l'assiette.

Secondement , la commission & sa date.

En troisiéme lieu , le mesurage fait en exécution, en la présence des Officiers.

4°. La quantité d'arpens qu'il aura mesuré , & à quelle mesure. (*b*)

5°. La qualité du bois.

6°. Le triaige de la Forêt.

7°. Les confrontations, ou tenans & aboutissans.

8°. Les pieds corniers , tournans & parois, ou piquets posés sur les angles & sur les lignes, & arbres pris pour servir de témoins, martelés au pied de son Marteau , & plaqués en face.

(*a*) Et suivant celle de Louis XIV. de 1669, titre 15 , art. 6.

(*b*) Suivant l'Ordonnance de 1669, titre 27 , art. 14 , nulle autre mesure ne doit avoir lieu dans tous les Bois du Royaume, que celle de 12 lignes pour pouce, 12 pouces pour pied, 22 pieds pour perche, & 100 perches pour arpent, à peine de mille livres d'amende , avec dérogation à cet égard à tous usages & possessions contraires.

9°.

9°. Commencer par le premier pied cornier défigné lors de l'affiette ; continuer enfuite à énoncer tous les autres arbres de laye ; énoncer la qualité & groffeur de ces arbres , & la diftance qu'il y a des uns aux autres , revenant à celui par lequel on a commencé.

10°. Dire que tout ce que deffus eft compris dans le plan géométrique qui en a été dreffé , pour conjointement avec le Procès-verbal en queftion être mis au Greffe de la Maîtrife.

11°. Certifier le tout véritable & figner.

Tout ce que deffus eft compris dans le Procès-verbal fuivant, qui pourra fervir de modele.

Modele du Procès-verbal de mefurage.

L'an 1667 , & le vingtiéme jour du mois d'Octobre, je François Rey , Arpenteur Juré , demeurant à l'Ifle-Jourdain, fouffigné , certifie que l'Ordonnance de Monfieur de Froidour , Confeiller du Roi en fes Confeils , Préfident, Lieutenant Général, Civil & Criminel au Bailliage & en la Maîtrife des Eaux & Forêts du Comté de Marle & la Fere , Commiffaire député par S. M. pour la réformation générale des Eaux & Forêts du département de la grande Maîtrife de Touloufe, je me fuis exprès tranfporté en la Forêt de Montech , dépendante de la Maîtrife particuliere des Eaux & Forêts de Touloufe , où étant au triaige appellé Boutanelle , j'ai affifté à l'affiette que mondit Sr le Commiffaire , en la préfence des Officiers de ladite Maîtrife , a faite de la vente ordinaire de ladite Forêt , à délivrer en la préfente

Y

année, pour être exploitée en la prochaine que l'on dira 1668, fuivant laquelle affiette, & pour l'exécution de la Commiffion de Monfieur de Froidour, en date dudit jour, à moi adreffante, après avoir pardevant lui prêté le ferment au cas requis & accoutumé, j'ai en la préfence de M⁰. Michel de Mazade, Capitaine-Foreftier, Jean Roland, Pierre Agand, & Pierre Delport, Sergens-Gardes de ladite Forêt, procédé au mefurage de ladite vente, contenant à la mefure royale de Touloufe, qui eft de cinq cens foixante-cinq perches l'arpent, & la perche de quatorze pans quarrés, la quantité de cent arpens de bois taillis de l'âge de dix à douze ans, inégalement venans, à caufe des abroutiffemens des beftiaux & des délits qu'on y a commis, affis audit triaige de Boutanelle; confrontant d'une lifiere du côté du midy, la coupe qui eft préfentement en ufance; d'autre lifiere du côté du feptentrion, les autres bois de ladite Forêt; du côté d'orient, les Terres de la Bernaufe & d'autres; du côté d'occident, celles dudit lieu de Montech, felon l'indication qui m'en a été faite lors de ladite affiette, laquelle j'ai enceinte de pieds corniers, tournans & parois, ainfi qu'il enfuit.

Premierement, à l'extrémité de ladite vente préfentement en ufance, fur le bord d'un foffé qui fert de féparation à ladite Forêt d'avec les Terres de la Bernaufe, j'ai marqué de mon Marteau au pied un arbre chêne de trois pans (a) de tour, à moi indiqué

____

(a) Le pan eft une mefure ufitée dans les Provinces méridionales de France; ailleurs elle n'eft point connue, & on fe fert de la mefure du pied.

pour premier pied cornier lors de ladite affiette, à la face qui regarde l'occident, & ai fait deux plaquis à la même face, l'un au-deſſus de l'autre, pour y appliquer le Marteau du Roi & celui de mondit Sieur le Commiſſaire.

Et allant enſuite dudit arbre vers l'occident, le long de ladite vente en uſance juſqu'au bout de ladite Forêt à ligne droite, & à la diſtance de 200 perches, j'ai martelé de deux coups de mon Marteau en pied un autre arbre chêne de pareille groſſeur, à moi indiqué pour ſecond pied cornier, auquel j'ai fait quatre plaquis ou entailles comme deſſus, deux regardant le précédent pied cornier, & deux regardant à main droite, n'ayant entre les deux pieds corniers retenu ni marqué aucun parois, tant parce que je n'en ai trouvé aucun, que parce que la vente étant uſée, il ne s'y peut faire aucune entrepriſe.

Dudit pied cornier, ſuivant la liſiere de ladite Forêt, la longueur de quatre-vingt-huit perches, j'ai en un angle rentrant fait la retention d'un arbre chêne de cinq pans de tour, pour ſervir de tournant, que j'ai martelé & plaqué comme deſſus.

Dudit tournant, continuant le long de la liſiere de ladite Forêt juſqu'à un coude ou angle ſortant, j'ai à la diſtance de ſoixante-dix-neuf perches retenu un arbre chêne de la groſſeur de trois pans, pour ſervir de pied cornier, que j'ai martelé & plaqué comme deſſus.

Dudit pied cornier j'ai ſuivi la liſiere de ladite Forêt juſqu'au bout de la liſſe par moi faite pour l'établiſſement de ladite vente, diſtant de cent dix-ſept perches, auquel lieu j'ai défigné un autre chêne de quatre pans de groffeur pour pied cornier, que j'ai martelé & plaqué comme deffus.

Allant enfuite le long de ladite liffe, j'ai marqué de mon Marteau quatre chênes; le premier, de la groffeur de deux pans; le fecond, de trois pans & demi; le troifiéme, de quatre pans; & le quatriéme, de trois pans, de cinquante en cinquante perches, pour fervir de parois, & trente-huit perches au-delà du dernier. A l'autre bout de la laye fur le bord du foffé qui fert de féparation à ladite Forêt, contre les Terres de la Bernaufe, j'ai martelé comme deffus un autre arbre chêne de quatre pans de groffeur pour fervir de pied cornier, & ai fait les plaquis & entailles néceffaires pour y appliquer le Marteau du Roi.

Et depuis ledit pied cornier jufqu'au premier de ladite vente, je n'en ai retenu ni martelé aucun, attendu que ladite vente eft fuffifamment défignée par le foffé, qui fert de féparation à ladite Forêt, d'avec lefdites Terres de la Bernaufe.

Duquel mefurage j'ai fait un plan & figure géométrique, auquel j'ai fait mention defdits pieds corniers, tournans & parois, & iceux mis & placés aux endroits qu'il appartient, pour être avec ces Préfentes remis au Greffe de ladite Maîtrife, dont & de tout ce que deffus j'ai fait & dreffé le préfent Procès-verbal, ayant vaqué deux jours, ce que je certifie véritable, & ai figné.

ARTICLE IV.

Du martelage & balivage des ventes.

APRÉS que l'Arpenteur a rapporté & mis au Greffe les Procès-verbaux des mesurages qu'il a faits des ventes, les Officiers doivent ensuite procéder au martelage & balivage ; & il est expressément défendu aux Marchands d'entrer en exploitation qu'auparavant les ventes n'ayent été martelées, à peine d'amende arbitraire. C'est la disposition des Ordonnances des années 1376, art. 22 & 26, 1388, art. 25, 1402, art. 25, & 1515, art. 42.

La premiere chose qu'il faut faire pour cela, est qu'au jour pris & assigné pour y procéder, les Officiers vont au Greffe de la Maîtrise, & y prennent le Marteau du Roi qui doit y être réservé dans un (a) étui fermant à trois clefs, & en font un acte qui se doit écrire sur le Registre du dépôt, conformément aux Ordonnances & Réglemens des Chambres des Réformations, & cet acte peut être conçu dans les termes qui suivent.

____

(a) Suivant l'Ordonnance de 1669, titre 2, art. 3, il est dit que dans la Chambre du Conseil il y aura un coffre fermant à trois clefs, pour y déposer le Marteau du Roi destiné à la marque des pieds corniers, parois, arbres de lisiere, baliveaux & autres de réserve ; & quand on va en campagne, il y a un étui fermant pareillement à trois clefs ; on remet le Marteau au Garde-Marteau qui en est chargé pendant la tournée, & en répond : & ce qui doit faire tenir la main au Maître Particulier, qu'à la fin de chaque opération le Marteau soit renfermé dans son étui à trois clefs.

Modele de l'Acte qui doit être expedié lorfqu'on tire le Marteau du Greffe pour procéder au martelage.

Aujourd'hui fixiéme jour du mois de Novembre 1667, Nous Louis de Froidour, Ecuyer, &c. ayant affigné à cedit jour les Officiers de la Maîtrife particuliere de Touloufe, pour procéder avec Nous au martelage & balivage des ventes ordinaires des Forêts en dépendantes, avons extrait du Greffe le Marteau du Roi à ce néceffaire, dont nous avons fait le préfent Acte que nous avons figné avec lefdits Officiers.

Et enfuite lorfqu'après l'affiette finie le Marteau fe rapporte au Greffe, on fait un autre Acte à la fuite du précédent pour fervir de décharge, en cette forme.

Modele de l'Acte de la remife du Marteau au Greffe.

Et le neuviéme jour du mois de Novembre 1667, ledit Marteau a été remis au Greffe, dont nous avons fait le préfent Acte pour fervir de décharge, que nous avons figné avec lefdits Officiers.

Tout autant de fois qu'on tire le Marteau du Greffe & qu'on l'y remet, il faut faire des Actes femblables à ceux ci-deffus; & fi au lieu du Commiffaire, les Officiers particuliers, en vertu de fa commiffion, procedent au martelage & balivage, il n'y aura qu'à changer les qualités. Mais pour fçavoir tout ce qu'il faut faire pour procéder au martelage & balivage, il faut auparavant entendre ce que fignifient ces termes. C'eſt ce que j'expliquerai dans deux petits points, après que dans un troiſiéme j'aurai dit tout ce qui eſt du Marteau.

PREMIER POINT.

Du Marteau dont on ſe ſert en fait de Forêts.

Le mot de martelage, ſans aucun contredit, ſuppoſe un Marteau ; & je ne doute pas que ceux qui ne ſont pas inſtruits des matieres des Forêts, ne ſoient en peine de ſçavoir à quel uſage ce Marteau peut être utile ; & comme je fais cette inſtruction pour des Officiers ou nouvellement établis, ou nouveaux en ces ſortes d'affaires, & pour toutes autres perſonnes indifféremment qui voudront s'en inſtruire, je dois dire ici beaucoup de choſes qu'il ſeroit inutile de dire dans les lieux où les Ordonnances ſur le fait des Forêts ont été connues & pratiquées. Je dirai donc quelle doit être la forme du Marteau dont on ſe ſert pour les Forêts, & j'expliquerai tout ce qui concerne l'uſage qu'on en doit faire.

Ce Marteau eſt taillant d'un côté comme une hache ou coignée, & ſert à entailler les arbres ; & pour parler aux termes dont nous nous ſommes ſervis ci-devant, il ſert à faire aux arbres les plaquis & miroirs ; & de l'autre côté il porte ou les Armes du Roi, ou les Armes des Grands Maîtres, & autres Officiers qui ont droit de porter des Armes, ou quelque marque qui leur eſt particuliere, pour en faire l'empreinte ſur ces plaquis, miroirs & entailles, felon que l'occafion le requiert. Tous les Officiers des Forêts , depuis le Grand Maître , & tel autre Officier que ce foit qui faffe fa fonction , jufqu'au moindre Garde & Sergent , peuvent avoir un Marteau marqué de leurs Armes , ou de telle autre marque que bon leur femble ; il feroit même fort à propos que tous en euffent un.

L'ufage de ce Marteau eft que lorfque tous ces Officiers vont en vifite dans les Forêts , & qu'ils trouvent des arbres coupés par délit , ils en marquent les fouches reftantes , pour faire voir par-là qu'ils ont fait leurs diligences & qu'ils ont exactement fait leurs vifites , de maniere qu'il ne s'eft fait aucun délit dont par les foins qu'ils ont pris , & par la vigilance qu'ils ont apportée à la confervation de leurs gardes , ils n'ayent eu connoiffance. Enfuite lorfque les Capitaines-Foreftiers vont en vifite de quinzaine en quinzaine , ou que les Maîtres Particuliers & les Grands Maîtres mêmes font les chevauchées qui leur font ordonnées pour connoître l'état des Forêts , & juger de la vigilance & de la conduite des Gardes par le bon ou le mauvais état auquel ils les trouvent , les Sergens & Gardes , & autres Officiers inférieurs , ne doivent pas être feulement en état de juftifier leur exactitude par la repréfentation des Regiftres dans lefquels leurs rapports font tranfcrits , mais même par la repréfentation de l'impreffion de leurs Marteaux aux fouches des arbres de délit ; & comme celui qui fait la vifite y applique auffi le fien , cela lui eft utile pour faire diftinction des anciens d'avec les nouveaux délits ,

lorfqu'il

lorfqu'il retourne faire de pareilles chevauchées. Les marteaux fervent encore à marquer le bois dérobé que les Officiers faififfent, auquel ils établiffent des Commiffaires ou des Sequeftres, pour parler aux termes de cette Province, afin qu'il ne puiffe pas être changé, & que lorfqu'il s'agit de le repréfenter, on ne rapporte pas un bois pour l'autre. Celui des Grands Maîtres, ou des autres Officiers qui font leur fonction, fert particulierement à la défignation ou affiette des ventes, lorfqu'ils y vaquent en perfonne ; auquel cas ils marquent les arbres qui doivent fervir de pieds corniers, afin qu'après les mefurages, après les adjudications, & en un mot en tel tems & occafion que bon leur femble, (a) ils puiffent à la reconnoiffance de leur marque, fçavoir s'il n'y a point eu de fraude ou changement de pieds corniers, pour changer, augmenter ou diminuer la vente ; & ce n'eft point de tous ces marteaux dont la confervation fe doit faire au Greffe, chacun des Officiers étant maître & difpofant du fien.

Les Arpenteurs qui font ordinairement employés au mefurage des ventes des Forêts, doivent auffi avoir un femblable marteau à leur marque ; parce que, comme nous l'avons remarqué en l'article du mefurage, les Ordonnances veulent qu'ils en mar-

(a) Il n'y a rien de fi incertain que la reconnoiffance d'une marque de marteau après quelques années. Comme les miroirs fe referment & fe recouvrent au bout de deux ans, on ne peut guéres reconnoître d'empreinte, à moins de la rouvrir : mais par les angles pris fur la face de l'arbre, on reconnoîtra aifément fi le pied cornier eft le véritable ; & comme il a plufieurs miroirs, il n'eft pas à préfumer que tant d'Officiers vouluffent fe compromettre en fe prêtant à la fraude.

Z

quent au pied les pieds corniers, tournans & parois ; apportant toutes ces précautions d'empreinte du marteau du Mesureur, de celui du Grand Maître, & de celui de la Maîtrise, pour empêcher les fraudes qui pourroient être faites par les uns ou par les autres, (*b*) qui seroient assurément beaucoup plus communes, si elles n'y avoient sagement pourvu comme elles ont fait. Cet usage n'est point pratiqué dans cette Province ; mais il faut l'y établir, & choisir des Arpenteurs (*c*) intelligens & capables de bien servir, qui soient ordinairement employés aux mesurages & recollemens des ventes des Forêts de chacune Maîtrise.

Les Marchands de bois Adjudicataires des ventes, leurs Clercs ou Gardes-ventes, doivent aussi avoir un semblable marteau (*d*) pour marquer tout le bois qui sort de leurs ventes, pour pouvoir faire distinction du bois qui en provient d'avec celui qui est dérobé ; de maniere que tout autant de bois qui se trouve sortir des Forêts sans cette marque est confisqué, avec les bêtes de voiture, harnois & charettes. Mais ce n'est point ce marteau, non plus

---

(*b*) Ce n'est pas, comme nous l'avons dit ci-dessus, toutes ces précautions qui peuvent empêcher la fraude, mais la probité des Arpenteurs lorsqu'ils font les remesurages, en ne s'entendant pas avec les Marchands ; ce qui est très-rare.

(*c*) Par le premier article du titre 11 de l'Ordonnance, il a été expressément dit qu'il seroit choisi deux Arpenteurs en chacun Bailliage ou Maîtrise, d'expérience & probité reconnue.

(*d*) C'est à quoi les Officiers doivent tenir la main très-sérieusement, en changeant les Gardes, & voyant par eux-mêmes si le bois qui sort de la Forêt est marqué du marteau du Marchand, & si le Voiturier a un Buletin du Marchand ou de son Garde-vente.

que ceux dont il eſt parlé ci-deſſus, qui doit être réſervé au Greffe de la Maîtriſe.

Celui dont eſt queſtion eſt appellé marteau du Roi, parce qu'il porte les Armes du Roi ; ou marteau de la Maîtriſe, parce qu'il doit y être religieuſement gardé dans le Greffe en un étui fermant à trois clefs, dont l'une eſt entre les mains du Maître particulier, l'autre entre les mains du Procureur du Roi, & la troiſiéme entre les mains du Garde-marteau ; & lorſqu'on le tranſporte pour le martelage, pour le balivage, & pour tous les autres beſoins, c'eſt le Garde-marteau qui le tient & qui en demeure le gardien juſqu'à ce que l'on retourne en la Ville où la Maîtriſe eſt établie, pour le remettre au Greffe.

Cet Office de Garde-marteau étoit anciennement exercé par les Verdiers, Gruyers, Segrayers, Verduriers, Châtelains, Concierges, Foreſtiers, Maîtres Sergens, ou Maîtres Gardes, qui avoient même pouvoir de juger juſqu'à ſoixante ſols : mais par un Edit Burſal du mois de Janvier 1583, il fut créé & a été établi dans toutes les Maîtriſes du département de la grande Maîtriſe de l'Iſle de France, Brie, Perche, Picardie, & Pays reconquis, comme je l'ai vu moi-même, aucuns poſſédans les Offices de Garde-marteau & Gruyers ſéparément, & d'autres les ayant unis. La même choſe fut faite en Normandie ; mais j'ai appris que comme lors de l'enregiſtrement de l'Edit, le Parlement ordonna que tous les ans & à toutes occaſions qui ſe préſenteroient, remontrances ſeroient faites au

Roi, à ce qu’il plût à Sa Majesté le révoquer comme dommageable à ses Forêts & au Public. Cet Office a été supprimé en cette Province par Edit vérifié au Parlement en 1604. (e)

Pour ce qui est de la grande Maîtrise de Toulouse, elle n’a pas connu cet Office, & les Capitaines Forestiers n’en ont jamais fait aucune fonction : je n’estime pas même qu’il y ait lieu de leur donner la garde de ce marteau, parce que comme en chacune Maîtrise il y a plusieurs Forêts & plusieurs Capitaines Forestiers, lesquels ayant leurs demeures proche des Forêts de leurs Capitaineries, ne peuvent pas commodément se rendre à la Ville où le Siége de la Maîtrise est établi, lorsqu’il faut le rendre pour s’en servir ; & comme d’ailleurs il faudroit avoir différens marteaux, différens étuis, & des clefs à proportion, ce qui ne se peut ni ne se doit point faire, il me semble qu’il seroit plus à propos que la (f) troisiéme fût donnée au Lieutenant de la Maîtrise : mais jusqu’à ce que le Roi ait expliqué sa volonté sur ce point, elle pourra demeurer entre les mains du Greffier. Mais quoi qu’il en soit, il faut conclure que ce marteau sert à marquer les arbres qui se coupent par pieds d’arbres quand on en établit quelques ventes : il sert à marquer les bois chablis & autres menus marchés ; & il sert encore

____

(e) Mais depuis par Edit donné au mois de Mai 1708, portant création d’alternatifs & réunions à ceux établis en 1597, ils ont été rétablis.

(f) Par l’article 3 du titre 2 de l’Ordonnance de 1669, il est dit qu’en cas d’absence du Maître particulier, le Lieutenant aura sa clef du marteau du Roi.

particulierement pour marquer les pieds corniers ,
tournans & parois , & c'eſt ce qui fait le martelage.
Il ſert auſſi à marquer les baliveaux, & c'eſt ce qui
s'appelle balivage, dont il eſt queſtion de parler.

D E U X I É M E P O I N T.

Du Martelage.

Le martelage eſt l'application ou empreinte qui
ſe fait du marteau aux plaquis , miroirs & entailles faites par le Meſureur, ou s'il avoit omis de
les faire , qui doivent être faites aux arbres retenus
& déſignés pour ſervir de pieds corniers, tournans
& parois des ventes, en telle ſorte que les pieds
corniers & tournans ſoient martelés chacun de ſix
coups de marteau aux faces, dont trois regardent la
ligne qui eſt à droite, & qui conduit à un autre arbre, pied cornier ou tournant ; & ces martelages,
applications ou empreintes de marteau doivent être
ſitués en telle maniere qu'au pied de l'arbre doit
être appliqué le marteau de l'Arpenteur , au milieu
celui du Roi, appellé de la Maîtriſe , & au-deſſus
celui du Grand Maître , ou autre Commiſſaire ; &
les parois doivent être ſeulement marqués du marteau de l'Arpenteur, à ce que prétend Chaufour : (a)
mais j'ai toujours vu pratiquer le contraire , & qu'on
y applique le marteau du Roi ; & pour ne point
laiſſer de difficulté en ce point, afin que les Officiers

____

(a) Chap. 13, art. 13 , & ce ſuivant l'Ordonnance de François premier du 22 Mars 1516.

fçachent ce qu'ils doivent faire, (*b*) je fuis d'avis que l'Arpenteur marque plufieurs parois, pour d'autant mieux défigner & donner à connoître la laye de la vente ; mais que les Officiers en marquent un ou deux du marteau du Roi, dont ils feront mention par leur Procès-verbal, & ce en la maniere qu'il eft marqué aux figures ci-jointes.

On appelle encore martelage une maniere de marquer les arbres lorfqu'on fait des coupes par pieds d'arbres; par exemple, lorfque les taillis étant furchargés d'un trop grand nombre de baliveaux, on trouve à propos d'en abbatre certaine quantité réglée à mefure & dans le tems même que les taillis fe coupent; (*c*) ou bien lorfqu'on fait des coupes pour les bâtimens du Roi : auquel cas on marque au pied d'un coup de marteau du Roi & de la Maîtrife les arbres qui doivent être coupés, & on dreffe Procès-verbal du nombre & de la qualité de ceux que l'on marque pour cet effet. La raifon pour laquelle on en ufe de la forte, eft premierement, qu'il eft néceffaire que le Marchand fçache ce qu'on lui vend, & pour cela on lui indique & on lui défigne

(*b*) Par l'art. 3 du titre 2 de l'Ordonnance de 1669, il eft dit que tous les arbres de lifiere, pieds corniers & parois feront marqués du marteau du Roi.

(*c*) C'eft ce qu'on appelle chez les gens de main-morte chauffage & indemnité.

Chauffage, parce que, comme je l'ai obfervé dans la premiere partie, les bois des Communautés ayant été portés à 25 ans, on leur a accordé quelques chênes pour fubvenir à leur chauffage. Indemnité, parce que comme ils vendoient davantage d'arpens de taillis, on leur a accordé aux uns une certaine quantité d'arbres à couper par arpent, & à d'autres tous ceux au-deffus de 40 ans, pour les indemnifer du reculement de leurs coupes.

Figure d'un Parois
ou Balliveau.

Figure d'un Pied Cornier
ou d'un Tournant.

les arbres de la vente par cette marque qu'on y applique : en second lieu, c'est afin qu'il ne commette aucun abus en la coupe ; qu'après l'exploitation de sa vente, il soit obligé de repréſenter à tous les arbres qui ſe trouveront abbatus l'empreinte du marteau, & que faute de cela, il soit condamné en amende & reſtitution ſuivant l'Ordonnance, pour les arbres coupés qui ne ſe trouveront point marqués. (d) Je ne mets point ici de figure pour marquer l'endroit où cette empreinte doit être faite, parce qu'il ſuffit de dire qu'elle doit être faite au pied, & le plus bas qu'il ſe peut, de façon que l'arbre étant abbatu, la marque puiſſe demeurer, ou plutôt qu'elle doit être placée à l'endroit où le marteau (e) du Meſureur doit être mis aux pieds corniers & tournans.

TROISIÉME POINT.

Du Balivage.

Le balivage eſt une choſe fort différente du martelage ; mais parce que pour le faire il faut ſe ſervir du marteau, & parce qu'on le fait ordinairement en même-tems que le martelage, & qu'on ne dreſſe qu'un Procès-verbal de l'un & de l'autre, c'eſt

(d) Voir celle de 1669, titre 32, art. premier.
(e) Il ne faut pas les marquer à cet endroit, mais à la patte le plus bas de terre que l'on peut, ſur une racine même, de façon que l'on puiſſe les abbatre raz de terre, ſuivant l'art. 42 du titre 15 de ladite Ordonnance ; cependant les marquer de côté ſur un endroit où les Voitures en vuidant la vente ne puiſſent endommager la marque, & qu'on puiſſe la trouver au recollement.
Voyez la troiſiéme figure où je l'ai fait ajouter.

pour cela que j'ai parlé de l'un & de l'autre dans le même article. Mais pour expliquer ce que c'est que balivage, il faut remarquer qu'il ne se doit faire aucune vente de bois, soit de taillis, soit de haute-futaye, qu'on ne fasse la réserve des baliveaux. Je n'userai point de redite pour expliquer ici au long les raisons de cette réserve, après l'avoir fait dans la premiere partie de cette Instruction; mais en deux mots je dirai que dans les ventes de haute-futaye, comme les racines des anciens arbres n'ont point assez de séve & de vigueur pour repousser de nouveaux rejets, on a établi la retention des baliveaux, afin que par le fruit & la semence qui en tombe les ventes puissent se repeupler. Dans les ventes de taillis, cette même retention est établie pour les repeupler de futaye. Or comme pour cela il faut choisir les arbres les plus vigoureux & les mieux venans, pour ne point laisser ce choix à la discrétion des Marchands, qui sans doute ne manqueroient pas d'en abuser, parce qu'ils ne considerent que leur profit; & pour ne point aussi tomber dans l'inconvénient des compositions que les Officiers pourroient faire avec eux, les Ordonnances des Rois François premier de l'année 1523, & Charles IX. de l'année 1573, y ont pourvu en cette maniere. Qu'en toutes les ventes qui se feront aux bois des Forêts du Roi, les baliveaux seront marqués & martelés, bien & dûement arrêtés, bons & convenables pour la repopulation d'icelles, premier qu'adjuger lesdites ventes, sans après les changer ou muer, sur peine aux Verdiers & autres Officiers qui feront le contraire

traire, de privation de leurs Etats & Offices, d'amende arbitraire, & de tenir prison à la discrétion de Justice, & de rendre le Roi indemne du dommage qu'il pourroit avoir pour raison desdites fautes & abus, & aux Marchands de perdre le bois desdites ventes, d'amende arbitraire & de prison, & de rendre, payer & satisfaire tous les intérêts & dommages : ce sont les termes de ces Ordonnances ; à quoi j'ajouterai que le martelage qui se fait de ces arbres ainsi réservés, ou pour parler plus intelligiblement, l'application & l'empreinte qui se fait du marteau à chacun de ces arbres qui sont choisis pour baliveaux, est proprement ce qui s'appelle balivage. Cette empreinte se met à la face de l'arbre à trois ou quatre pieds de hauteur du rez-de-terre, afin qu'elle soit en vue des Bucherons qui sont employés dans la coupe, & qu'à la voir ils sçachent que ces arbres ne doivent point être abbatus, & elle se fait avec le marteau du Roi, gardé au Greffe de la Maîtrise. Je ne mets point ici de figure pour faire voir cette maniere de martelage, estimant qu'il suffit de dire qu'il se fait de même que celui des parois.

Cette réserve de baliveaux est tellement requise, que si les Officiers procédant à l'adjudication des ventes avoient omis de la faire, elle est toujours sous-entendue, & non-seulement eux en sont tenus & punis d'amende pour leur négligence, mais même les Marchands qui en ont indûement profité en sont responsables, & tenus de la restitution, de même que si la retention en avoit été effectivement faite,

A a

& que si par clause expresse de la vente ils avoient été chargés de les laisser pour les représenter à la fin de l'exploitation, sans qu'ils puissent s'excuser sur les Officiers : c'est la disposition des Ordonnances du Roi Charles V. de l'année 1376, art. 21, Charles VI. de l'année 1402, art. 20, François I. de l'année 1515, art. 37, Janvier 1518, art. 3, & Février 1554, art. 22. (a)

Il est vrai qu'il y a des occasions où on ne peut point faire de réserve de baliveaux, par exemple, quand les futayes sont si anciennes qu'il ne s'y trouve aucun arbre qui puisse être propre à cet usage, ou bien quand les ventes sont dégradées & abrouties à tel excès, ou incendiées, de maniere qu'il ne s'y trouve aucun arbre qui puisse venir à profit. Tout ce que j'estime qu'en ce cas les Officiers peuvent faire, est de dresser un exact Procès-verbal de l'état de la vente, qui contiendra qu'ils n'y ont trouvé aucuns arbres propres pour être réservés, & d'inserer dans le cahier des charges & dans l'adjudication même une clause par laquelle les Marchands en seront déchargés, afin qu'il paroisse qu'on s'est mis en devoir de satisfaire aux Ordonnances.

Pour ce qui est du nombre des baliveaux, les anciennes Ordonnances l'ont fixé à huit ou dix par arpent ; mais ce nombre n'étant pas suffisant pour le repeuplement des Forêts, on ne peut pas en laisser

(a) 24 Septembre 1563, & Réglemens des 4 Mai 1602, premier Avril & premier Mai 1666, & l'art. premier du titre 26 de l'Ordonnance de 1669, portant réserve de seize baliveaux par arpent de taillis, & de dix par arpent de futaye.

moins que feize par arpent ; & comme par le Réglement qu'on a fait des coupes de chacune Forêt,
on a réglé la quantité qui s'en doit laiffer, il n'y a
point d'autre avertiffement à donner aux Officiers
en ce regard, finon qu'il faut fuivre ce qui eft porté
par les Réglemens. (a)

J'ajouterai encore un mot à ce que j'ai dit dans la
premiere Partie touchant l'effence & la qualité des
arbres, que le chêne eft la meilleure efpéce, & que
tout autant qu'on le peut prendre fur brin, c'eft le
plus avantageux ; & à défaut de ce bois, qu'on peut
prendre pour baliveaux la meilleure efpéce de bois
dont la Forêt fe trouve plantée.

Je dirai de plus, que quand il eft dit par les Ordonnances qu'il faut réferver huit baliveaux par arpent
de l'âge du bois, outre les anciens, cela ne fe doit
point entendre des hautes futayes, la coupe defquelles étant réglée à l'âge de cent ans, il fe trouve
que les baliveaux que l'on y a laiffés lors de la
coupe précédente ayant atteint l'âge de deux cens
ans, font fans contredit en état d'être coupés ; il
fuffit à chaque coupe qui fe fait des ventes de futaye
de laiffer la quantité de baliveaux requis ; & je ré-
péte encore qu'il faut les bien choifir, & prendre
des arbres biens venans & vigoureux, non-feulement pour peupler les ventes par leurs femences,
mais encore parce que le bois de futaye de cent

(a) Comme pour tous les Gens de main-morte il y a des Réglemens en conféquence de ceux qui avoient été faits pour le Roi, j'eftime qu'il feroit à propos d'en faire un nouveau qui ordonnât qu'il en
feroit de même pour les Seigneurs, & qu'ils feroient tenus de laiffer
également 25 baliveaux.

ans ne produifant pas ordinairement des bois propres pour les grands bâtimens & pour les grands
ouvrages, c'eſt un moyen de pourvoir à la néceſſité
qu'on en peut avoir, que de réferver des arbres
bien venans, & de les laiſſer croître juſqu'à deux cens
ans, auquel âge ils ſont bons pour toutes ſortes de
grands ouvrages.

Dans les taillis il en eſt autrement; il faut, outre
ces baliveaux de l'âge du bois que l'on coupe, laiſ-
fer les modernes & les anciens juſqu'à ce qu'ils
ayent atteint l'âge de haute-futaye pour pouvoir
être coupés. On ſuivra en ce cas le Réglement, &
on coupera la quantité qu'il ordonne d'en couper.
Si le Réglement n'y a point pourvu, on aura recours
aux Lettres Patentes que l'on fera vérifier pour en
faire la vente, afin que les taillis étant déchargés de
la trop grande quantité d'arbres dont ils pourroient
être offuſqués, ſoient toujours entretenus en état de
taillis, & qu'ils puiſſent auſſi par la réferve des baliveaux produire des futayes.

Je prévois une difficulté qui ſe trouve dans l'exécution du balivage, ou pour parler autrement, du
martelage des baliveaux dans les bois taillis, leſquels ordinairement ſont ſi épais, qu'on ne peut pas
y entrer pour y faire choix des arbres qui peuvent
ſervir à cet uſage, & pour les marteler. Je dois
avertir les Officiers, que pour ce qui eſt des futayes,
rien ne peut les diſpenſer de faire le choix, le martelage & la réferve des baliveaux avant l'adjudication, & d'en inferer la clauſe dans le cahier des
charges, parce qu'il n'y a point de futaye dans

laquelle on ne puiſſe marcher commodément. Mais pour ce qui eſt des taillis, je demeure d'accord qu'en effet il eſt très-difficile d'obſerver ce qui eſt porté par les Ordonnances que j'ai ci-deſſus remarquées, & je ne l'ai pas même vû pratiquer en aucune Forêt. (a) Tout ce que j'ai vû faire, eſt que par le cahier des charges des ventes de ces bois, on oblige l'Adjudicataire à laiſſer par arpent 10, 15, 20, ou plus grand nombre de baliveaux chênes ſur brins, & à défaut de chênes, d'autres bons bois, les plus droits, les mieux venans & les plus forts, de l'âge du taillis, outre les modernes & les anciens ; à l'exécution de

(a) Lorſque des Officiers vont faire le martelage & balivage des taillis, ſi c'eſt pour les Bois du Roi, ils ne doivent guéres ſe repoſer ſur le Marchand, comme Monſieur de Froidour l'a obſervé dans le … il faut abſolument y procéder. Tout ce que je penſe qu'ils puiſſent faire, c'eſt d'avoir deux ou trois Bucherons qui marchent devant eux, & coupent les ronces & les épines, ainſi que quelques branches, ce que l'on appelle en termes de Bucherons, tous les ramiers ; & d'ordonner au Garde du canton qu'on ne prenne pas ces brouſſailles qui doivent appartenir encore aux Marchands. Cela fera que le Marchand ſçaura ce qu'il achetera.

Si c'eſt dans des Bois communaux, ils peuvent ordonner de faire éhouſſer, c'eſt-à-dire abbatre tous les menus bois, & bois blancs ſur-tout. Après ils feront faire leur matelage & balivage, & délivrance, & pourront mieux eſpacer leurs baliveaux, & délivrer auſſi plus avantageuſement, pour le nétoyement de la vente, les anciens qui ſeront ordonnés être délivrés : c'eſt ce que j'ai ſouvent fait pratiquer. Mais tous les Bois, ſoit du Roi, ſoit des Gens de Main-morte, étant actuellement à vingt-cinq ans, il n'y aura plus d'inconvénient, & rien ne pourra empêcher qu'on ne puiſſe procéder à un très beau balivage & martelage. Des Officiers prudens doivent d'abord contourner une vente, pour ſçavoir mieux diriger leur opération ; ils doivent auſſi la traverſer en toutes ſes parties : c'eſt à cette intention que l'on a dit lors des layes des Arpenteurs, qu'elles pourroient être de trois pieds de large, & il n'eſt preſque point de vente qui n'en ait quelques-unes outre celles-là, ſoit anciennes, ſoit nouvelles, ſervant de vuidanges.

laquelle claufe les Gruyers, Verdiers, Capitaines Foreftiers, & autres femblables Officiers & Gardes font obligés de tenir la main; de maniere qu'après que l'Adjudicataire a fait abbatre tout le menu bois, les Officiers vont vifiter fa vente, & retiennent & marquent de leur marteau la quantité requife de baliveaux, dont ils rapportent au Greffe de la Maîtrife leurs Procès - verbaux; auquel cas le balivage eft différent du martelage, & il faut faire deux Procès-verbaux différens.

Mais pour marquer ce que les Officiers doivent faire en l'une & l'autre occafion, j'ajouterai à tout ce que j'ai dit ci-deffus, que les Officiers en général font tenus de dreffer un Procès-verbal du marte-lage & balivage qu'ils auront fait, dans lequel ils doivent énoncer l'effence, la qualité & la groffeur des pieds corniers, tournans & parois qu'ils auront réfervés, de combien de coups de marteau ils les auront marqués, & la diftance qu'il y a de l'un à l'autre. Ils doivent enfuite rapporter la quantité de baliveaux qu'ils auront martelés, leur effence & groffeur; (*b*)

(*b*) Il feroit bien difficile de marquer les groffeurs de tous les baliveaux que l'on réferve; il eft plus fimple de faire une diftinction de la marque. La Maîtrife de Vitry-le-François, qui eft une de celles où on opere le mieux, a trois marteaux, un pour les anciens, un pour les modernes, & un pour les baliveaux. Cette multiplicité de marteaux a beaucoup d'inconvéniens. Je n'ai rien trouvé de mieux que de marquer les anciens & modernes à deux pieds de terre, & les baliveaux de l'âge à hauteur du poignet: pour lors on voit ce qui manque; & par le cahier on dit que l'amende fera égale pour les anciens & modernes; & depuis je n'ai pas trouvé qu'on eût ofé abbatre aucuns anciens ni modernes, la marque fe trouvant très-apparente pour le Bucheron, qui ne peut en fe baiffant pour abbatre, manquer de voir l'empreinte du marteau du Roi.

& ce Procès-verbal dans les Maîtrises où les Gardes-Marteaux font établis, doit être tranfcrit dans leur regiftre, & figné de tous les Officiers, le Garde-Marteau étant refponfable de tous les martelages qui fe font, & devant en rendre compte, fuivant l'Ordonnance du Roi Henri III. de l'année 1583, art. 23. Voici le modele du Procès-verbal.

Formule du Procès-verbal de martelage & balivage.

L'an 1667, & le fixiéme jour du mois de Novembre, pardevant Nous Louis de Froidour, &c. s'eft préfenté le Procureur du Roi en la Maîtrife particuliere des Eaux & Forêts de Touloufe, qui nous a dit & remontré, qu'ayant fait l'affiette de la vente ordinaire de la Forêt de Montech, qui eft à délivrer en la préfente année, pour être exploitée en la prochaine que l'on dira 1668, François Rey, Arpenteur Juré, demeurant à l'Ifle-Jourdain, en auroit en conféquence, & en vertu de notre Commiffion, fait le mefurage, & y procédant, auroit arrêté plufieurs pieds corniers, tournans & parois, ainfi qu'il réfulte du Procès-verbal qu'il en a remis au Greffe de ladite Maîtrife; requerant à ces caufes qu'il nous plût nous tranfporter en ladite Forêt, pour y procéder au martelage defdits arbres, & même pour faire le choix & le martelage des baliveaux qui doivent être réfervés en ladite vente: fur laquelle requifition faifant droit; Nous, après avoir fait extraire du Greffe le marteau de ladite Maîtrife, fuivant l'acte que nous en avons fait expédier fur le regiftre du dépôt, en date de cejourd'hui, affifté de Mᵉ. Jean Courdurier, Maître particulier, dudit Procureur du Roi, (a) & de Mᵉ. Pierre Cafes Greffier, nous fommes tranfportés en ladite Forêt, en laquelle en même-tems Mᵉ. Michel Mazade, Capitaine Foreftier, s'étant rendu avec Jean Rolland, Pierre Agand & Pierre Delport, Sergens-Gardes d'icelle, nous nous fommes fait conduire au triaige appellé Boutanelle, auquel ladite vente a été affife & mefurée, & étant paffés jufqu'au bord de ladite Forêt du côté qu'elle confronte les terres de la Bernaufe, nous avons trouvé un arbre chêne de trois pans de groffeur, que nous avons reconnu à l'empreinte de notre marteau être celui que nous avions défigné lors de ladite affiette pour premier pied cornier, auquel arbre nous avons fait appliquer le marteau du Roi aux deux faces, l'une regardant l'occident, & l'autre l'orient, & fait faire une feconde empreinte de notre marteau.

Et allant enfuite dudit arbre vers l'occident, le long de la liffe qui fépare la vente de ladite année prochaine de celle de la préfente année, jufqu'au bord de ladite Forêt qui confronte les terres dudit Montech, Nous avons trouvé un autre arbre chêne de pareille groffeur, & diftant du précédent de deux cens perches, lequel à la marque de notre marteau Nous avons reconnu être le fecond pied cornier par nous défigné lors de ladite

(a) Aux Maîtrifes où les Gardes-Marteaux font établis, il faut faire mention d'eux en ce Procès-verbal, & généralement des autres Officiers qui affiftent au martelage & balivage.

Il y a actuellement des Gardes-Marteaux dans toutes les Maîtrifes royales.

affiette,

affiette, auquel nous avons pareillement fait appliquer deux coups dudit marteau du Roi, l'un à la
face qui regarde le précédent, & l'autre à la face
qui regarde à main droite, & un second coup du
nôtre.

Dudit pied cornier, suivant la lisiere de ladite
Forêt, la longueur de quatre-vingt perches, nous
avons trouvé un autre arbre chêne de cinq pans de
tour, désigné par ledit Arpenteur pour tournant,
lequel nous avons fait marquer de deux coups dudit
marteau du Roi, & de deux coups du nôtre.

Avançant ensuite depuis ledit tournant, le long
de la lisiere de ladite Forêt, la longueur de soixante-
dix-neuf perches, Nous avons trouvé un autre arbre
chêne de la grosseur de trois pans, désigné par
l'Arpenteur pour pied cornier, lequel Nous avons
pareillement fait marteler de deux coups de marteau du Roi, & de deux coups du nôtre.

Tournant ensuite à main droite, & marchant
le long de la lisse faite par ledit Arpenteur, pour
distinguer ladite vente d'avec les autres Bois de ladite Forêt, Nous avons trouvé à la distance de cinquante perches dudit pied cornier, un autre arbre
chêne servant de parois.

Plus, cinquante perches plus avant, un autre
chêne de trois pans & demi.

Plus, cinquante perches au-delà, un autre chêne
de quatre pans de tour.

Plus, cinquante autres perches au-delà, un autre
chêne de quatre pans de tour, servant aussi de parois, à chacun desquels nous avons fait appliquer

un coup dudit marteau du Roi à la face qui regarde ladite vente.

Et étant au bout de ladite lisse , trente-huit perches plus avant que le dernier desdits parois, Nous avons trouvé un autre arbre chêne de quatre pans de tour, désigné pour pied cornier, auquel comme desfus Nous avons fait appliquer deux coups dudit marteau du Roi , & deux du nôtre.

Cela fait, sur la requisition du Procureur du Roi, Nous sommes, assistés comme dessus, entrés en ladite vente , pour proceder au choix & martelage des baliveaux à réserver en icelle ; & l'ayant pour cet effet vue , visitée & parcourue de toutes parts, Nous avons trouvé qu'elle étoit en si mauvais état , & que le bois étoit si mal venant & rabougri à tel excès , à cause des délits & abroutissemens qui y ont été faits, que nous n'y avons trouvé aucun arbre propre pour servir de baliveaux ; pourquoi, du consentement dudit Procureur du Roi, & de l'avis desdits Officiers, Nous avons ordonné qu'il n'en seroit fait aucune réserve ; dont & de tout ce que dessus, nous avons fait le présent Procès-verbal, que Nous avons signé & fait signer par lesdits Officiers les jour & an susdits.

Si le Maître particulier fait le martelage & balivage, il n'aura autre chose à changer au modele ci-dessus que les qualités.

Si la vente se trouve assise en bois de haute-futaye , pillée & dégradée avec excès, ou si ancienne, qu'il n'y ait aucun arbre propre pour servir de baliveaux, il n'y aura encore autre chose à changer au modele ci-dessus que la qualité du bois dont il s'agira.

Si au contraire elle se trouve assise en une bonne futaye où l'on puisse commodément trouver des baliveaux pour réserver, on en dressera le Procès-verbal en la maniere suivante, à la fin de celui du martelage des pieds corniers, tournans & parois.

Cela fait, sur la requisition dudit Procureur du Roi, Nous sommes, assistés que dessus, entrés en ladite vente, & y avons choisi & retenu pour baliveaux tous les arbres suivans.

Premierement, (*a*) un chêne de six pans de tour.

Un chêne de cinq pans de tour.

Un autre chêne de trois pans & demi de tour.

Un arbre fau de six pans de tour.

Un autre chêne de cinq pans.

(*a*) En plusieurs Maîtrises on a coutume d'en user de la sorte, & de faire le dénombrement de tous les baliveaux arbre par arbre : en d'autres on se contente d'en déclarer le nombre en général. Suivant Monsieur de Froidour, le dénombrement des baliveaux arbre par arbre est plus conforme à l'esprit des Ordonnances, parce qu'il est moins abusif; c'est pourquoi il estime qu'il faut l'observer. Cependant, comme j'ai remarqué ci-dessus, l'amende pour baliveaux ayant été prescrite par l'Ordonnance de 1669, titre 32, art. 4, à 50 livres, quand les bois sont au dessus de vingt ans, & à 10 livres au-dessous, je ne vois rien qui oblige les Officiers à en faire le dénombrement arbre par arbre, puisqu'il suffit qu'il y ait été choisi pour baliveaux, pour qu'en l'abbatant le Marchand encoure l'amende prononcée par les Ordonnances, soit celle de 50 livres, soit celle de 10 livres.

De même que si l'Adjudicataire sçachant la bonté d'un arbre le coupoit, persuadé qu'il ne payeroit pas plus que l'amende prononcée par l'Ordonnance.

Les Officiers doivent s'instruire très-férieusement de l'utilité à quoi peut être le bois d'un pays, & en rendre un fidele compte à leur Grand Maître, qui, en en instruisant le Maître, peut faire le bien du Roi, auquel tous, malgré la discussion qui est dans toutes les Maîtrises, doivent se faire un devoir de concourir.

Bb ij

Et ainsi du reste jusqu'à l'entiere déclaration de tous les arbres qui auront été retenus ; & à la fin il sera ajouté :

Tous lesquels arbres Nous avons fait marteler d'un coup du marteau du Roi en face , pour être représentés à la reddition de la vente par le Marchand adjudicataire d'icelle, à peine de payer pour chacun de ceux qui auront été abbatus, les amendes & restitutions portées par les Ordonnances & Réglemens particuliers de ladite Maîtrise; dont & de tout ce que dessus Nous avons dressé le présent Procès-verbal.

Si la vente se trouve assise en bois taillis si touffu & épais , qu'on ne puisse pas y entrer pour y faire le balivage, on en dressera l'Acte en la forme suivante.

Cela fait , sur la requisition du Procureur du Roi, Nous nous sommes mis en devoir d'entrer en ladite vente, pour y faire le choix & le martelage des baliveaux à réserver ; mais nous avons trouvé le taillis tellement touffu & épais, qu'il nous a été impossible d'y entrer; pourquoi Nous avons ordonné que ladite vente sera adjugée , à la charge que l'Adjudicataire d'icelle sera tenu, outre les anciens & modernes baliveaux , de réserver encore (a) vingt baliveaux chênes & sur brin , des mieux venans & des plus forts, de l'âge du taillis; & enjoint au Capitaine

_____

(a) Nous avons déja observé l'inconvénient de cette injonction : une autre réflexion, c'est qu'un Bucheron habile abbatant une rachée raze-terre, la souche paroîtra d'un ancien, & le Marchand aura encouru l'amende au pied le tour.

Foreſtier & Gardes de ladite Forêt d'y tenir la main, à peine d'amende arbitraire, de tous dépens, dommages & intérêts, & de privation de leurs Offices; dont & de tout , &c.

A R T I C L E V.

Des publications des ventes.

INCONTINENT après que le Grand Maître , ou tel autre Commiſſaire que ce ſoit , a fait l'aſſiette, le meſurage , le martelage & le balivage des ventes , ou que les Officiers de la Maîtriſe particuliere, en vertu de ſa Commiſſion, y ont procedé, ſur l'avis qu'ils ſont tenus de lui en donner au plutôt , il déſigne le jour auquel il prétend en faire l'adjudication, ce qui s'appelle termer les ventes ; ou bien ſi leur Commiſſion porte auſſi pouvoir de faire l'adjudication , ils déſignent eux-mêmes tel jour que bon leur ſemble pour y proceder, & en font faire les publications néceſſaires.

Ces publications ſont les annonces publiques , qui ſe font pour faire connoître à tout le monde, qu'à certain jour , lieu & heure, les bois du Roi ſe vendront, afin que les Marchands qui voudront les encherir en ſoient dûement avertis.

Elles doivent être faites premierement en la Ville où le Siége de la Table de Marbre eſt établi, pourvu qu'elle ne ſoit point trop éloignée des Forêts dont les coupes ſont en vente ; en la Ville où eſt le

Siége de la Maîtrise, dans le reſſort de laquelle les Forêts ſont aſſiſes; & en toutes les Villes, Bourgs & Villages qui ſont voiſins des Forêts dont on vend les coupes, ou dans leſquelles le bois qui en provient ſe débite.

En ſecond lieu, elles doivent être faites à cris publics, ſon de trompe, de tambour, ou autrement, à divers jours de marchés, aux Places publiques, & à jours de Dimanches ou Fêtes, aux Prônes des Meſſes Paroiſſiales, ou à l'iſſue, lorſqu'au ſortir de l'Egliſe le peuple eſt aſſemblé dans le parvis.

En troiſiéme lieu, elles doivent être faites par appoſitions d'affiches aux poteaux & autres endroits accoutumés, comme ſont les portes des Egliſes, des Palais & Siéges de Juſtice, ou Hôtels de Villes, & Piliers des Halles.

En quatriéme lieu, elles doivent être faites par les Sergens-Gardes des Forêts, ou autres.

Et enfin elles doivent être faites un mois, trois ſemaines, (*a*) ou quinzaine au moins auparavant le jour de l'adjudication, afin que les Marchands qui voudront encherir les ventes ayent le tems de les aller viſiter & de les reconnoître.

L'affiche qui s'expédie pour cela doit contenir le nom du (*b*) Commiſſaire qui fera l'adjudication, le

---

(*a*) Ou quinzaine au moins.

Par l'article 19 du titre 15 de l'Ordonnance de 1669, il eſt expreſſément dit, qu'il y aura au moins huitaine franche entre la derniere publication & l'adjudication.

(*b*) Du Commiſſaire.

Lorſque le Grand Maître a une fois commis les Officiers de la Maîtriſe pour faire les adjudications, s'il a commis pour l'exécution dudit

jour & heure aufquels elle fera faite, & le (c) lieu, qui, fuivant les Ordonnances & Réglemens, doit être le Siége de la Jurifdiction ordinaire de chacune Maîtrife, ou celui de la Table de Marbre, & la quantité & qualité du bois de la vente. En voici le modele.

Formule de l'affiche pour la publication des ventes.

DE PAR LE ROI,

Et de par Nous Louis de Froidour, Ecuyer, Seigneur de Serify, Confeiller du Roi en fes Confeils,

Arrêt, l'affiche doit contenir le nom du Maître particulier, du nom duquel tous Actes, Sentences & Ordonnances doivent être intitulés, & il doit être fait mention de l'Ordonnance du Grand Maître, conformément à l'Arrêt du Parlement de Paris, rendu pour la Maîtrife de Vierzon, du 26 Juillet 1706.

(c) Le lieu. Suivant l'art. 3 dudit tit. 15 de l'Ordonnance de 1669, toutes les adjudications des bois du Roi, foit futaye ou taillis, doivent être faites dans les Auditoires où fe tient la Juftice ordinaire des Eaux & Forêts, & ne le peuvent être ailleurs, à peine de nullité, & de dix mille livres d'amende contre ceux qui y auront contrevenu. Par Arrêt du 24 Novembre 1699, Monfieur de Bruillevert, Grand Maître des Eaux & Forêts de Paris, ayant vendu quatre-vingt arpens de futaye de la réferve de Barbeau, hors du Siége de la Maîtrife de Fontainebleau, dans le reffort de laquelle les bois font fitués, ladite vente fut caffée & annullée, avec défenfes audit Sieur Grand Maître de faire à l'avenir aucune vente de bois ailleurs qu'aux Siéges des Maîtrifes dans le reffort defquelles les bois font fitués, & autrement qu'en préfence des Officiers d'icelles, & avec les formalités prefcrites par les Ordonnances.

Pareil Arrêt a été rendu le 11 Mai 1706 contre le Sieur Ferrand, Grand Maître des Eaux & Forêts de Caen, pour la vente des bois de futaye de l'Evêché d'Avranches, reffort de la Maîtrife de Valognes, Sa Majefté ayant ordonné que toutes les piéces juftificatives de l'emploi du prix des bois feroient dépofées au Greffe de ladite Maîtrife, & commis les Officiers pour proceder au recollement & exécution de ladite adjudication.

Préſident & Lieutenant Général, Civil & Criminel au Bailliage & en la Maîtriſe des Eaux & Forêts du Comté de Marle & la Fere, Commiſſaire député par Sa Majeſté pour la réformation générale des Eaux & Forêts au département de la grande Maîtriſe de Toulouſe.

On fait à ſçavoir à tous qu'il appartiendra, que le Jeudi quinziéme jour du mois de Décembre de la préſente année 1667, à l'heure de dix heures du matin, il ſera procedé en l'Auditoire royal du Siége de la Table de Marbre du Palais à Toulouſe, pardevant Nous, en la préſence des Officiers des Eaux & Forêts qu'il appartiendra, à l'adjudication au plus offrant & dernier encheriſſeur, à l'extinction de la chandelle, en la maniere preſcrite par les Ordonnances, des ventes de bois meſurées & arpentées en la préſente année. Sçavoir,

Ez Forêts de Vigard, Saint Porquier & Montech, Villemur, Garigueclaire, Greſigne, Sivens, Girouſſens, Buſet, Gaborne, Valence & Hauteniboule, dépendantes de la Sénéchauſſée de Touloufe, & de la Maîtriſe particuliere dudit Touloufe.

Ez Forêts de Saramegé, Cabres-mortes, l'Eſguille, la Selve, Laſtouradoures, Vauré, Baſiege & Saint Rome, dépendantes du Comté de Lauraguais, & de la Maîtriſe particuliere de Caſtelnaudary.

Ez Forêts de Bouconne, Saint Thomas & Fouſſaret, dépendantes de la Maîtriſe de l'Iſle-Jourdain.

Ez Forêts de la Ramée & de Rejaumont en Gauré, dépendantes de ladite Maîtriſe.

Pour

Pour être lesdites ventes exploitées en l'année prochaine, aux charges, clauses & conditions transcrites au cahier des charges qui en fera alors expédié & lû auparavant ladite adjudication, partant qui y fentira fon profit fi trouve. Donné à Toulouse le 25 Novembre 1667.

Si les Officiers de la Maîtrise doivent faire les adjudications, il n'y aura qu'à changer les (a) qualités ; mais quoi qu'il en foit, l'affiche étant expédiée, le Greffier la fera imprimer ou tranfcrire, & fera autant de copies qu'il en faudra pour envoyer en tous les lieux que befoin fera ; & les ayant fignées, les délivrera au Procureur du Roi, pour les diftribuer aux Sergens-Gardes, qui enfuite en feront les publications à jour de marché en la Place publique

(a) A changer les qualités. Il paroît que le fentiment de Monfieur de Froidour a été, que dès l'inftant que ce font les Officiers qui procedent à l'adjudication, l'affiche doit être au nom du Maître particulier ; cela eft conforme à l'Arrêt du 26 Juillet 1706, & à l'ufage général de tout le Royaume. Il n'y a que le cas où le Grand Maître n'a pas ordonné la vente avant la publication des affiches ; pour lors les affiches font en fon nom : & fi les Officiers font la vente, le cahier des charges doit être au nom du Maître particulier, en faifant toutes fois mention de l'Ordonnance du Grand Maître. Mais fi le Grand Maître par fon mandement d'affiette, ou pour l'exécution d'Arrêt du Confeil, commet les Officiers pour toute l'exécution de l'Arrêt, en ces termes : Vû l'Arrêt du Confeil, &c. Nous difons que par les Officiers de la Maîtrife de, &c. que nous commettons & fubdéleguons pour l'exécution dudit Arrêt, il fera audit Siége procedé à l'adjudication, &c. pour lors l'affiche doit être au nom du Maître particulier, encore bien qu'il n'y fût pas, étant à l'inftar des Baillifs & Prevôts des Provinces. Mais fi par ladite commiffion il eft feulement dit qu'il fera procedé aux opérations, & qu'il indique la vente & qu'il la fera, l'affiche fera en fon nom, & le cahier des charges. S'il ne peut venir, & qu'il envoye fon mandement pour faire la vente, l'affiche aura été en fon nom, & le cahier des charges au nom du Maître particulier.

C c

de chacun lieu, & à jour de Dimanche ou Fête à
l'iſſue des Meſſes Paroiſſiales, & les appoſeront aux
portes des Egliſes, des Siéges de Juſtice, aux poteaux & piliers des Halles, & autres lieux, comme
j'ai remarqué ci-deſſus, & en dreſſeront leur rapport en la forme ſuivante.

Modele du rapport des Gardes.

Lû & publié à haute & intelligible voix, à jour
de marché, en la Place publique du lieu de N. &
à l'iſſue de la Meſſe ou Vêpres Paroiſſiales de l'E-
gliſe de Saint N. dudit lieu, à jour de Dimanche
ou Fête, mis & affiché à la grande porte de ladite
Egliſe, & autres lieux ordinaires & accoutumés
que beſoin a été, par moi Sergent-Garde de ladite Forêt de N. ſouſſigné, en préſence de Témoins, le premier jour de Décembre 1667.

Ces publications étant ainſi faites, le Procureur
du Roi aura ſoin de les retirer.

Mais pour ne rien omettre de tout ce qui regarde
les publications, j'eſtime qu'il eſt à propos qu'en
chacune Maîtriſe il y ait un rolle des lieux où il
faut les faire faire, & où il faut envoyer appoſer
des affiches, afin que les anciens Officiers venant
à quitter leurs Offices, ou à déceder, les nouveaux
qui viendront en leurs places ſoient pleinement inſtruits de tout ce que l'on a coutume de pratiquer
en cette occaſion, & qu'ils puiſſent en uſer de
même. Comme par les Réglemens de la réformation
il eſt entr'autres choſes ordonné au Greffier d'avoir

un regiſtre particulier, c'eſt dans ce regiſtre que ce rolle pourra être inſeré pour y avoir recours. Pour le ſoulagement des Officiers des Maîtriſes particulieres de Toulouſe, Caſtelnaudary, l'Iſle-Jourdain, à la réformation deſquelles nous avons procedé, je veux leur donner ici le mémoire de tous les lieux où j'ai reconnu qu'il étoit néceſſaire de publier les ventes, & d'appoſer les affiches.

Rolle des lieux où il faut faire appoſer des affiches, & faire publier les ventes des Foréts des Maîtriſes de Toulouſe, Caſtelnaudary, & l'Iſle-Jourdain.

Premierement pour toutes les trois Maîtriſes en la Ville de Toulouſe, aux Egliſes Paroiſſiales de Saint Etienne, de Saint Sernin, de la Dalbade, de la Daurade, du Taur, de S. Pierre, de S. Nicolas, & de Saint Michel.

Aux portes du Palais, du Siége de la Table de Marbre, de la Monnoye, du Sénéchal, du Viguier, du Bureau des Finances, de l'Hôtel de Ville, & de la Bourſe.

A la Pierre, au coin du Pont-Neuf, à la Place du Salin, à la Place de Saint George, à la Chapelle du Port, & autres lieux.

Pour les Foréts de la Maîtriſe de Toulouſe.

A Verdun, Ocquanville, Grenade & Mauvers.
A Saint Porquier, Catalens, la Ville-Dieu, & Caſtelſarraſy.

A Montech, Montauban, Breſſols, Brial, Mont-bartier, Montbetou, Montbequin, la Court-Saint-Pierre, Fignan & Fronton.

A Villemur & Bacquiés.

A Buſet, Gimil, Pauliac, Montaſtruc, Beſſieres, Monjoire & Saint Sulpice.

A Rabaſtens, Girouſſens, Lavaur, Pariſot & Coufoulens.

A Gaillac, Cordes, l'Iſle d'Albigeois, Verdier, Saint Bauſile, Lamotte-Roiré, Pene, Caſtelnau de Montmiral, Puicelcy, Campagnac, Vieux, Baour & Bourniquel.

A Montricoux, Caſales, & Saint Anthonin.

A Alby, & autres lieux voiſins de la Forêt de Frejerolles.

A Valence, & lieux voiſins de la Forêt de Valence.

Pour les Forêts de la Maîtriſe de Caſtelnaudary.

A Caſtelnaudary, Baſiege, Villenouvelle, Ai-gues-vives, Monteſquieu, Montgaillard, Saint-Rome, Ville-franche, Mongiſcard, Gardouch.

A Revel, Soreſe, aux Cammaſés, Arfons, Vil-lemagne, Saiſſac, Dourgne, Eſcouſſens, Drevile & Saint Papoul.

A Gaja, Pechluna, Maireville, Plaigne, la Fage, Montauriol, & Belpech.

Pour les Forêts de la Maîtrise de l'Isle-Jourdain.

A l'Isle-Jourdain , Merenvielle, la Serre , Levignac , Daux , Mondonville , Pibrac , Leguevin , Pujaudran , Brats, Montagut, S. Paul, & Corbarieu.

A S. Thomas , Sainte Foy , Seiche , & Bragairac.

Au Fouffaret, Saint Helix, Marignac , l'Avelanette & Rieux.

A Lectoure , Paulhac , Fleurence , Aurenc & Rejaumont.

A R T I C L E VI.

De l'expédition du cahier des charges.

LE cahier des charges n'est autre chose que le bail , qui contient les charges, claufes & conditions fous lefquelles les bois du Roi doivent être vendus ; mais comme il y en a plufieurs fortes, j'eftime qu'il eft à propos de les réduire à quelque ordre pour les rendre plus intelligibles. Pour cet effet je fubdiviferai cet article en plufieurs points. Dans le premier, je dirai par qui, en quel lieu, & quand ce bail doit être expédié. Dans le fecond , quelles perfonnes doivent être reçues à encherir. Dans le troifiéme , j'expliquerai tout ce qui regarde les encheres. Dans le quatriéme , les priviléges des encheriffeurs. Dans le cinquiéme , la liberté qu'ont les

Marchands de renoncer à leurs encheres. Dans le sixiéme , je parlerai du prix de la vente , & des termes qui s'accordent pour les payemens. Dans le septiéme , des charges en deniers. Dans le huitiéme , des charges en bois. Dans le neuviéme , des cautions que les Marchands doivent donner. Dans le dixiéme , de l'adjudication , & du billet de contentement que les Marchands doivent avoir pour entrer en exploitation de leurs ventes. Dans le onziéme , du souchetage qu'ils doivent faire auparavant d'entrer en exploitation. Dans le douziéme , du tems de coupe & vuidange. Dans le treiziéme , de la maniere de couper , user , exploiter & vuider le bois. Dans le quatorziéme , des réserves qui sont à faire dans les ventes : & dans le quinziéme , du recollement des ventes.

PREMIER POINT.

Par qui , en quel lieu , & quand le cahier des charges doit être expédié.

Deux ou trois jours avant celui de l'adjudication , le Commissaire qui doit y proceder , ensemble les Officiers du Siége de la Table de Marbre , (a) ou

(a) Il n'est plus d'usage d'appeller les Officiers de la Table de Marbre. Tous les Arrêts , & l'Ordonnance de 1669, titres 3 & 15 , art. 2 , sur laquelle ces mêmes Arrêts du Conseil sont intervenus, attribuant l'exécution aux Grands Maîtres des Eaux & Forêts , des ventes des Bois du Roi & Ecclésiastiques , & leur enjoignant d'y proceder sous l'assistance des Officiers des Maîtrises , dans le ressort desquelles les Bois sont situés.

de la Maîtrise particuliere dont il doit vendre les Bois, sçavoir le Maître particulier, le Lieutenant, le Procureur du Roi, le Garde-Marteau, s'il y en a un, ou le Capitaine Forestier, & le Greffier, & même le Lieutenant & le Procureur du Roi du Siége de la Table de Marbre, si la vente s'y doit faire; il y appelle aussi le Receveur du Domaine (a) étant en exercice, & avec eux, de leur conseil & avis, fait dresser le bail ou le cahier, qui contient toutes les charges, clauses & conditions sous lesquelles l'adjudication doit être faite.

Second Point.

Quelles personnes doivent être reçues à encherir.

Toutes personnes indifféremment peuvent être reçues à encherir les bois du Roi, sauf & excepté les Clercs Bénéficiers, Gentilshommes, Officiers & Avocats, selon la disposition des Ordonnances des Rois Philippe le Long, de l'année 1318, art. 30, Charles V. de l'année 1376, art. 46, de Charles VI. de l'année 1402, art. 43, de François I. en 1515, art. 60 (b). Tous les Réglemens & l'usage

(a) Si ces bois sont engagés, on y appelle les Engagistes, ou leurs Receveurs & fondés de Procuration; & pour lors, comme quelquefois ces bois sont surchargés de baliveaux, l'on vend les chênes séparément, & les deniers sont mis, ceux des taillis pour l'Engagiste, ceux des chênes pour le Roi, ès mains du Receveur général ou particulier.

(b) De Louis XIV. en 1669, titre 15, art. 21 & 22. Par ces deux articles, les défenses portées par les anciennes ont été étendues plus loin : tout Officier, soit de Judicature, soit d'Epée, ne peut se

même sont conformes à cette disposition, en ce qui regarde les Clercs Bénéficiers ; mais elle n'est pas si rigoureusement observée à l'égard des autres : (*b*) en quoi il semble qu'on s'est plus attaché à suivre l'esprit de la Loi que la Loi même ; car il est certain que l'esprit des Ordonnances qui ont voulu éloigner des adjudications les Gentilshommes, les Officiers & les Avocats, n'a été que dans la crainte que ces sortes de personnes qualifiées, autorisées & accréditées y paroissant, ils n'empêchassent les Marchands d'encherir, & ne se rendissent les maîtres des ventes des bois du Roi, pour les avoir à tel prix que bon leur sembleroit. Sur ce point les Officiers doivent bien être avertis que si telle chose arrivoit, il est de leur devoir de l'empêcher ; & pour cela il ne faut pas qu'ils manquent d'inserer dans le cahier des charges cette clause pour servir dans l'occasion, mais non pas pour la suivre à la lettre, parce que souvent les Gentilshommes qui ne sont pas bien dans leurs affaires, se mêlent dans le commerce ; les Officiers & les Avocats en font de même, particulierement ceux qui n'en portent que le nom, & n'en font point

rendre adjudicataire directement ni indirectement ; & les Officiers de Maîtrise, de tel département qu'ils fussent, ne peuvent se rendre adjudicataires dans un autre département ; & dans leurs Maîtrises, leurs enfans, gendres, beau-freres, oncles, neveux, & cousins-germains, ne peuvent se rendre adjudicataires ni cautions, ni être associés directement ni indirectement. C'est cependant ce qui n'est guéres observé.

(*b*) On tient bien exactement la main à ce que ces personnes ne soient pas adjudicataires directement. Mais il est impossible de découvrir aisément ceux qui sont associés ; & malgré la disposition de l'art. 24 du titre 15, il n'est guéres de Marchand qui n'ait plusieurs associés ; ils se contentent, comme il leur faut une caution & un certificateur, de déclarer ces deux personnes.

d'exercice ;

d’exercice ; & lorfqu’ils paroiffent aux adjudications pour faire de bonne-foi le profit du Roi, (*c*) ils ne doivent point être rejettés. Je l’ai toujours & par-tout vû pratiquer ainfi. Les Officiers des Forêts ne font pas recevables à encherir dans les ventes des bois du Roi ; (*d*) cela eft conforme aux Ordonnances ci-deffus rapportées, aux Arrêts de Réglement & à l’ufage : ils ne peuvent pas même avoir aucune part ni affociation avec les Marchands, à peine de confifcation des ventes, d’amende arbitraire contre les Marchands & les Officiers, & de privation de leurs Offices. Il ne leur eft pas même permis de faire aucun trafic, (*e*) les Ordonnances voulant qu’ils foient abfolument appliqués à la garde des Forêts,

(*c*) Le profit du Roi.

Rarement pourroit-on, ou du moins s’expoferoit-on à mettre enchere fur ces fortes de perfonnes, qui dans les Provinces appartiennent à tous les honnêtes gens par alliance & par comperage ; auffi les Officiers doivent-ils refufer leurs encheres, & s’ils font obligés de les recevoir, ne leur jamais accorder la haute mife ; & fi dans les feux il fe trouve occafion de donner la préférence à un autre qui aura parlé en même-tems qu’eux, la donner à ce Marchand préférablement à des perfonnes prohibées, qui fe fentant un peu de crédit ou de capacité, s’en enorgueilliffent, & commettent fouvent des délits, ou font tout au plus Marchands de chapeaux, c’eft-à-dire, qu’ils encheriffent pour avoir un pot de vin des vrais Marchands. Monfieur Duvaucel a fçu démêler ces fortes de Marchands qu’on doit exclure de toutes fortes d’adjudications.

(*d*) Comme il a été remarqué ci-deffus, ils ne peuvent pas même fe rendre adjudicataires, ni être de focieté dans une autre Maîtrife, ni même d’un autre département, tout commerce leur étant interdit.

(*e*) Aucun trafic. On ne fçauroit trop y tenir la main, parce que fous ombre d’un autre commerce, ils feroient celui de Marchand de bois bien plus aifément, ou du moins y auroient part, & tenant à tout le Public par leur commerce, feroient mal leur devoir, & laifferoient les délinquans impunis. D’ailleurs cela eft conforme à l’Ordonnance de Charles IX. en 1560.

D d

sans que par aucun commerce ils en puissent être divertis.

Non-seulement les Officiers des Forêts, aussi-bien que les Clercs Bénéficiers, Gentilshommes, autres Officiers & Avocats, sont exclus des ventes, mais même leurs serviteurs, domestiques, interposés, & les lignagers des Officiers des Forêts, suivant la disposition des Ordonnances, Arrêts & Réglemens. Et cela à l'égard des domestiques & lignagers des Officiers, doit s'exécuter à la lettre, ainsi qu'en toutes occasions il a été jugé. Pour ce qui est du reste, on peut sans faillir suivre la remarque que j'ai faite ci-dessus, & recevoir les domestiques (*f*) & interposés des personnes mêmes que l'on pourroit admettre à encherir.

Mais comme les Officiers doivent agir de bonne-foi, il faut aussi qu'ils fassent bien entendre aux Marchands qu'ils doivent agir de même, & que toutes monopoles, (*g*) intelligences, compositions & associations secrettes faites entr'eux, sont très-expressément défendues : qu'il ne leur est pas permis par promesse, don, paction, de laisser partie des ventes, ni autrement d'empêcher, détourner, & d'émouvoir directement ni indirectement les autres Marchands d'encherir les ventes, ni même à ceux auxquels elles

(*f*) Il ne faut jamais recevoir les domestiques des personnes qui ont un certain crédit, quand on soupçonne que c'est pour leurs maîtres, parce que sous l'ombre de la protection, ils commettent beaucoup de délits, de la punition desquels ils se soustrayent, & méprisent ensuite les Officiers.

(*g*) Monopoles & intelligences. Ordonnance de François I. de l'an 1520, art. 8.

feront adjugées, d'en faire aucune affociation, (h) ni tranfport à autres perfonnes depuis le premier achat, à peine d'amende arbitraire, de confifcation des ventes, & de tous dépens, dommages & intérêts, parce que ces fortes d'affociations doivent être traitées comme un vol & un larcin. C'eft pourquoi il ne faut pas manquer à inférer ces défenfes dans le cahier des charges, & il doit être permis feulement aux Marchands de s'affocier au nombre de trois, fçavoir le preneur ou adjudicataire, la caution & le certificateur, (i) dont les noms doivent être déclarés au Greffe dans les vingt-quatre heures, & même toutes & quantes fois qu'il plaît au Commiffaire ou à celui qui fait l'adjudication des ventes.

TROISIÉME POINT.

Des encheres, de la maniere d'encherir, & autres chofes concernant les encheres.

Pour bien expliquer tout ce qui regarde les encheres, il faut diftinguer trois fortes de tems pendant lefquels elles peuvent être faites : celles qui fe font auparavant qu'on allume les feux ou les chandelles, celles qui fe font pendant les feux, & celles qui fe font après l'extinction des feux.

(h) Ordonnance de 1669, titre 15, art. 23. Outre l'amende arbitraire qui ne peut être moins de mille livres, ils doivent être bannis des Forêts, & les ventes confifquées au profit du Roi.

(i) Ordonnances de François I. de l'année 1518, art. 13 ; de Louis XIV. en 1669, titre 15, art. 24.

Celles qui fe font avant les feux font trois : la premiere eft la mife à prix, qui eft unique : la deuxiéme eft appellée haute mife, & eft auffi unique : & celles qui fe font entre les deux font appellées encheres, furencheres ou furdites. Ni l'une ni l'autre de toutes ces trois fortes d'encheres ne font point réglées; (a) il eft libre aux Marchands d'encherir comme bon leur femble, & de faire leurs encheres foibles ou fortes à leur difcrétion ; & lorfque par le moyen de la derniere enchere appellée haute mife, la vente eft portée à peu près à fa jufte valeur, pour lors les feux ou chandelles fucceffivement doivent être allumés, le fecond après l'extinction du premier, & le troifiéme après l'extinction du fecond.

La valeur des encheres qui fe font pendant ces trois feux doit être réglée par le Commiffaire, de l'avis des Officiers, lors de l'adjudication, ou fur le total de la vente, ou par arpent, de telle forte que toutes les encheres qui fe font pendant le premier feu font ou de douze livres fur le total, ou de quatre fols par arpent. Le deuxiéme feu s'allume enfuite pour le doublement ; c'eft-à-dire, que toutes les encheres qui fe font pendant ce fecond feu font doubles, & réglées à vingt-quatre livres fur le to-

____

(a) Suivant l'Ordonnance de 1669, titre 15, article 20, il eft libre à toutes perfonnes d'encherir les ventes; il n'y a que le cas où un Adjudicataire feroit notoirement infolvable, qu'il eft permis au Receveur de lui demander le nom de fes cautions; & s'il n'en a point, il peut en donner avis au Grand Maître, pour par lui y être pourvu. Mais comme par les affiches il eft toujours mis, *où toutes perfonnes feront reçues à encherir en donnant bonne & fuffifante caution*, j'eftime qu'un homme qui n'en auroit pas, peut être refufé à encherir; c'eft au Procureur du Roi à y veiller.

tal, ou à huit sols par arpent. Ce second feu étant éteint, on allume le troisiéme pour le triplement; c'est-à-dire, que toutes les encheres qui se font pendant ce troisiéme feu sont de trente-six livres sur le total, ou de douze sols par arpent.

Après les trois feux éteints, l'adjudication est faite aux derniers encherisseurs, sauf les vingt-quatre heures, ou tel autre tems qu'il est ordonné par le Commissaire, de l'avis des Officiers, pendant lequel tems tous Marchands sont reçus par (*b*) doublement, tiercement & demi-tiercement au total. De sorte que s'il survient quelque Marchand qui encherisse par ces doublement, tiercement & demi-tiercement, l'Adjudicataire est évincé de sa vente qui est adjugée troussement, c'est-à-dire définitivement, à celui qui a fait l'une desdites encheres, sans que vingt-quatre heures après on en ait fait d'autres.

Pour bien entendre ces sortes d'encheres, il faut faire plusieurs remarques. Chaufour dans l'Instruction qu'il a faite sur le fait des Eaux & Forêts, (*c*) dit qu'en l'Isle de France l'adjudication étoit faite à l'extinction de la chandelle allumée par trois

(*b*) Doublement. Suivant l'Ordonnance de 1669, titre 15, art. 35; le doublement est quand on tierce & demi-tierce une vente, ce qui fait la moitié du total de ladite vente, & c'est ce que nous entendons doubler une vente, chose qui est extrêmement rare, & qui ne peut arriver sans une très-grande imperitie des Officiers, qui ne doivent jamais vendre un Bois sans en avoir fait une juste estimation, pour ne pas être la dupe des Marchands. Les intérêts du Roi leur étant confiés, ils seroient répréhensibles.

(*c*) Chapitre 14, section des charges ordinaires des ventes, art. 8.

diverfes fois, & à chacune d’icelles plufieurs encheres que l’on appelle tiercemens & doublemens,
outre lefquels aucun n’eft reçu à encherir, ni en autre
tems après à y mettre aucun tiercement ni doublement : & il rapporte même une Sentence du Siége
de la Table de Marbre du Palais à Paris, donnée le 25 Octobre 1602, entre Pierre Lefcouvette
& Pierre de Billy, Marchands de Senlis, par laquelle il dit qu’il a été ainfi jugé. Mais pendant
quatre années que j’ai été employé dans la réformation des Forêts de ce département, & par l’examen des papiers des Greffes des Maîtrifes particulieres, & des ventes faites depuis 1635, j’ai vû l’ufage tout contraire à cela, & j’ai trouvé que par-tout,
fans aucune difficulté, après les trois feux éteints,
on recevoit dans les vingt-quatre heures ou autre
tems limité, toutes perfonnes à encherir par doublement, tiercement & demi-tiercement au total;
mais que ces termes y étoient différemment expliqués & entendus (c). J’ai trouvé premierement,
qu’en quelques Maîtrifes ce mot doublement étoit
pris pour le double de la vente; c’eft-à-dire,
que la vente étant adjugée aux feux à douze cens
livres, le doublement l’augmentoit du double, de
telle forte que par le furcroît de cette enchere, elle

(c) Suivant l’Ordonnance de 1669, titre 15, art. 33, le tiercement a été fixé au tiers de la vente, ce qui fait le quart fur le total;
& le demi-tiercement qui eft une enchere fur le tiercement, eft de la
moitié du tiers. Si le prix de l’adjudication eft de quinze cens livres,
le tiercement fera de cinq cens livres, ce qui fera le quart de deux mille
livres à quoi montera l’adjudication, & le demi-tiercement fera de
deux cens cinquante livres.

montoit à deux mille quatre cens livres. Que le tiercement étoit une addition de la moitié du prix; par exemple, la vente étant de douze cens livres, elle augmentoit par le tiercement jufqu'à dix-huit cens livres ; cette forte d'enchere étant appellée tiercement, parce qu'elle faifoit la tierce partie du total à quoi la vente montoit au moyen de l'enchere. Que le demi-tiercement étoit une addition telle que l'enchere qui étoit faite, étoit la fixiéme partie du total à quoi montoit le prix de la vente, & l'enchere enfemble : & ainfi la vente de douze cens livres, au moyen du demi-tiercement, augmentoit jufqu'à quatorze cens quarante livres, le demi-tiercement montant à deux cens quarante livres. J'ai auffi ob-fervé que dans les Maîtrifes où cela s'expliquoit de la forte, l'ufage étoit tel que pour être reçu à faire ces encheres, il falloit commencer au moins par le tiercement ; & enfuite fi quelqu'un vouloit être ad-mis à faire une nouvelle enchere, il falloit au moins faire un demi-tiercement, nul ne pouvant être reçu à faire une moindre enchere ; & que dans un autre tems limité on étoit enfin reçu à encherir par dou-blement, ce qui arrive très-rarement, & peut-être en cent ans une fois, n'étant guéres à préfumer qu'a-près qu'on a fait tant d'encheres, la furprife ait été telle qu'on puiffe encore doubler la vente. Je l'ai vu néanmoins arriver en ce département pour la vente de la Forêt de Buzet, laquelle fut doublée ayant été adjugée après plufieurs demi-tiercemens reçus. En d'autres Maîtrifes ces termes font autre-ment expliqués ; l'enchere par laquelle la vente eft augmentée de la moitié du prix à quoi elle étoit adjugée, s'appelle doublement ; celle par laquelle la vente est augmentée du demi-tiers du prix, est appellée demi-tiercement.

L'usage (*d*) de recevoir ces encheres est différent ; car en quelques Maîtrises on veut que le premier encherisseur commence par le doublement, le second par un tiercement, & le troisiéme fasse un demi-tiercement ; que ceux qui viennent ensuite ne puissent être reçus à faire de moindres encheres que les demi-tiercemens ; & en d'autres Maîtrises on reçoit indifféremment l'une ou l'autre de ces encheres, comme les Marchands trouvent à propos de les faire.

Or comme cela s'observe différemment, le Commissaire dressant le cahier des charges, doit y faire mention comme les ventes seront adjugées au plus offrant & dernier encherisseur, à l'extinction de trois feux ou trois chandelles allumées à la suite l'une de l'autre ; la premiere pour la simple enchere, telle qu'elle sera réglée pour chacune vente ou par arpent ; la seconde pour le doublement ; & la troisiéme pour le triplement, sans qu'après l'extinction des feux aucun puisse être reçu à encherir, sinon par doublement, tiercement & demi-tiercement au total ; & pour éviter la difficulté qu'il pourroit y avoir sur la valeur de chacune de ces encheres, il est à propos que le Commissaire la régle par l'avis

____

(*d*) Par l'article susdit, l'usage est égal dans toutes les Maîtrises du Royaume.

des

des Officiers felon qu'il trouvera être plus utile &
plus avantageux pour le profit du Roi ; & pour l'augmentation du prix des ventes, qu'il déclare le tems
(e) pendant lequel elles pourront être faites, fi toutes indifféremment, ou l'une après l'autre, & les formalités qui feront à obferver pour les faire.

Il ne faut pas manquer d'avertir les Marchands
que ces fortes d'encheres doivent être faites & enregiftrées au (f) Greffe du Siége où fe fait l'adjudication, & qu'ils doivent les faire fignifier (g) à

(e) Par l'art. 31 dudit titre 15 de ladite Ordonnance de 1669, le
tems de tiercer & doubler les ventes en général, ou chacune en particulier, ainfi qu'elles auroient été adjugées, eft fixé jufqu'au lendemain
midi de ladite adjudication, après lequel tems il n'y a plus lieu, fous
quelque prétexte & pour quelque confidération que ce puiffe être, audit tiercement ni doublement ; & cela s'obferve fi religieufement, que
le fieur Landouillet, qui avoit la direction des Bombes pour le Roi,
ayant tiercé, quatre jours après toutes les adjudications faites le 2 Janvier 1688, les ventes de la Forêt de Braconne, reffort de la Maîtrife
d'Angoulême, par acte fignifié le même jour au Greffier, Sa Majefté par
Arrêt rendu en fon Confeil d'Etat le 17 Février fuivant, ordonna
l'exécution defdites ventes, fans s'arrêter au tiercement dudit Landouillet, que S. M. déclara nul, & que la vente des bois feroit tiercée
& doublée dans les vingt-quatre heures du jour de l'adjudication judiciaire, paffé lequel tems on n'y feroit plus reçu.

(f) Suivant l'article 32 dudit titre, les tiercemens & doublemens
doivent être faits au Greffe dans le tems préfini.

(g) Par l'article fufdit, ils doivent être fignifiés le même jour aux
Marchands adjudicataires & Receveurs, en parlant à leurs perfonnes
ou domiciles, s'il en a été élû, finon au Greffe de la Maîtrife, par Exploit qui contienne ponctuellement, c'eft-à-dire, minute même en
laquelle il aura été donné, & le nom de ceux à qui on aura parlé, à
peine de nullité de l'Exploit. Tout eft de rigueur dans ces fortes d'Actes;
mais il faut prendre garde à une fraude que j'ai vû arriver.

Des Marchands craignant un tiercement, en firent faire un par une
perfonne affidée, mais firent en même-tems faire une nullité dans l'Exploit ; au moyen de ce, le tiercement & demi-tiercement tomboit, &
eux reftoient adjudicataires. Je développai la rufe, & dis au Greffier

celui qui étoit l'adjudicataire, (h) ou au précédent encherisseur, en cas qu'il se fît plusieurs de ces encheres dans les vingt-quatre heures après l'adjudication, ou après ces encheres faites. Le Greffier sera aussi averti de ne point omettre de faire remarque à la reception de ces encheres, de l'heure (i) à laquelle elles auront été faites, & les Huissiers de l'heure à laquelle elles auront été signifiées; & l'Adjudicataire, aussi-bien que les autres Encherisseurs, doit être averti que faisant ces encheres, & les faisant signifier, il ne doit pas manquer à faire élection de domicile en lieu connu dans la Ville où l'adjudication est faite, auquel toutes assignations & significations seront faites, & valideront comme si elles étoient faites à leurs personnes.

QUATRIÉME POINT.

Des priviléges accordés aux Encherisseurs.

Pour exciter les Marchands à encherir avant, durant & après les feux, on a trouvé à propos de leur

qu'il devoit recevoir le deuxiéme tiercement, déclarant qu'il en avoit déja un, & sauf à celui qui lui faisoit en second, à faire valoir le sien s'il étoit valable; & fis faire protestations par le Greffier, & protestations au contraire par le deuxiéme tierceur.

(h) Tous Encherisseurs & Adjudicataires, suivant l'article 26, sont tenus de faire élection de domicile au lieu où les adjudications seront faites; faute de ce, les assignations pour l'exécution desdites adjudications leur seront faites au Greffe, où elles seront réputées valables.

(i) L'article du dit titre ordonne aux Greffiers de marquer le jour & l'heure précise dans les Actes qu'ils délivreront sur les adjudications, tiercemens & doublemens, à peine de trois cens livres d'amende, & de tous dépens, dommages & intérêts pour la premiere fois, & pour la deuxiéme, de privation de leurs Offices.

accorder des priviléges. Premierement , pour les obliger à encherir avant que les chandelles foient allumées ; & cela s'appelle privilége de la haute mife , qui eft tel qu'au lieu que pendant le fecond & troifiéme feux les encheres pour tous les autres font doubles ou triples , celles de ce bénéficier ou privilégié font toujours fimples.

En fecond lieu , pour les échauffer à faire des encheres pendant les feux , on accorde un autre bénéfice ou privilége à celui qui encherit le dernier fur le premier feu , dont le privilége eft femblable à celui de la haute mife.

Et enfin , pour exciter les Marchands à encherir après les feux , on a donné ce privilége à celui à qui la vente eft demeurée à l'extinction des chandelles , de pouvoir être reçu à encherir par des encheres fimples ; c'eft-à-dire, que pendant que les autres ne font recevables à encherir que par des doublemens , tiercemens & demi-tiercemens au total , fon privilége fait qu'il eft reçu à une (*a*) enchere fimple , telle qu'elle a été réglée au premier feu. Le même bénéfice eft accordé auffi à ceux qui ont une fois fait l'un ou l'autre des doublemens , tiercemens & demi-tiercemens , lefquels font enfuite admis à encherir par fimples encheres.

(*a*) Une fimple enchere.

L'article 35 dudit titre 15 donne la liberté à l'Adjudicataire d'encherir par fimple enchere fur le tiercement & demi-tiercement ; & aux Tierceur & Doubleur d'encherir enfemble également par fimple enchere , fur un feul feu qu'on allume pour eux feulement ; ce qui étant fait , il n'y a plus à revenir , fous quelque prétexte que ce foit.

E e ij

Cinquiéme Point.

*De la liberté qu'ont les Marchands de renoncer
à leurs encheres.*

Les Marchands encherissent librement, & ils ont
aussi la liberté de renoncer à leurs encheres; ce qu'ils
doivent faire au Greffe dans les vingt-quatre heures
après qu'ils les ont faites, sans que pour ce ils soient
tenus d'en faire aucune signification aux précédens
(*a*) encherisseurs, mais seulement sont tenus de payer
comptant leurs folles encheres au Receveur du Domaine; (*b*) & ce faisant, les ventes retournent au précédent encherisseur, & d'encherisseur à encherisseur.
(*c*) Pour cela les encherisseurs sont tenus d'aller savoir
au Greffe, si par le moyen des renonciations qui pourroient avoir été faites, les ventes leur sont retournées.
Je n'ai rien ajouté à ce point qu'un petit avertissement
au Receveur, de prendre garde que ceux qui encherissent ayent de quoi payer les folles encheres; il
peut & doit quelquefois, quand manifestement il

(*a*) Par l'article 35 sus rapporté, il est enjoint à l'Adjudicataire ou
à l'Encherisseur qui renonce à son enchere, de signifier sa renonciation
au précédent Encherisseur, & de la payer au Receveur comptant. Et
l'art. 37 dit, que si l'Adjudicataire renonce à la vente & se désiste de
son enchere, il sera arrêté jusqu'à ce qu'il ait payé ou donné bonne
caution de sa folle enchere. Saint-Yon, livre premier, titre 32. Chaufour, chap. 14, section des charges ordinaires des ventes, art. 7.
(*b*) Article 35 susdit.
(*c*) Par l'art. 36 il est dit, qu'au cas qu'il y ait révocation d'encheres,
les précédens Encherisseurs seront graduellement & successivement subrogés au lieu & place de ceux qui auront révoqué leurs encheres.

les connoît pour des gens de paille, ou pour des
escrocs, les obliger à nommer sur le champ leur
caution qui soit connue, & même les obliger à
élire domicile; (d) mais il doit aussi en user avec
beaucoup de discrétion, pour ne pas tomber dans
l'inconvénient du monopole des Marchands, ce qui
est le plus à craindre. La prudence du Commissaire
& des autres Officiers réglera cela, & le Receveur
en tout cas (e) ne fera aucune demande en ce regard que de leur avis & consentement; le monopole
en fait de ventes de Bois étant la chose qu'il faut
le plus éviter.

SIXIÉME POINT.

Du prix des ventes, & des termes des payemens.

La principale chose dont les Marchands adjudicataires des ventes sont tenus, est d'en payer le
prix; mais comme il faut que de la terre ils rem-
plissent le fossé, c'est-à-dire qu'il faut que des marchandises qui proviennent des ventes & du débit

---

(d) L'Ordonnance de 1669, par ledit titre, article 26, y a
pourvu.

(e) Art. 20 & 23, dans lesquels est rapporté l'Arrêt du Parlement
de Paris du 30 Avril 1700, confirmatif des Sentences de la Table de
Marbre & de la Maîtrise de Senlis, par lequel Pierre Leguillier & François Lantonne furent condamnés en mille livres d'amende envers le
Roi, 7000 liv. de restitution & confiscation, & 2000 livres de dommages & intérêts, que le Roi ordonna être payés aux Officiers de ladite
Maîtrise de Senlis, par Arrêt de son Conseil du 3 Mai 1701, pour avoir
par lesdits Leguillier & François Lantonne fait entr'eux une société se-
crette portant promesse de ne point encherir l'un sur l'autre.

qu'ils en font, ils ayent de quoi payer le prix de leur adjudication, il faut par le cahier des charges régler (*a*) les termes pour les payemens, eu égard au débit qui se fait. Je les ai réglés pour les Forêts de ce département à deux payemens égaux, dont le premier doit être fait à la Notre-Dame d'Août, & le second au jour de Noel suivant.

SEPTIÉME POINT.

Des charges en deniers qui font ordinairement affignés fur les ventes.

Anciennement il ne se faisoit aucune vente des Bois du Roi, que les Marchands ne fussent obligés à payer certaine somme pour la (*b*) cire de la Maison royale, & quelque droit pour le Greffe. Mais ces deux sortes de charges dont les ventes ordinaires étoient chargées, sont abrogées depuis long-tems; & au lieu de cela, on a obligé les Marchands, outre le prix de leurs ventes, de payer comptant en quelques Maîtrises

(*a*) Régler les termes.

Suivant l'Ordonnance de 1669, titre 3, art. 13, il est à la liberté du Grand Maître de régler les termes pour les payemens, sans cependant pouvoir reculer le dernier terme de payement plus tard qu'à la Saint Jean de l'année d'après l'usance; ce terme doit s'entendre de la Saint Jean d'Eté.

(*b*) Par l'art. 15 du titre 15, tous les droits de cire & de Greffe ont été révoqués; & actuellement il y a sur toutes les ventes des Bois du Roi vingt-six deniers pour livre, dont par Edit donné au mois de Février 1745, portant rachat du prêt & annuel, quatorze deniers ont été aliénés pour les Officiers des Maîtrises, Grands Maîtres, & pour les Officiers créés par ledit Edit, au moyen d'une finance que lesdits Grands Maîtres & Officiers des Maîtrises ont payée.

un fol pour livre, en d'autres un fol fix deniers, & en
d'autres deux fols, pour le payement des journées
& vacations des Officiers qui avoient vaqué aux
affiette, mefurage, martelage, balivage & adjudication des ventes, lefquelles fommes étoient reçues par le Receveur du Domaine, qui, fuivant l'état
de diftribution que le Grand Maître ou autre qui
faifoit l'adjudication lui délivroit, payoit à chacun
des Officiers ce qui lui étoit ordonné. Mais comme
en procedant à la réformation des Forêts du département de la grande Maîtrife de l'Ifle de France, Nous
avons trouvé qu'il y avoit un abus confidérable dans
la diftribution de ces deniers, lefquels fouvent montoient à de grandes fommes, fans qu'il en revînt
aucune chofe au Roi, les Grands Maîtres (b) &
les autres Officiers confommant en dépenfes ima-
ginaires tout le fonds qui reftoit après l'acquit des
dépenfes légitimes, on a trouvé à propos d'abroger
l'ufage de prendre le fol, un fol fix deniers, ou deux
fols pour livre ; & on a ordonné qu'au lieu de cela,
il feroit dreffé un état de toute la dépenfe des ventes , lefquelles feroient adjugées à la charge de
payer la fomme qu'il contiendroit. Sous ce mot de
dépenfes font compris les frais du mefurage, martelage, balivage & adjudication des ventes, les frais
des affiches & publications, & autres menus frais,

_____

(b) Par l'art. 14 du titre 3 de ladite Ordonnance, il eft défendu
aux Grands Maîtres d'augmenter ou diminuer les ventes de leur autorité privée, de les charger d'aucuns ufages, chauffages, droits ou
fervitudes, de faire aucune délivrance en deniers, à peine de mille
livres d'amende.

dont on doit dreſſer un état & le ſigner , pour être lû publiquement avec le cahier des charges avant l'adjudication : & défenſes ſont faites aux Officiers de comprendre en cet état aucune dépenſe qui ne ſoit légitime , & qu'en vertu de bons titres ; en un mot, cet état doit être dreſſé ſur le pied des Réglemens.

S'il y a quelque droit d'uſage réduit à prix d'argent qui doive être aſſigné ſur les ventes , on le comprend auſſi dans le même état, dont je donnerai un modele à la ſuite du cahier des charges.

Mais il faut cependant faire ici une remarque, que dans les Maîtriſes où il n'y a qu'une Forêt & qu'une vente, ce qui eſt aſſez ordinaire dans le département de l'Iſle de France , il n'y a autre choſe à faire qu'à dreſſer & faire lire cet état avant l'adjudication ; mais qu'en ce département où il y a pluſieurs ventes en chacune Maîtriſe , il faut en uſer d'une autre maniere. Il faut premierement dreſſer & arrêter l'état (c) de la dépenſe qui ſe fera en chacune Maîtriſe , & le ſigner pour ſatisfaire aux Réglemens, ſans en faire lecture avant l'adjudication, parce qu'elle ſeroit inutile. Il ſuffit d'inſerer dans le cahier des charges qui doit être lû , la clauſe par laquelle les Marchands ſeront obligés de payer comptant ce qui ſera ordonné pour les journées & vacations

____

(c) Les Grands Maîtres arrètent chez eux les états des journées des Officiers ; ils les envoyent au Conſeil, où ils ſont de nouveau arrêtés & viſés ; & après on les envoye aux Receveurs Généraux ou Particuliers , qui payent aux Officiers , vû le certificat de ſervice des Grands Maîtres , les ſommes pour leſquelies ils ſont compris dans leſdits états.

des

des Officiers, & autres frais des ventes, fuivant la diftribution & régalement qui en fera fait fur chacune vente ; & pour cet effet le Commiffaire, de concert avec les Officiers, ayant examiné le nombre & la force ou la foibleffe des ventes qu'il aura à adjuger, départira fur toutes la fomme totale à quoi montera la dépenfe, de maniere que chacune des ventes porte la portion qu'elle en doit porter légitimement; & lorfque chacune vente fera publiée, on ne manquera pas de faire entendre aux Marchands quelle fera la fomme qu'ils feront tenus payer comptant, pour fatisfaire à ce que deffus.

Outre les deniers comptans, il y a les droits de recollemens qui doivent être payés par les Marchands après l'exploitation des ventes, & après les recollemens bien & dûement faits. Comme ces droits fons établis & réglés par les Réglemens, il fuffit d'inferer au cahier des charges la claufe portant que les Marchands feront tenus de les payer.

Comme les Réglemens que Nous avons faits en la réformation des Forêts de ce département, pour le fait des journées, font différens de ceux que nous avons faits en celui de l'Ifle de France, j'ai cru en devoir rendre la raifon. Nous avons en l'Ifle de France confervé les Officiers en la poffeffion & jouiffance, fçavoir le Maître particulier de neuf livres par journée, (d) & les autres Officiers de fix

(d) Par Edit donné au mois de Mai 1708, les journées des Maîtres particuliers ont été taxées à douze livres pour le Roi, cependant on ne leur en paffe que neuf livres; & pour les Communautés & Gens de Main-morte, ils ont dix-huit livres; les Procureurs du Roi, Garde-

F f

livres, parce que cela étoit établi en vertu d’Edit vérifié, & de finance par eux payée, joint qu’en tout ce pays où les dépenses sont considérables, on ne pouvoit pas accorder moins ; Nous les avons ici réglées à six livres pour le Maître, quatre livres pour le Lieutenant & Procureur du Roi, trois liv. pour le Greffier & pour les Capitaines Forestiers seulement, parce qu’en quelques Maîtrises on ne prenoit pas davantage, parce que les dépenses y sont moindres sans comparaison que dans les Provinces voisines de Paris, & parce que l’Edit de l’année 1637, donné pour l’augmentation des journées, n’a point été exécuté en ce département, & que les Officiers n’y ont payé aucune finance pour en jouir, les journées mêmes des Grands Maîtres qui étoient réglées en l’Isle de France à trente livres, ne l’ayant été en cette Province qu’à la moitié.

Mais il y a encore une raison essentielle, qui est, qu’ayant trouvé les Forêts dégradées & ruinées avec excès, si nous avions augmenté les journées des Officiers, Nous aurions surchargé les ventes, de maniere que le prix qui en seroit provenu auroit été absorbé par la dépense. Cette même raison a fait que dans l’assignation des gages que Nous avons esti-mé qu’on pouvoit donner aux Officiers, aussi-bien que dans les réglemens de leurs droits, Nous avons été fort retenus & moderés. Et en effet, par l’exa-

Marteau & Greffier, six livres pour le Roi, & douze livres pour les Gens de Main morte. A Paris, le Maître particulier a vingt-quatre livres, & les autres seize livres ; & quand le Lieutenant exerce pour le Maître, ses journées sont des deux tiers que le Maître auroit.

men que Nous avons fait des quinze ou feize derniers
comptes rendus du prix des ventes par le Receveur
du Domaine , Nous avons trouvé que comme les
gages. des Officiers étoient affignés fur différens
fonds, partie fur le Domaine, partie fur les ventes
des Bois, partie fur le droit de la paffe de Quillan ,
& partie fur la recette générale des Finances, il s'en
manquoit tous les ans plus de quatre mille livres
que le prix des Bois fût fuffifant pour l'acquit des
gages des Officiers, & des autres charges aufquelles
les Forêts étoient fujettes , fans que le Roi ni Noffeigneurs de fon Confeil en euffent aucune connoiffance pour y pourvoir. C'eft pourquoi Nous avons
été d'avis, qu'afin que Sa Majefté pût être informée
de ce que les Forêts de ce département lui produiroient de revenu par chacun an, de la dépenfe qui
fe feroit pour leur confervation, & de ce qui pourroit lui revenir de bon après la dépenfe payée , il
étoit à propos d'établir un Receveur Général des
Bois. Ce Receveur feroit recette non-feulement
du prix des ventes, mais même des menus marchés,
des herbages , glandages, pêches , amendes, reftitu-
tions, confifcations , & autres chofes concernant
les Eaux & Forêts : il payeroit les Officiers établis
pour leur garde, des gages & autres droits qui leur
feroient accordés , déchargeant les Recettes du Domaine & des Finances des fommes qui étoient affignées pour le payement des mêmes gages ; & pour
cet effet il lui feroit tous les ans expédié un état
particulier de cette dépenfe pour être acquitté par
lui. Cette même raifon du mauvais état des Forêts ,

& de la foibleſſe des ventes, a fait que Nous n’avons pas accordé aux Officiers les droits d’entrée (a) & de ſortie que l’on a accordé à ceux des Forêts des autres départemens : mais nous les excitons à veiller avec tant d’exactitude à la conſervation des Forêts, & à s’appliquer avec tant de ſoin & de fidelité à en faire valoir les ventes, que faiſant voir au Roi par les états de recette & dépenſe du Receveur Général, le profit & revenu conſidérable qui en ſera revenu à Sa Majeſté par leurs ſoins, & par l’application qu’ils auront donnée à l’exercice de leurs Charges, ils puiſſent l’obliger à leur accorder les mêmes droits qu’elle a accordé aux Officiers des autres départemens. Ils pourront même en ce faiſant eſperer qu’on leur donnera des récompenſes, comme il s’eſt pratiqué pendant la réformation que Nous avons faite en l’Iſle de France envers les bons Officiers, Sa Majeſté ayant bien voulu, ſur l’avis de Meſſieurs les Commiſſaires, que les Arrêts de réglement qu’elle a envoyés dans les Maîtriſes particulieres, portaſſent permiſſion à ſes Commiſſaires de récompenſer ceux d’entre les Officiers qui ſe feroient ſignalés par leur diligence & leur affection à ſon ſervice.

(a) Drcits d’entrée & de ſortie. Ils ont été ſupprimés en 17 , & il n’y a plus de Maîtriſe qui en jouiſſe.

H U I T I É M E P O I N T.

*Des charges en bois qui doivent être assignées sur
les ventes.*

Non-seulement les chauffages des Officiers, (a)
mais même ceux des Usagers qui sont portés par les
Réglemens des réformations, doivent être assignés
sur les ventes, pour être payés en espéce dans les
ventes même, par les Marchands adjudicataires,
sçavoir aux Officiers sans frais, aux Usagers en
payant les façons, & ils doivent être livrés en dedans la S. Jean, à peine de tous dépens, dommages
& intérêts contre les Marchands, de maniere qu'il
soit libre aux Officiers & aux Usagers de les faire
transporter. Si outre le chauffage il y a des droits
de bois à bâtir, réparer, ou autres usages, le tout
doit être assigné sur les ventes, sans qu'il soit loi-
sible de faire des délivrances particulieres pour cela;
& on observera en ce faisant, les formalités prescrites par les Ordonnances. Il doit en chacune Maîtrise être dressé un état général de tous les bois dont
les ventes sont chargées, de même que des charges
en deniers; & comme chacune Forêt doit porter ses

(a) Par l'art. 3 du titre 20 de l'Ordonnance de 1669, les chauffages attribués aux Officiers ont été évalués au Conseil, & ils sont payés
sur les Etats du Roi suivant l'estimation qui en a été faite de ce tems, &
on n'en donne plus en nature qu'à ceux qui ont fait des échanges avec le
Roi pour les bois qu'ils avoient dans les Forêts du Roi, ou aux Communautés Religieuses fondées par les Rois, ausquelles, suivant l'art. 5,
ils ont été conservés en espéce suivant la possibilité du terrein.

charges, il en fera fait un département fur chacune vente, qui fera lû feulement lorfqu'elle fera publiée & mife aux encheres.

NEUVIÉME POINT.

Des cautions que les Marchands doivent donner.

Avant que les Marchands puiffent entrer en exploitation de leurs ventes, ils font tenus de bailler (a) caution & certificateur, à moins que le Marchand même ou fa caution ne foient reconnus tellement folvables, qu'ils n'ayent pas befoin d'être cautionnés ou certifiés : cela fe doit faire précifément dans la huitaine après l'adjudication faite ; finon & à faute de ce, fans aucune interpellation ni fignification, ils font évincés des ventes qui leur font adjugées, fans jamais pouvoir y prendre aucun droit, lefquels retournent au précédent encheriffeur, & d'encheriffeur à encheriffeur : pourquoi les précédens encheriffeurs doivent avoir le foin de fe reti-

(a) Bailler caution.

Cela eft conforme à l'art. 29 du titre 15 de l'Ordonnance de 1669, & à l'art. 36 dudit titre.

Par le premier de ces articles il eft dit, que les Marchands feront tenus dans la huitaine de ladite adjudication, avant de commencer l'ufance des ventes, de donner bonne & fuffifante caution & certificateur ès formalités y prefcrites.

Par le fecond, il eft enjoint au Garde-Marteau de ne les pas laiffer entrer en exploitation, qu'ils n'ayent juftifié de la quittance du Receveur, dûement enregiftrée au Greffe. Cette quittance s'entend des demi-deniers.

Voyez Saint-Yon, titre 22, art. 32. Chaufour, chap. 14, fection des charges des ventes, art. 5.

rer vers le Greffe, ou vers le Receveur du Domaine, pour ſçavoir ſi les cautions auront été fournies, & y ſatisfaire de leur part, s'il y a ouverture à cela ; & en outre les Marchands qui demeurent évincés de leurs ventes, ſont condamnés à payer leurs folles encheres, avec tous dépens, dommages & intérêts. J'ai vû quelquefois pratiquer que l'Adjudicataire étant évincé de ſa vente faute de donner caution, on la publioit de nouveau à ſa folle enchere ; mais ce que je viens de dire eſt plus uſité, & tout ce que j'eſtime qu'il feroit à propos de faire, outre ce que j'ai remarqué ci-deſſus, qui contient ce qui eſt porté par les Ordonnances, feroit après que la huitaine dans laquelle la caution devoit être fournie eſt expi-rée, de faire à la requête du Procureur du Roi, pourſuite & diligence du Receveur du Domaine, ſignifier au précédent encheriſſeur que la vente lui eſt retournée, à ce qu'il ait à fournir caution ; & en cas d'éviction, proceder de même envers les précédens encheriſſeurs, juſqu'à ce que l'un d'eux ait ſatisfait à cette obligation, à moins que le Receveur du Domai-ne (a) ne ſoit ſatisfait de la perſonne de l'Adjudica-taire ſeul, ou d'un autre encheriſſeur auquel la vente feroit retournée. La caution & le certificateur doi-vent ſolidairement être obligés avec le Marchand l'un pour l'autre, & un ſeul pour le tout, non-ſeu-lement pour la ſûreté du payement du prix, & des

______

(a) Quand même le Receveur feroit ſatisfait de la perſonne de l'Ad-judicataire, le Procureur du Roi doit toujours prendre de bonnes cau-tions, non-ſeulement pour ſûreté des autres clauſes, mais encore pour les délits que l'Adjudicataire pourroit commettre.

charges en deniers & en bois, qui font affignées fur les ventes, mais auffi pour sûreté des autres claufes du bail, c'eft-à-dire pour sûreté de l'exploitation & du payement des amendes & condamnations, que les Marchands pourront encourir pour délits & abus commis en l'exploitation ; mais la maniere de les recevoir eft différente. En plufieurs Maîtrifes, les cautions fe reçoivent au Greffe, du confentement du Procureur du Roi feul ; en d'autres, de fon confentement & de celui du (b) Receveur du Domaine ; & en d'autres, du confentement (c) feul du même Receveur, qui par des contrats & obligations particulieres prend fes sûretés, parce qu'il eft refponfable des deniers ; après quoi il donne aux Marchands fon billet de contentement, (d) afin qu'ils puiffent entrer en exploitation. Mais je crois qu'il eft mieux que la caution foit reçue au (e) Greffe, du

(b) Du confentement du Procureur du Roi & du Receveur ; du Procureur du Roi pour les intérêts du Roi, fçavoir exploitation & deniers ; Receveur pour deniers feulement.

(c) Jamais cela ne s'eft pratiqué dans le département de Paris, le cautionnement fe faifant toujours devant le Maître particulier, le Procureur du Roi, & le Receveur appellé.

(d) Billet de contentement, eft un billet que le Receveur du Domaine & Bois donne au Marchand, par lequel il déclare qu'il eft fatisfait touchant le cautionnement, & confent que le Marchand exploite. Actuellement il faut que le Marchand paye comptant les demi-deniers aux Receveurs, & qu'il en juftifie au Garde-Marteau, après l'avoir fait enregiftrer au Greffe.

(e) Suivant l'art. 29, la caution doit être reçue par le Receveur, ou par le Maître & le Procureur du Roi. Il me paroît plus décent, & même plus juridique, que ce foit devant le Maître particulier ou Lieutenant, le Receveur ne donnant des contraintes qu'en vertu de la Sentence d'ad-

confentement

confentement du Receveur du Domaine, pour la
fûreté du prix dont il eft refponfable, & du confentement du Procureur du Roi conjointement, pour
la fûreté de l'exploitation, fur laquelle étant toujours obligé d'avoir l'œil, il eft à propos qu'il con-
noiffe ceux qui avec l'Adjudicataire en font refponfables; & j'ajouterai encore qu'il eft néceffaire que
par l'acte qui fera expédié de la préfentation de la
caution & du certificateur, il leur foit ordonné,
auffi-bien qu'au Marchand qui les préfentera, de faire
en la Ville où le Siége de la Maîtrife eft établi,
élection de domicile (*f*).

D I X I É M E   P O I N T.

*De l'adjudication & du billet de contentement que les
Marchands doivent avoir pour entrer en exploitation
de leurs ventes.*

Suivant l'Ordonnance du Roi François I. de l'année 1515, article 33, les Gruyers, Verdiers, Ver-

judication vis-à-vis de l'Adjudicataire qui eft condamné par fon adjudication; il en faut donc une vis-à-vis des cautions, & la reception de
caution de la part du Receveur ne peut en produire; mais fur les conclufions du Procureur du Roi, le Juge recevant la caution, la condamne
folidairement, & cette condamnation opere toutes pourfuites; au lieu
que fur la reception du Receveur, il peut y avoir quelqu'incident qui
oblige de revenir à l'Audience, & pour lors un retard pour les intérêts
du Roi.

(*f*) Election de domicile. Non-feulement ils doivent faire élection de
domicile en la Ville dans le cas où ils n'y demeurent pas; mais même,
fuivant Saint-Yon, livre premier, titre 22, art. 32, Chaufour, chap.
14, fection des charges des ventes, ils doivent au moins être domiciliés
dans le reffort de la Châtellenie où fe font les ventes.

G g

duriers, & autres semblables Officiers, tels que les Capitaines Forestiers des Forêts de ce département, qui sont particulierement établis pour leur garde, & qui sont responsables de tout ce qui s'y passe, ne doivent souffrir qu'aucun Marchand entre en exploitation, qu'il ne leur ait fait apparoir du certificat du Receveur du Domaine, de la caution baillée, qui est ce qui s'appelle billet de contentement; (a) à faute de quoi ces Officiers sont responsables de l'intérêt du Roi. Nous avons remarqué que pour cela on en usoit différemment; qu'en quelques Maîtrises, sur le seul billet de contentement du Receveur du Domaine, les Gruyers ou Capitaines Forestiers, pour parler en termes connus en cette Province, permettoient l'exploitation; en d'autres, sur la seule adjudication; & en ce département, sur une simple Lettre des Grands Maîtres, appellée Lettre d'aforestement, qui ne contenoit autre chose qu'un mandement adressant aux Capitaines Forestiers, par lequel il leur étoit ordonné de laisser librement exploiter la vente de 20, 30, 40 arpens, plus ou moins, de bois mesurés en la Forêt dont il s'agissoit, par eux adjugée à tel Marchand; mais cela n'est pas suffisant : premierement, parce qu'il faut qu'il y ait caution baillée, & qu'il en apparoisse aux Capitaines Forestiers : & en second lieu, parce que ces Officiers étant responsables de tout ce qui se

(a) Billet de contentement. Il suffit actuellement que le Marchand ait payé les vingt-six deniers pour livre, & donné caution, tant du prix que de l'exploitation, pour qu'en montrant cette quittance au Garde-Marteau, dûement enregistrée au Greffe, il puisse entrer en exploitation.

fait dans les Forêts , & particulierement dans les coupes, ils doivent sçavoir les charges , (*b*) clauses & conditions de la vente , quelle doit être la maniere & le tems de couper , & quelle doit être la maniere d'user, pour tenir la main à ce que le Marchand observe ce qui est porté par son Contrat ; pourquoi il est à propos que le Marchand ait son adjudication en bonne & dûe forme , (*c*) avec l'Acte de cautionnement, pour présenter le tout au Capitaine Forestier, & lui en donner copie : & pour mieux faire encore , il ne faudroit point délivrer l'adjudication qu'après la caution reçue , & y inserant l'Acte de sa reception , l'adjudication seule avec mandement au Capitaine Forestier seroit suffisante.

Onziéme Point.

Du souchetage que les Marchands doivent faire autour de leurs ventes avant d'entrer en exploitation.

Les Marchands sont responsables de tous les délits qui se trouvent faits autour de leurs ventes , au

(*b*) Sçavoir les charges. Le Garde-Marteau étant appellé au cahier des charges de toutes les adjudications, doit d'autant plus veiller à celles qui y sont inserées.

(*c*) Le Marchand a toujours une expédition de son adjudication ; car l'on a coutume de mettre dans le cahier des charges , qu'il payera trois expéditions, une pour le Grand Maître , une pour le Receveur général ou particulier, s'il y en a , & une pour   & on ne délivre point d'expédition de l'adjudication à celui qui n'a pas donné caution ; puisqu'aux termes de l'art. 27 dudit titre , faute par l'Adjudicataire de donner bonne & suffisante caution , l'adjudication retourne au précédent encherisseur.

G g ij

fon & ouie de la coignée (a). Cette claufe eſt ordinairement inſerée dans tous les cahiers des charges qui s'expédient pour les ventes des bois du Roi, & elle eſt ſans doute fondée en raiſon ; mais néanmoins je n'ai point vu d'Ordonnance (b) ſur laquelle elle ſoit établie, ſi ce n'eſt qu'on veuille tirer un argument de l'art. 22 de l'Ordonnance de François I. du mois d'Août 1545, qui rend les Riverains des Forêts reſponſables des délits & malverſations qui s'y font. Tout ce que j'ai vu touchant ce point, eſt que par l'article 27 du Réglement fait le 2 Décembre 1563 par les Juges en dernier reſſort pour la Forêt de Compiegne, il eſt dit que les Marchands Ventiers ſeront tenus & reſponſables des délits & malverſations qui ſeront commiſes en la Forêt par leurs Bocquillons ; & Monſieur de Saint-Yon expliquant cet article, dit que cela doit s'entendre au ſon & ouie de la coignée, qu'il limite à cinquante perches pour les bois de haute-futaye, à vingt-cinq pour les bois qui ſont en haut revenu, & à douze pour les taillis (c). L'uſage eſt tellement conforme à cela, que non-ſeulement les Marchands des bois

(a) Suivant l'art. 51 du tit. 15 de l'Ordonnance de 1669, & le ſentiment de Duchaufour, chap. 14, aux charges ordinaires des ventes, tous Marchands ſont reſponſables des délits commis au ſon & ouie de la coignée, eſtimé par ladite Ordonnance à cinquante perches pour le bois de cinquante ans & au-deſſus, & à vingt-cinq pour ceux au-deſſous.

Suivant Monſieur Duchaufour, l'amende doit être au pied le tour pour les gros arbres & la futaye, parce qu'ils ne peuvent point être abatus ſans un grand bruit, & elle doit être arbitraire pour les autres menus délits, pour la négligence ſeulement du Marchand de n'y avoir pas fait veiller.

(b) L'Ordonnance de 1669, ſuſdits titre & article.

(c) L'Ordonnance de 1669, ſuſdits titre & article, n'a fait que deux

du Roi, mais même les Marchands des bois des Communautés Eccléfiaftiques & Séculieres, & des Particuliers même qui font contigus des Forêts du Roi, font refponfables des délits qui s’y font au fon & ouie de la coignée. C’eft fur ce fondement que pour ne pas rendre les Marchands coupables des dégradations qu’ils n’auront pas faites, & qui pourroient avoir été faites avant l’adjudication des ventes, il eft à propos qu’avant qu’ils entrent en exploitation, ils faffent faire une vifite & recherche exacte par les Officiers de tous les délits qu’on peut y avoir fait, & en faire dreffer Procès-verbal, pour leur fervir, & y avoir égard lors des recollemens, & même auparavant, lors des vifites que les Officiers & Capitaines Foreftiers font tenus de faire ; & à faute d’avoir fait faire cette vifite & recherche, communément appellée fouchetage, ils feront refponfables des délits qui fe trouveront au fon & ouie de la coignée de leurs ventes, fans qu’ils puiffent être reçus à alleguer qu’ils ont été faits avant l’adjudication & l’ufance, à moins que manifeftement & hors de toute connivence la vérité ne paroiffe.

claffes, l’une pour les bois de cinquante ans & au-deffus, & l’autre pour ceux depuis cinquante ans & au-deffous. Pour la premiere, comme il vient d’être obfervé, ils font refponfables des délits à cinquante perches, & pour la deuxiéme à vingt-cinq ; toutes fois néanmoins lorfque leurs Gardes-ventes ne font point de Procès-verbaux, ce qu’ils ont la faculté de faire lorfqu’ils font reçus en Juftice, & qu’ils font toujours lorfqu’ils préfentent leurs Marteau & Regiftres.

DOUZIÉME POINT.

Du tems de coupe & de vuidange.

Coupe & vuidange font deux chofes différentes ; coupe & abbatis, couper & abbatre le bois, c'eft la même chofe : & comme il eft défendu de le faire pendant que le bois eft en féve, qui eft depuis le quinziéme Mai, fuivant les Ordonnances, (*a*) & depuis le dernier Avril, fuivant les Réglemens des réformations, jufqu'au 15 Septembre, il faut par le cahier des charges régler le tems pendant lequel il fera permis de couper, & ce tems s'appelle tems de coupe

Vuidange & débit du bois, le vuider, débiter, ou autrement tirer hors de la Forêt, eft la même chofe ; & parce que fi on fouffroit que le bois abbatu y demeurât long-tems, il empêcheroit le bois de rejetter, ce qui cauferoit un dommage confidérable : il faut régler le tems qui doit être accordé

(*a*) Suivant le fentiment de Monfieur Rouffeau, Sieur de Bazoches, conformément au Réglement de 1601, art. 24, le tems de féve étoit réputé depuis la mi-Mai jufqu'à la mi-Septembre ; dans le Nivernois, depuis la mi-Mai jufqu'à la mi-Août ; dans le Poitou, du premier Mai à la fin de Septembre ; & en Normandie, depuis la mi-Mai jufqu'à la S. Jean.

L'Ordonnance de 1669, titre 15, art. 40, a réglé le tems de féve au 15 Avril jufqu'au premier Octobre. Cependant il y a des climats où elle peut avancer ; ce font des attentions que les Officiers doivent avoir dans les exploitations : les Gardes-Marteaux qui doivent vifiter tous les quinze jours toutes les ventes, doivent y faire attention, & en rendre compte aux Maîtres particuliers & Procureurs du Roi, pour y être par eux pourvu.

pour la vuidange , (*b*) qui eſt ordinairement l'année, & quelquefois le mois de Janvier ou Février au-delà , parce que pendant ces mois le bois ne pouſſe aucun rejet. Mais quoi qu'il en ſoit , les Officiers doivent ſçavoir qu'il leur eſt expreſſément défendu d'accorder des prolongations de vuidange ; que les Grands Maîtres même ne le peuvent point , & que le Roi (*c*) ſeul par ſes Ordonnances s'eſt réſervé le pouvoir de les octroyer par Lettres Patentes. C'eſt pourquoi ils doivent aviſer à accorder plutôt quelques mois davantage par le cahier des charges , & bien avertir les Marchands de faire diligence de vuider , à peine de confiſcation & d'amende , ſuivant les Ordonnances.

Treiziéme Point.

De la maniere de couper , uſer , exploiter & vuider le bois.

Coupe & vuidange ſont deux choſes différentes , comme je l'ai remarqué ci-deſſus ; mais les termes d'exploitation & uſance ont rapport avec l'une & l'autre , & ſignifient l'une & l'autre enſemble ; car exploiter & uſer une vente, c'eſt-à-dire en couper

(*b*) Par Ordonnance du Roi François I. du mois de Mars 1516, art. 8 , le tems de la vuidange à l'égard des Officiers eſt arbitraire ; mais il doit être préfix aux Marchands , ſuivant l'art. 40 dudit tit. 15 de ladite Ordonnance de 1669 ; c'eſt au Grand Maître à le régler par le cahier des charges, ſuivant la poſſibilité du terrein & les voitures.

(*c*) Ordonnances de Charles V. en 1376, art. 38. Charles VI. en Mars 1388, art. 38. Charles VII. en 1402 , art. 36. François I. en 1515 , art. 53. Louis XIV. en Août 1669 , titre 15 , art. 40.

& abattre le bois, le convertir en différentes sortes de marchandises, en faire le débit & le vuider : mais pour expliquer les choses avec ordre, je ferai distinction de la maniere de couper, & des choses qui peuvent y avoir rapport ; de l'amenagement du bois , & des différentes marchandises qu'on peut en faire ; & de la maniere de le débiter & user, & de ce qui en dépend.

Premierement, pour ce qui regarde la maniere de couper, les Marchands font tenus de couper le bois à fix pouces près de terre & au-deffous, felon la difpofition de l'Ordonnance de François I. de l'année 1516, art. 3, (a) laquelle n'a été nullement pratiquée en ce département, où non-feulement les délinquans , mais même les Marchands, particulierement dans les Forêts qui font fituées dans les montagnes, coupoient le bois à deux, trois & quatre pieds de hauteur, ce qu'à l'avenir les Officiers empêcheront avec toute l'application poffible.

En fecond lieu, ils doivent couper tout le bois avorté, abrouti, abougri, (b) coupé par délit, & autrement perdu & gâté, afin qu'il puiffe revenir, felon la difpofition de la même Ordonnance , laquelle pareillement en ce regard a été très-mal exécutée ; & comme j'ai fait voir l'importance & la néceffité

(a) Suivant l'art. 42, fufdits titre & Ordonnance, les futayes doivent être coupées le plus bas de terre que faire fe pourra, & les taillis à fleur de terre, en forte que les brins de cepées n'excedent la fuperficie de la terre, & que tous les anciens nœuds recouverts & caufés par les précedentes coupes, ne paroiffent aucunement.

(b) Ordonnance ci-deffus rapportée, & celle de 1669, titre 15, art. 45.

des

des recepages, les Officiers ne manqueront pas auffi en ce point de remettre l'Ordonnance en vigueur.

En troifiéme lieu, ils doivent couper tout d'un fuivant, à une fois, & fans recourir, fuivant la même Ordonnance; c'eft-à-dire, qu'ils doivent commencer à couper par un bout, aller tout de fuite, & finir à l'autre, (c) fans rien laiffer en arriere, afin que les ventes étant ainfi coupées reviennent mieux & également par tout.

En quatriéme lieu, défenfes leur font faites d'abbatre aucun arbre à la fcie, (d) à peine d'amende & de confifcation.

En cinquiéme lieu, il leur eft défendu de peler le bois des ventes étant debout (e) & fur le pied, fous les mêmes peines.

En fixiéme lieu, défenfes leur font faites d'abbatre les arbres fur lefquels ceux de la vente auroient été encroués, fuivant les Ordonnances de Charles V. de l'année 1576, article 23, & de François premier de 1515, art. 38 & 39. (f) Pour entendre cet article, il faut fçavoir ce que fignifie ce mot encroué. Ce mot veut dire un arbre que l'on a par hafard ou à plaifir fait tomber fur un autre, & qui eft tellement embarraffé par le mêlange de fes branches parmi celles de l'autre, qu'on ne le peut faire tomber fans abbatre ou faire tomber en même

(c) Mêmes Ordonnances, & celle de 1669, titre 25, art. 11.
(d) François I. 1518. Ordonnance de 1669, titre 15, art. 44.
(e) Duchaufour, chapitre des charges des ventes, art. 16.
L'Ordonnance de 1669, titre 27, art. 28, porte cinq cens livres d'amende & confifcation.
(f) Titre 15 de ladite Ordonnance, art. 43.

H h

tems celui fur lequel il eft tombé. Or comme les Marchands & leurs Bucherons font coutumiers de faire tels délits, pour en éviter l'inconvénient, les Ordonnances y ont pourvû ; de forte que fi quelqu'arbre s'encroue de cette maniere, & qu'il ne puiffe pas être abbatu fans en couper un autre qui feroit hors de la vente, ou qui feroit un arbre de réferve de la vente, il eft défendu de les couper tous deux. Et fi par hafard, ou de deffein, faifant tomber un arbre de la vente, on en fait tomber un autre hors la vente, le Marchand doit en payer le prix avec amende ; & s'il fait tomber un baliveau de la vente, il doit en laiffer (g) un autre à la place qui foit meilleur.

Pour ce qui regarde l'amenagement du bois, il eft défendu premierement de faire des échalas de quartier de chêne, (h) ou pour mieux dire, de débiter le chêne en échalas ; les Ordonnances voulant que

(g) Titre 15 de l'Ordonnance de 1669, art. 46.
Par cet article il eft dit, que fi pendant l'ufance des ventes aucuns des arbres réfervés & marqués étoient arrachés ou abbatus par les vents & orages, ou par autre accident, les Marchands les laifferont fur la place, & en donneront avis au Sergent à garde ; qui fera tenu d'en avertir le Garde-Marteau, pour fe tranfporter enfemble fur les lieux, afin d'en dreffer Procès-verbal pour en marquer d'autres, le tout fans frais.

Les cahiers des charges portent ordinairement précifément cette claufe. Mais comme les Gardes-ventes font ordinairement reçus en Juftice, ils dreffent Procès-verbal conjointement avec le Garde du canton, dont ils ont pouvoir par ledit cahier des charges & leur Acte de reception ; & vû leurs Procès-verbaux, on fe tranfporte pour marquer d'autres baliveaux.

(h) Crdonnance de François I. en 1539, & d'autres Ordonnances données à Efclaron en 15+8 en Juin. Henri II. 1548. Charles IX. 1563, art. premier. & Henri III. en 1588. Et même il eft défendu de faire cotrets de bois de chêne propre à être mis en buches. Ordonnance de Charles IX. 1567, chap. 5, art. 15, & Henri III. en 1577, ce bois, qui eſt la meilleure eſpéce, ſoit conſervé pour les bâtimens & pour le bois merein. Cette prohibition eſt inutile en cette Province, parce que les échalas n'y ſont point en uſage.

En ſecond lieu, il eſt défendu dans les Forêts voiſines de Paris, & dont le bois ſe débite par les rivieres de Seine & Oyſe, d'y faire aucuns charbons, comme aux Forêts de Saint Germain, de Senlis, de Compiegne, d'Aigue & de Coucy; ce qu'il ſeroit à propos d'obſerver pour les Forêts de cette Province qui avoiſinent la Ville de Toulouſe, & dont le débit ſe fait avec facilité par les rivieres.

Quant à la maniere d'uſer, débiter & vuider, il eſt expreſſément défendu aux Marchands & à leurs aſſociés de faire ni tenir aucuns atteliers, loges, ni affutages en leurs maiſons, & autres lieux que dans les ventes, à peine de confiſcation, ſuivant l'Ordonnance de François I. de l'année 1515, art. 48, & Arrêts des Chambres des Réformations (*i*).

Défenſes pareillement leur ſont faites de ſouffrir qu'il ſoit apporté en leurs ventes aucun bois dérobé, ni aucun autre bois quelconque, ſous peine de confiſcation des ventes mêmes (*k*).

chap. 4, art. 14. Cela eſt établi par des Réglemens particuliers, & par l'art. 52 des Ordonnances recueillies par Martin, Lieutenant Général des Eaux & Forêts d'Orléans. Mais il eſt défendu de faire cendres, ſuivant les Ordonnances de François I. en 1520, art. 7, Henri II. en 1547, Charles IX. en 1566, & Henri IV. en 1597, art. 29; ce qu'il faut entendre du bois, ou pour mieux dire des arbres des ventes, & non pas des épines, ronces & menus branchages qui reſtent du bois, qui ne peuvent ſervir à autre uſage.

(*i*) L'Ordonnance de 1669, titre 27, art. 29, outre la confiſcation, a impoſé la peine de cent livres d'amende.

(*k*) L'art. 48 du titre 15 de ladite Ordonnance porte, que les Mar-

Il eſt auſſi défendu aux Marchands , leurs Aſſociés , Facteurs , & interpoſés à la conduite de leurs
bêtes de voiture & harnois, de tenir & laiſſer pâturer
aucuns chevaux, jumens, bœufs, ânes, mulets, &
autres animaux dans les ventes , pendant l'uſance
& vuidange d'icelles (l).

Défenſes leur ſont auſſi faites d'en enlever le
bois qu'à jours feriés & entre deux ſoleils , c'eſt-
à-dire de jour , (m) les Forêts pendant les jours de
Dimanches & Fêtes , auſſi-bien que pendant la nuit ,
étant cloſes.

Il leur eſt ordonné , ſoit qu'ils faſſent l'exploitation en perſonne, ou qu'ils ayent un Clerc ou Facteur , ainſi qu'il eſt requis par les Ordonnances ,
d'avoir un Regiſtre (n) relié ou couſu , cotté par
nombre, & paraphé (o) par le Maître particulier,

chands ne pourront retirer dans leurs ventes d'autres bois que ceux qui
en proviendront , à peine d'être punis comme s'ils l'avoient volé.

Par Ordonnances des Rois Philippe le Long de 1318 , art. 21 ,
Charles VI. de 1402 , art. 53 , & François I. 1515 , art. 70 , il
eſt dit, que les Maîtres des Forêts feront jurer les Marchands qu'ils
n'acheteront ni feront acheter de nuls quelconques , bois que ſoit donné
du Roi ; & ſe autres l'achetoient , ils le feront tantôt ſçavoir aux Maîtres, ſur peine d'amende volontaire.

(l) L'Ordonnance du mois d'Août 1673 défend de laiſſer entrer
aucun bétail dans les ventes nouvellement exploitées ; & veut que les
Marchands qui auront ſouffert pâturer le jeune revenu de leurs ventes
pendant l'exploitation , en ſoient tenus ſauf leur recours contre ceux à
qui appartiendront les beſtiaux qui auront fait le dommage.

(m) Titre 15 , art. 49 de ladite Ordonnance de 1669 , porte défenſes de faire travailler nuitamment ni les jours de Fêtes dans les ventes , ni y prendre & enlever du bois , ſur peine de cent livres d'amende.

(n) Suſdit titre , art. 37.

(o) Art. 37 ſuſdit. Voyez Duchaufour, & les Ordonnances de 1376 ,
art. 27, Mars 1388 , art. 26 , Septembre 1402 , art. 26 , Mars 1515 ,
art. 43.

dans lequel ils écriront ou feront écrire tout de suite, & sans laisser aucun blanc, & jour à jour, toutes les marchandises qui sortiront de la vente, leur quantité & qualité, les noms de ceux auxquels ils les auront fait voiturer, le jour de la délivrance, & l'heure de devant ou après midi. Cela se fait par plusieurs raisons. La premiere regarde le Roi & la conservation de ses Forêts, afin que si les Particuliers qui pourroient y aller dérober du bois se servoient de la couverture des ventes, alléguant que le bois par eux dérobé en provient, ils puissent être convaincus du contraire par la représentation du Registre. La seconde regarde le Public, parce que ce Registre fait foi pour les Marchands, contre ceux qui prennent du bois de leurs ventes; & c'est à ce sujet que les Ordonnances ont voulu prendre toutes ces précautions de faire cotter & parapher leur Registre. Comme le Clerc, Facteur ou Garde-vente est en cela une espéce de Juge, il doit sçavoir lire & écrire, doit être présenté par les Marchands au Maître particulier, & devant lui faire (p) serment de se bien gouverner en cette charge; & tant lui que les Marchands, quand ils en sont requis, sont tenus de représenter ce Registre aux assises (q) ou hauts jours, qui se tiennent deux fois l'an, & le mettre au Greffe de la Maîtrise, pour être vû par le Procureur du Roi, pour y dire & requerir ce qu'il verra bon être pour le service de

____

(p) Titre 15, art. 39 de l'Ordonnance de 1669. Duchaufour, art. 18, chapitre des charges ordinaires des ventes.
(q) Ordonnances ci-dessus rapportées ès articles relatés.

Sa Majefté. Après la vuidange & recollement de la vente, ce même Regiftre doit être repréfenté aux Officiers, pour être paraphé à la fin de ce qui s'y trouvera enregiftré, (r) afin qu'on ne puiffe pas y rien ajouter davantage, & rendu enfuite au Marchand, pour lui fervir & y avoir recours toutes & quantes fois que befoin fera; & où le Facteur fe trouveroit en faute, le Marchand en eft refponfable; (s) pourquoi lorfqu'il le préfente, il en fait fa foumiffion au Greffe.

Mais pour précaution plus grande, & afin qu'on ne puiffe pas fortir aucun bois dérobé de la Forêt, qu'il ne foit reconnu, les Ordonnances ont encore établi deux chofes.

La premiere, que lefdits Marchands ou leur Facteur, Clerc ou Garde-vente, foient tenus de délivrer à chacun Voiturier qui fortira de la vente un billet ou étiquette, contenant le nom, furnom & demeure du Voiturier, la qualité & quantité des marchandifes qui lui auront été fournies & délivrées, avec la remarque du jour & du tems, du matin ou

___

(r) Ordonnances ci-deffus, & Duchaufour ès mêmes articles.

(s) L'Ordonnance de 1669, titre 32, art. 7, rend les Marchands civilement refponfables de leurs Facteurs, & la foumiffion paroît inutile, je l'eftime furabondante; mais qu'il faut toujours que le Marchand figne la préfentation de fon Facteur; autrement il pourroit dire qu'il ne l'a pas préfenté, & par là vouloir éviter l'action que l'on pourroit intenter contre lui pour raifon defdits délits, quoiqu'il fût fuffifant, du moins à ce que je penfe, que le Facteur eût agi pour le Marchand, pour le réputer avoir été établi par le Marchand; la préfentation que fait le Marchand étant feulement pour réputer le Facteur de bonne vie & mœurs, & non pour l'accepter; le délit commis dans une vente devant toujours être préfumé fait du confentement du Marchand, & participation du Facteur.

de l'après-midi, afin qu'étant rencontré par les Officiers ou par les Gardes, il puisse leur repréfenter fon billet de voiture. La feconde eft qu'ils font obligés d'avoir (t) un marteau, l'empreinte duquel ils doivent laiffer au Greffe de la Maîtrife avant que d'entrer en exploitation, dont ils doivent marquer généralement tous les bois de leurs ventes, & particulierement tout ce qui en fort, afin que les Voituriers étant rencontrés comme deffus, ils puiffent faire voir à la repréfentation de la marque du Marchand, que le bois vient de fa vente.

Suivant les anciennes Ordonnances, les Marchands étoient obligés de faire faire des foffés de fix pieds d'ouverture, & de cinq de profondeur, & de les planter de hayes vives, non-feulement le long des routes & grands chemins, mais même tout autour de leurs ventes : mais comme cela alloit à de grands frais qui confommoient une grande partie du prix des ventes, on a trouvé auffi que cela étoit fort incommode, & même dangereux pour la chaffe, de forte qu'on en a difcontinué l'ufage, & tout ce qu'on a trouvé à propos de faire, a été de pourvoir à la fermeture des Forêts du côté des jeunes ventes. Or comme dans ce département nous avons, fuivant les Ordonnances, fait clore de foffés toutes les Forêts qui en dépendent, cet article paroît inutile, & il fuffit que les Officiers foient avertis qu'ils doivent avoir foin que ces foffés foient toujours entretenus en bon état, obligeant les Particuliers qui

(t) Article 37 du titre 15 de l'Ordonnance de 1669.

les pourront combler ou en abbatre les levées, à les réparer. (*u*)

QUATORZIÉME POINT.

Des réserves qui font à faire dans les ventes.

Les Marchands faifant l'exploitation de leurs ventes, doivent réferver :

Premierement , les pieds corniers, tournans & parois.

En fecond lieu , les baliveaux , fçavoir dans les futayes ceux qui font marqués feulement , & dans les jeunes ou hauts taillis , les baliveaux de l'âge du bois, avec les modernes & les anciens. (*x*)

En troifiéme lieu , les arbres fruitiers , comme poiriers, pommiers, mefliers, cornouillers, alifiers, cerifiers & merifiers, pour la nourriture des bêtes fauves.

QUINZIÉME POINT.

Du Recollement.

Enfin , pour connoître fi les Marchands auront coupé, exploité & vuidé leurs ventes , & fait les

(*u*) Prefque tous les cahiers des charges obligent les Adjudicataires à relever les foffés & rigolles de leurs ventes qu'ils auroient comblés pour faire paffer leurs voitures. Le mieux eft de ne leur pas laiffer combler, parce que la vafe s'amaffant, l'eau n'a plus la pente qu'on avoit pû lui donner lors de l'ouverture des foffés, & que les Marchands fe contentant de rafraîchir la brèche, l'eau y féjourne, & les foffés que l'on avoit pû faire pour l'écoulement des eaux & defféchement, n'ont plus leur niveau d'eau.

(*x*) Duchaufour, chapitre ordinaire des charges des ventes, art. 12.

réferves

réferves conformément à tout ce que deſſus ; pour connoître auſſi s'ils n'auront point outre-paſſé, ou s'il y a ſur-meſure ou manquement de meſure, ils ſont obligés, incontinent après le tems de la vuidange expiré, de faire proceder au recollement de leurs ventes à leurs dépens. Je me réferve à parler à fond du recollement dans le dernier Chapitre de cette Inſtruction : mais comme l'obligation de le faire faire eſt une des principales clauſes du cahier des charges, il eſt néceſſaire d'en expliquer ici quelque choſe, & de remarquer tout ce dont on doit faire mention par le cahier des charges.

Premierement, le Marchand doit le faire faire à ſes dépens. Comme on a réglé dans les réformations des Forêts des autres départemens les frais qui doivent être payés aux Officiers, on en a uſé de même pour les Forêts de celui-ci (a) à la moitié des journées qui ſont employées pour l'aſſiette, meſurage, martelage, balivage & adjudication des ventes, & je veux bien demeurer d'accord que les droits que l'on a accordés pour cela aux Officiers ſont très-modiques. Mais je les excite encore une fois à faire par leurs ſoins, que le prix des ventes ſoit ſi conſidérable, qu'ils puiſſent obtenir du Roi les mêmes avantages que Sa Majeſté aura accordé aux Officiers des autres Maîtriſes.

(a) Suivant les Réglemens du Conſeil des Finances, les recollemens, tant des Bois du Roi, que des Eccléſiaſtiques, ſont réglés à la moitié de l'aſſiette, martelage, meſurage & balivage ; ils ſont payés par les Marchands, lorſque ce ſont Bois de Gens de Main-morte ; & ſur l'état du Roi, lorſque ce ſont Bois du Roi ou de Grurie, à moins que le cahier des charges ne porte le contraire.

I i

En second lieu, il se doit faire un second mesurage, appellé un nouvel Arpenteur avec celui qui a fait le premier, (b) pour connoître s'il y a outrepasse, sur-mesure ou manquement de mesure (c). La sur-mesure n'est pas un délit, & le Marchand n'est obligé de la payer que sur le pied du prix de la vente, à proportion de la quantité de perches ou d'arpens. (d) L'outre-passe est un délit qui est puni par amende & par condamnation au double, sur la proportion du prix (e). Le manquement de mesure ne se répare point en donnant d'autre bois, à cause des abus qu'on peut faire, donnant du bon bois pour du mauvais au détriment du Roi, ou du mauvais pour du bon au dommage du Marchand. Il ne se répare point aussi par diminution du prix, parce que l'état des ventes étant envoyé au Conseil, on ne peut plus le changer; mais à proportion de ce qui manque, & sur le pied du prix de la vente, (f) on adjuge au Marchand une somme qui lui est payée comptant sur les premieres ventes, lesquelles on adjuge à cette charge.

En troisiéme lieu, on visite le dedans de la vente.

(b) Titre 16, art. 3.

(c) Titre 16, art. 8.

(d) Par l'article 9 de ce titre il est dit, que dans le cas où il y aura de la part du Marchand entreprise ou outre-passe au-delà des pieds corniers, le Marchand sera condamné de payer le quadruple à raison du prix principal de son adjudication, au cas que le bois où elle est faite soit de même essence que celui de la vente; & s'il étoit de meilleure nature, qualité, & plus âgé, il sera tenu en payer l'amende & restitution au pied le tour.

(e) Art. 8 du même titre.

(f) Idem titre & article.

1°. Pour connoître si la réserve des baliveaux &
fruitiers a été faite , (g) parce que le Marchand
doit les repréſenter , à peine d'encourir les amendes
portées par les Ordonnances & Réglemens. 2°. Pour
connoître ſi le bois a été bien coupé , ce qu'on l'o-
blige de faire, avec amende, & dommages & intérêts , s'il ne l'a point fait. 3°. Pour connoître s'il a
vuidé toutes ſes marchandiſes , toutes celles qui s'y
trouvent demeurant confiſquées.

En quatriéme lieu , on viſite le dehors , & premierement on voit ſi le nombre des pieds corniers ,
tournans & parois ſe trouve , pour leſquels les condamnations ſont réglées , (h) & on fait un nouveau
ſouchetage qu'on confronte avec le premier ; on
dreſſe Procès-verbal de tout , ſur lequel le Procureur
du Roi donne ſes concluſions ; & le Maître enſuite
rend ſon Jugement d'abſolution & congé de Cour ,
(i) ou de condamnation pour partie , & congé de
Cour pour le reſte ; ce que j'expliquerai plus amplement ci-après , ceci étant ſuffiſant pour le regard du
cahier des charges que l'on pourra dreſſer ſur le modele ſuivant.

Modele du cahier des charges.

DE PAR LE ROI,

Et de l'Ordonnance de Nous Louis de Froidour,
Ecuyer, Seigneur de Seriſy , Conſeiller du Roi en

(g) Articles 2 & 10 dudit titre 16.
(h) Art. 4 dudit titre , & premier du titre 32.
(i) Article 7.

ſes Conſeils, Préſident, Lieutenant Général, Civil
& Criminel au Bailliage, & en la Maîtriſe des Eaux
& Forêts du Comté de Marle & la Fere, Commiſſaire député par Sa Majeſté pour la réformation générale des Eaux & Forêts au département de la
grande Maîtriſe de Toulouſe.

On fait à ſçavoir à tous qu'il appartiendra, que cejourd'hui.... heure du matin, au Siége de la Table de
Marbre du Palais à Toulouſe, par Nous, en préſence
& de l'avis des ſieurs de Cadars & de Flottes, Conſeillers du Roi, Grands Maîtres ancien & alternatif
des Eaux & Forêts dudit département, de Mᵉ. Jean
Cordurier de Crouſet, Conſeiller du Roi, Maître
particulier des Eaux & Forêts en la Sénéchauſſée
de Toulouſe, en la préſence auſſi du ſieur de Hericourt, Conſeiller du Roi, & ſon Procureur en ladite Réformation, Mᵉ. Louis de Campiſtron, Conſeiller du Roi, & ſon Procureur au Siége de la Table de Marbre, Mᵉ. Pierre Prouho, Procureur pour
Sa Majeſté en ladite Maîtriſe, comme encore de
Mᵉ. Gabriel Sabatier, Sieur de Labourgade, Receveur du Domaine de ladite Sénéchauſſée étant en
exercice, & autres Officiers deſdites Forêts, il ſera
procédé à l'adjudication des ventes de bois de recepages, aſſiſes & meſurées ès Forêts dépendantes de
ladite Maîtriſe en la préſente année, pour être exploitées & uſées en la prochaine, que l'on dira
1668, au plus offrant & dernier encheriſſeur, ſuivant les formalités preſcrites par les Ordonnances,
à l'extinction de trois feux ou chandelles allumées,
l'une à la ſuite de l'autre ; ſçavoir la premiere après

la haute mife pour la fimple enchere telle qu'elle fera réglée pour chacune vente ou par arpent , la feconde pour le doublement , & la troifiéme pour le triplement , à cette condition que les encheres qui feront faites pendant le fecond ou troifiéme feu par celui qui aura le bénéfice de la haute mife , ou qui aura encheri le dernier pendant le premier feu, feront toujòurs fimples , & ne feront doubles ou triples que pour ceux qui n'auront ni l'un ni l'autre bénéfice , fans qu'après lefdits feux éteints aucun puiffe être reçu en façon quelconque à encherir , finon par doublement que Nous avons réglé à la moitié du prix principal de l'adjudication , & par tiercement ou demi-tiercement , que Nous avons réglé au tiers & demi-tiers dudit prix principal.

Et feront tenus ceux qui feront lefdites encheres, de les faire enregiftrer au Greffe de ladite Maîtrife ou de notre Commiffion , & de les faire fignifier à l'Adjudicataire ou au dernier Encheriffeur , au cas qu'il fe fît plufieurs defdites encheres dans les vingt-quatre heures après l'adjudication , ou après lefdites encheres faites ; & pour cet effet fera fait remarque dans l'adjudication & à la reception des encheres , de l'heure à laquelle elles auront été faites , & ledit Adjudicataire & les Encheriffeurs tenus de faire élection de domicile en ladite Ville , où toutes affignations & fignifications feront faites, & valideront comme fi elles étoient faites à leurs perfonnes.

Après que lefdits doublemens , tiercemens &

demi-tiercemens auront été faits, ou l'un d'iceux en la maniere qu'il est dit ci-dessus, l'Adjudicataire & les doubleurs, tierceurs & demi-tierceurs, & non autres, seront reçus à encherir par simples encheres, faisant lesdites encheres deux heures après la précédente au Greffe de la Maîtrise & de notre Commission, & la faisant signifier en la forme ci-dessus.

Pourront néanmoins lesdits encherisseurs renoncer à leurs encheres, faisant leurs déclarations auxdits Greffes, & payant promptement leurs folles-encheres au Receveur du Domaine étant en exercice, & en ce cas les ventes retourneront au précédent encherisseur, & d'encherisseur à encherisseur; pourquoi lesdits encherisseurs seront tenus de voir de tems en tems au Greffe, si au moyen desdites renonciations les ventes leur seront retournées ; & après ledit tems de vingt-quatre heures passé, lesdites renonciations ne seront plus reçues.

Toutes sortes de personnes seront reçues à encherir lesdites ventes, sauf & excepté les Clercs Bénéficiers, Gentilshommes & Avocats, ou Officiers, & notamment ceux desdites Forêts, leurs Lignagers & Domestiques, auxquels nous avons défendu de s'associer avec les Marchands, & d'avoir part directement ou indirectement ausdites ventes, à peine d'amende arbitraire & de privation de leurs Offices; pourront néanmoins les Gentilshommes qui ont des Verreries être reçus à faire lesdites encheres.

Nous avons défendu & défendons aux Marchands, & à tous autres qui se présenteront pour faire lesdites encheres, ou qui auront part ausdites ventes,

tous monopoles, affociations & intelligences fecrettes, pour faire vendre les bois du Roi à vil
prix, à peine d'amende arbitraire, & de payer le
double du prix légitime defdites ventes, & autres
punitions portées par les Ordonnances.

Pourront néanmoins lefdits Marchands s'affocier
jufqu'au nombre de trois, fçavoir l'Adjudicataire,
la Caution & le Certificateur, en faifant au Greffe
leur déclaration de ladite affociation.

Celui ou ceux defdits Marchands aufquels lefdites
ventes feront demeurées, feront tenus incontinent
après ladite demeure ou adjudication, de payer
comptant pour les droits des Officiers qui auront
vaqué à l'affiette, mefurage, martelage, balivage
& adjudication des ventes, & pour leurs droits d'entrée, & autres frais defdites ventes, telle fomme
qu'il fera par Nous ordonné, fuivant le département qui en fera fait fur chacune defdites ventes,
laquelle fomme fera par eux mife ès mains du Greffier de ladite Maîtrife, qui en donnera fon billet,
pour être enfuite ladite fomme par lui payée, délivrée & diftribuée à qui il appartiendra, fuivant l'é-
tat que nous en avons expédié; & moyennant cela,
lefdits Marchands feront déchargés de tous autres
frais généralement quelconques, fauf & excepté
ceux qui feront ci-après inferés au préfent cahier,
contenant les charges, claufes & conditions defdites ventes.

Sera en outre tenu ledit Adjudicataire payer au
Receveur du Domaine étant en exercice le prix de
ladite vente à deux termes égaux, dont le premier

fera & échoira au jour de Notre-Dame d'Août , & le fecond au jour de Noël fuivant ; & à faute de ce faire , fera contraint audit payement, ainfi qu'il eft accoutumé d'être fait pour les deniers du Roi , en vertu de la commiffion qui fera expédiée au bas de l'état des ventes.

Sera tenu ledit Adjudicataire, auparavant entrer en exploitation defdites ventes , d'avoir ladite adjudication en bonne & dûe forme, fignée de Nous & des autres Officiers qui auront affifté à la faire ; & en outre de bailler audit Receveur du Domaine, dans la huitaine après que la demeure ou adjudication aura été faite, bonne & fûre caution avec certificateur, pour la fûreté du payement du prix de la vente , & au Procureur du Roi pour la fûreté de l'exploitation ; & à faute d'avoir payé lefdits deniers d'entrée , & de fournir par ledit Adjudicataire ladite caution & certificateur , il fera & demeurera évincé de fa vente, laquelle retournera au précédent encheriffeur, & d'encheriffeur à encheriffeur , ou de nouveau publiée à la diligence dudit Procureur du Roi & dudit Receveur du Domaine, pour être revendue à fa folle-enchere, laquelle folle-enchere il fera tenu payer inceffamment , finon contraint par les voyes ordinaires, comme ci-deffus eft dit : & ayant fatisfait au payement defdits deniers d'entrée , & fourniffement de caution & de certificateur, lui fera délivré par ledit Procureur du Roi & Receveur du Domaine billet de contentement, pour être par lui mis ès mains du Capitaine Foreftier de la Forêt dont il aura les ventes, afin qu'il en fouffre l'exploitation, & non autrement. Ledit

Ledit Adjudicataire aura tems de couper depuis
le jour que ledit billet de contentement aura été délivré, jufqu’au quinziéme jour du mois d’Avril prochain, & de vuider jufqu’au jour de Noël de ladite
année prochaine ; & faifant ladite coupe, fera tenu
de couper le bois, fçavoir les arbres à demi-pied ou
deux tiers de pan hors de terre, & les bois taillis,
bois abroutis, pillés & dégradés, & les vieux haçots
à rez-de-terre, fans laiffer aucune chofe en arriere,
tout d’un fuivant & fans recourir, à peine d’amende arbitraire ; & lui faifons défenfes de fe fervir de
la fcie pour abbatre & couper lefdits bois, mais
feulement de la ferpe & coignée ou hache ; comme auffi de peler aucuns bois debout, à peine de
confifcation defdites ventes, & d’amende arbitraire.

Sera tenu, faifant ladite coupe, réferver les pieds
corniers, tournans & parois, qui font réfervés &
marqués autour de fadite vente, comme auffi les
baliveaux qui ont été retenus, fuivant le Procès-
verbal de martelage & balivage, foit qu’il ait
été fait ou non, fauf ès Forêts où il fera déclaré
qu’il n’en doit être fait aucune réferve; fera tenu en
outre laiffer les arbres fruitiers, & répondra de tous
les délits qui pourront être faits autour de fa vente,
à la longueur de cinquante perches mefure de France, fuivant les Ordonnances : pourquoi, afin que
l’on ne puiffe lui imputer les délits qui y font à
préfent, il pourra faire proceder au fouchetage &
à la reconnoiffance des bois qui font aux environs
de fadite vente, à la longueur ci-deffus, par le Capitaine Foreftier & le Sergent-Garde du triaige où

K k

ladite vente fera affife, qui en dreſſeront leur Procès-verbal & l’envoyeront au Greffe de ladite Maîtrife.

Pendant l’exploitation defdites ventes, ne pourra ledit Adjudicataire tenir aucuns atteliers hors d’icelles, & n’y apportera & ne fouffrira qu’il y foit apporté autre bois que celui defdites ventes, à peine de confifcation d’icelles. Ne fouffrira auſſi que les bêtes de voiture paiſſent efdites ventes ni en la Forêt, à peine d’amende & de confifcation d’icelles, & fera refponſable des délits des Bucherons & des Voituriers qu’il employera.

Sera tenu en dedans le tems de la Saint Jean-Baptifte au plus tard, de rendre façonné & mefuré en la vente la quantité de bois dont ladite vente fera chargée pour le chauffage des Officiers & Ufagers de la Forêt, de maniere que lefdits Officiers & Ufagers puiſſent le faire enlever & tranfporter chez eux, fçavoir lefdits Officiers fans payer aucuns frais pour les façons, & lefdits Ufagers payant lefdites façons au prix courant des autres bois, à peine contre ledit Marchand de tous dépens, dommages & intérêts.

Il lui fera permis de convertir le bois defdites ventes en telles fortes de marchandifes que bon lui femblera, & même en charbons : mais auſſi en ce faifant, il fera tenu placer fa faude ou foſſe charbonniere en lieu qui ne puiſſe porter aucun dommage ; & pourquoi avant fauder ou charbonner, il appellera le Sergent-Garde du triaige pour lui faire voir le lieu, & l’un & l’autre feront folidairement responsables du dommage qu'il pourra y avoir.

Il ne pourra faire couper lesdits bois ni enlever les marchandises qu'à jours non feriés, & entre deux soleils, à peine de confiscation desdits bois & marchandises; & soit qu'il en fasse l'exploitation en personne, ou qu'il ait un Clerc ou Facteur, ainsi qu'il est porté par les Ordonnances, il sera tenu d'avoir un regiftre relié ou coufu, cotté par nombre & paraphé, dans lequel il écrira ou fera écrire tout de suite, fans laisser aucun blanc, & jour à jour, toutes les marchandises qui fortiront de fa vente, la quantité & qualité desdites marchandises, le nom de celui ou ceux à qui il les aura fait voiturer, le jour de la délivrance, & l'heure de devant ou après midi, pour après l'exploitation & usance de la vente, représenter ledit regiftre, & le mettre au Greffe de ladite Maîtrife pour y avoir recours où befoin fera. Il fera auffi tenu d'avoir un marteau dont il mettra l'empreinte au Greffe de ladite Maîtrife auparavant d'entrer en l'exploitation de fa vente, pour marquer ou faire marquer le bois qui en fortira; pourquoi lui & fon Facteur jureront pardevant le Maître ou fon Lieutenant, & en la préfence du Procureur du Roi de ladite Maîtrife, qu'ils ne marqueront autre bois que celui provenant desdites ventes, à peine de confifcation d'icelles; & afin qu'il ne puiffe être fait aucune fraude, ledit Adjudicataire ou fon Facteur, outre ladite empreinte, feront tenus de délivrer aux Voituriers qui enleveront lefdites marchandises, un billet ou étiquette de la quantité & qualité d'icelles, & le

K k ij

jour & heure de la délivrance comme ci-deſſus ;
ſinon & à faute de ce, tous les bois dont leſdits
Voituriers ſeront trouvés chargés, ſeront déclarés
acquis & confiſqués au Roi, comme bois coupés par
délit, avec les bêtes de voiture & harnois, & en
outre leſdits Voituriers condamnés en amende : Et
ne pourront leſdits billets ou étiquets avoir lieu
que pour un jour, à moins qu'il n'en fallût pluſieurs
pour aller de la Forêt au lieu où ledit bois doit être
tranſporté.

Incontinent après que le tems accordé pour la
vuidange ſera expiré, ledit Adjudicataire ſera tenu
faire faire le recollement de ſa vente à ſes dépens,
par les Officiers qu'il appartiendra ; & où il ſeroit
en retard, leſdits Officiers y feront procéder, ledit
Adjudicataire, ſes Caution & Certificateur dûement appellés ; & ce faiſant, ledit Adjudicataire,
Caution & Certificateur ſeront tenus de rendre
ladite vente bien & dûement exploitée en la maniere que deſſus, & vuide de marchandiſes, leſquelles, ſi aucunes y avoit après ledit tems de
la vuidange expiré, ſeront déclarées acquiſes &
confiſquées au profit du Roi, leſdits Marchands en
outre condamnés en l'amende telle que de raiſon :
ſera tenu auſſi de repréſenter les pieds corniers,
tournans & parois réſervés & marqués autour de
ſa vente, avec tous les arbres fruitiers & baliveaux
retenus & marqués ſuivant le Procès-verbal de martelage, ſoit que la réſerve en ait été faite ou non,
à moins qu'il ne ſoit expreſſément déclaré qu'il n'en
doit réſerver aucuns ; & à faute de ce, ſeront leſ-

dits Marchands condamnés suivant les Ordonnances.

Procédant aussi au recollement, remesurage sera fait de ladite vente par nouvel Arpenteur tel qu'il sera nommé par les Officiers, en la présence de celui qui aura fait le premier mesurage ; & en cas de sur-mesure, payera le surplus sur le pied du prix de la vente ; en cas d'outre-passe, payera le double sur la proportion dudit prix ; & où il se trouveroit manquement de mesure, diminution en sera faite à proportion sur le prix, sinon lui sera fait fonds sur les prochaines ventes de la somme à laquelle ledit manquement de mesure pourra monter.

Sera aussi procédé au souchetage & reconnoissance des bois qui sont aux environs de ladite vente, pour connoître les délits qui y auront été commis, autres que ceux dont sera fait mention dans le Procès-verbal de la visitation qui en aura été faite auparavant l'exploitation ; & de tout ce que dessus sera dressé Procès-verbal, sur lequel, après que la communication en aura été faite au Procureur de la Maîtrise, & qu'il aura donné ses conclusions, sera rendu par les Officiers qu'il appartiendra Jugement de condamnation ou d'absolution, & congé de Cour s'il y échet, sinon de condamnation pour partie, & congé de Cour pour le reste.

Fait & arrêté par Nous Commissaire ci-dessus nommé, en la Chambre du Conseil du Siége de la Table de Marbre du Palais à Toulouse, par délibération & de l'avis desdits sieurs Grands Maîtres & Maître particulier de ladite Maîtrise de Toulouse,

& du confentement du Procureur du Roi en ladite Réformation, affifté comme deffus. A Touloufe le 14 Décembre 1667.

Donnant ici le cahier des charges ci-deffus pour modele, je ne l'ai point donné pour une régle infaillible que l'on dût toujours fuivre à la lettre ; on peut y diminuer, y ajouter & y changer ce que par délibération commune les Officiers trouveront à propos, foit pour remédier à quelques abus qu'ils auront découverts, foit pour une plus grande précaution, foit pour un plus grand éclairciffement des chofes ; mais il faut qu'ils fe fouviennent toujours que les Ordonnances étant la régle qu'ils doivent fuivre, ils ne doivent rien faire qui y contrevienne : néanmoins s'ils reconnoiffent impoffibilité dans leur exécution, ou qu'elle caufât quelque dommage confidérable au Roi, en ce cas je ferai toujours d'avis que les Officiers inférieurs chargent leurs cahiers de ce qui doit être fait conformément aux Réglemens ; mais qu'ils fe difpenfent de la rigueur dans l'exécution, jufqu'à ce qu'ayant fait connoître aux Officiers fupérieurs les inconvéniens qu'ils auront remarqués, on leur ait déclaré par une Ordonnance tout ce qu'ils auront à faire. Je me fuis trouvé dans cette conjonéture en procédant aux ventes des Forêts de ce département pour deux chofes, où j'ai été abfolument néceffité de relâcher de la rigueur des Ordonnances. La premiere a été de tolerer que les Marchands Ventiers puffent enlever leurs marchandifes pendant la nuit, parce qu'il leur eft impoffible de tenir leurs bêtes

de voiture dans les Forêts pendant le jour, à caufe
de l'exceffive chaleur, & à caufe des mouches qui
les en chaffent, fans qu'on les y puiffe retenir. La
feconde a été de ne les pas obliger d'avoir des
Facteurs qui fçuffent écrire, à caufe de la difficulté
qu'ils auroient à en trouver, & que les ventes de
ces Forêts étant de petite confidération, elles ne
pourroient pas fupporter cette dépenfe. Tous les
Officiers qui m'ont affifté à l'adjudication des ventes, fçavent qu'ayant voulu demeurer dans les termes des Ordonnances en ce qui concerne ces deux
articles, tous les Marchands furent fur le point de
quitter l'Audience, & que pour les retenir & les
obliger à encherir, je fus contraint de leur accorder
ce qu'ils demandoient, ce que je fis par délibération commune des mêmes Officiers. Je les dois
auffi avertir que tout ce qui fe fait de la forte, judiciairement & à la vue de tout le monde, auparavant
qu'il puiffe y avoir affectation pour le particulier,
eft toujours préfumé bien fait, afin qu'en tout ce
qu'ils feront ils ayent cette circonfpection de tout
faire publiquement, & rien en cachette. Et enfin
pour conclure cet article, j'eftime que tout autant
de fois qu'ils drefferont leurs cahiers, ils doivent
toujours régler les chofes fuivant les Ordonnances,
fauf fur la remontrance des Marchands à y apporter
le tempérament néceffaire ; & quand les ventes
feront devenues plus confidérables, ils trouveront
peut-être que les Marchands mêmes changeront d'a-
vis, & que l'intérêt qu'ils auront à la confervation
de leurs marchandifes, les obligera à prendre pour

leur confervation les précautions des Ordonnances; finon les Officiers mêmes pourront infenfiblement les y accoutumer, étant important lorfque les Forêts feront rétablies, que l'Ordonnance en ce regard foit ponctuellement exécutée.

Outre ce cahier des charges, on en dreffe encore deux autres; l'un eft un état des chauffages & autres charges en bois, qui doivent être affignées fur les ventes; & l'autre un état des charges en deniers pour le payement des journées & vacations des Officiers, & autres frais des ventes, dans lequel on comprend auffi les ufages qui font réduits à prix d'argent. Comme en expliquant les charges des ventes, j'ai dit tout ce que je devois dire fur ce fujet, il ne refte qu'à donner les modeles de ces deux états.

Modele de l'état des chauffages & autres charges en bois.

Etat des chauffages & autres charges en bois, dont les ventes des Forêts dépendantes de la Maîtrife particuliere des Eaux & Forêts de la Sénéchauffée de Touloufe, mefurées pour être adjugées en la préfente année 1667, & exploitées en l'année prochaine 1668, feront chargées, pour être acquittées & payées aux Officiers & Ufagers y dénommés, par les Marchands adjudicataires defdites ventes.

Forêt de Villemur.

Le Marchand adjudicataire de la vente de la Forêt de Villemur fera tenu faire façonner à fes dépens,

dépens, & fournir & délivrer en ladite vente dans le tems de la Saint Jean - Baptifte, la quantité de quarante-huit cordes de bois (*a*) d'Officier, long de quatre pieds, & la corde ayant huit pieds de largeur & quatre de hauteur; fçavoir,

Au Maître particulier de ladite Maîtrife vingt-cinq cordes, cy   25 Cordes.

Au Lieutenant quinze cordes, cy   15 C.

Au Procureur du Roi dix cordes, cy   10 C.

Au Greffier dix cordes, cy   10 C.

Au Garde de la Forêt trois cordes, cy   3 C.

Forêt de Bufet.

Le Marchand adjudicataire de la Forêt de Bufet livrera, comme deffus, fix cordes de bois d'Officier pour le chauffage des deux Gardes, à raifon de trois cordes pour chacun, cy   3 Cordes.

Plus, pour le chauffage de l'Hôpital de la Grave de Touloufe, (*b*) fept cordes & demie de bois ufager, de trois pieds & demi de longueur, la corde ayant huit pieds de largeur & quatre de hauteur, cy   7 Cordes & demie.

(*a*) Ce bois dans les Ordonnances eft appellé bois de moulle, & s'appelle bois d'Officier, à la différence du bois ufager ainfi appellé, parce qu'il fe délivre aux Ufagers pour leur chauffage ; il n'a que trois pieds & demi, celui d'Officier quatre.

(*b*) Nous avons accordé quinze cordes de bois de chauffage à l'Hôpital de la Grave, dont moitié eft à prendre fur la Forêt de Bouconne, & l'autre moitié fur les Forêts de la Maîtrife de Touloufe, laquelle on pourra affigner fur une feule Forêt ou fur plufieurs.

Forêt de Montech.

Le Marchand adjudicataire de la vente de la Forêt de Montech livrera, comme deſſus, dix-ſept cordes de bois d'Officier ; ſçavoir,

Au Capitaine-Foreſtier huit cordes, cy   8 C.

A chacun des trois Gardes de ladite Forêt trois cordes, cy   9 C.

Et outre au Fermier des Domaines (*c*) de Sa Majeſté, ou au Sous-Fermier du Domaine de Montech, vingt-cinq milliers de fagots de baiſſailles ou

(*c*) Les Habitans de Montech ayant pris en engagement le Domaine de cette Ville, dont dépend un Four bannal, ils ont cru avoir droit de prendre en la Forêt tant de bois que bon leur ſembloit pour le chauffer, & ſous ce prétexte y ont fait des dégradations exceſſives ; pour remédier auſquelles, les Grands Maîtres leur ont accordé quatre-vingt, & juſqu'à cent milliers de fagots de la qualité de ceux dont il eſt parlé en cet article. Comme je ſuis entré en connoiſſance de cauſe, j'ai trouvé que pendant l'engagement les Habitans avoient joui par extinction des droits du fournage, & que pour le ſervice ils avoient ſeulement tenu un homme au Four, auquel ceux qui y faiſoient cuire leur pain donnoient quelque petite rétribution. J'ai trouvé que le Roi ayant repris ſon Domaine, ils ne prétendoient payer chacun Habitant qu'un liard par année, outre une albergue de vingt livres. Et comme par ce moyen tout le revenu du Four ne pouvoit monter qu'à ſoixante ou ſoixante-dix livres au plus, & que pour jouir de cette chétive redevance, ſur le pied où étoient les choſes, le Roi étoit obligé de fournir du bois pour huit cens ou mille livres, ce qui étoit un abus exorbitant, j'y ai remédié par une Ordonnance proviſoire que j'ai rendue, par laquelle j'ai déchargé ces Habitans de la bannalité & des redevances dont ils étoient chargés pour raiſon d'icelle ; je leur ai permis de cuire leur pain ailleurs qu'à ce Four, & ainſi qu'ils aviſeroient bon être. Comme cependant il n'étoit pas juſte que le Fermier du Domaine du Roi fût privé du revenu du Four, je lui ai pour ſon indemnité aſſigné ſur les ventes la quantité de bois que j'ai cru néceſſaire pour le chauffage de ce Four, ſauf à lui à vendre le bois, & en un mot à en uſer comme bon lui ſemblera.

broſſailles & menu bois, pendant le tems de la coupe, pour le chauffage du Four bannal de ladite
Ville, en payant les façons, cy　　　25 Milliers.

Comme auſſi cinq milliers de pareils fagots, pour
le chauffage des Religieuſes de Sainte Claire de
Montauban; partant, cy fagots　　　　5 Milliers.

Forêt de Vigard, &c.

On en uſera à l'égard de cette Forêt & de toutes les autres qui dépendent de la Maîtriſe, en la
même maniere que deſſus. Si même il y a quelques
Forêts qui ſoient chargées d'uſages de bois à bâtir
ou autres quelconques, on en chargera les ventes de
même que des chauffages & autres bois, avec cette
diſtinction que le bois d'Officier doit avoir quatre
pieds de longueur, & doit être fourni aux frais du
Marchand dans les ventes, le gros bois uſager trois
pieds & demi de longueur, & que les Uſagers ſont
tenus d'en payer les façons, même ceux auſquels
on délivre du bois à bâtir & réparer, & pour inſtrumens aratoires & autres ſortes d'uſages; & le tout
étant au long & par le menu dénombré & ſpécifié
dans l'état, on fait au bas un arrêté du total, & on
finit l'état en la maniere qui ſuit.

Total des chauffages & autres bois aſſignés ſur
leſdites ventes.

Sçavoir,

En bois d'Officier,　　　　　　　　　　Tant.
En bois uſager,　　　　　　　　　　　Tant.
En fagots,　　　　　　　　　　　　Tant.

En bois à bâtir & réparer ,   Tant.

Tous lesquels chauffages & autres bois seront payés & délivrés en espéce & dans les ventes, par les Marchands adjudicataires d'icelles, aux dénommés au présent état, sur le simple extrait d'icelui délivré par le Greffier, sçavoir aux Officiers sans frais, & aux Usagers payant les façons, & lesdits Marchands à ce faire contraints, comme pour les propres deniers & affaires de Sa Majesté.

Fait & arrêté par Nous Conseiller du Roi en ses Conseils, Président & Lieutenant Général , Civil & Criminel au Bailliage & en la Maîtrise des Eaux & Forêts du Comté de Marle & la Fere , Commissaire députe par Sa Majesté pour la réformation générale des Eaux & Forêts au département de la grande Maîtrise de Toulouse, soussigné, sur la requisition du Procureur du Roi en ladite Réformation, en la présence des Officiers de ladite Maîtrise, en la Chambre du Conseil du Siége de la Table de Marbre , le quatorziéme jour du mois de Décembre mil six cent soixante-sept.

Les états des autres Maîtrises seront dressés sur ce modele; & même si on ajoute quelques Forêts à la Maîtrise de Toulouse, ou si on augmente ou diminue le nombre des chauffages , on changera en l'état ce qu'il sera à propos de changer. Il reste l'état des deniers qui peut être dressé en cette sorte.

Modele de l'état des deniers assignés sur les ventes.

Etat des taxes ordonnées aux Officiers de la Maîtrise particuliere des Eaux & Forêts de la Sénéchauffée de Touloufe, pour avoir fait l'affiette des coupes defdites Forêts qui font à délivrer en la préfente année 1667, pour être exploitées & ufées en la prochaine 1668 , & autres frais faits pour l'adjudication defdites ventes, & des autres deniers affignés fur icelles.

Premierement à Me. Jean Cordurier, Sieur de Croufet, Confeiller du Roi, Maître particulier des Eaux & Forêts de ladite Sénéchauffée, pour feize journées employées à faire lefdites affiettes, quatre-vingt-feize livres, cy   96 livres.

Au Lieutenant de ladite Maîtrife, &c.

Il faut en la même maniere énoncer en cet état, au long & par le menu, les journées des autres Officiers ; fçavoir,

Du Procureur du Roi.

Du Garde-Marteau , Verdier, ou Capitaines-Foreftiers.

Du Greffier.

Des Gardes.

Du Receveur du Domaine, qui doit être préfent à l'expédition du cahier des charges, & à l'adjudication.

Et les autres frais de la vente, comme font les affiches que le Greffier délivre pour faire les publications.

Les frais des publications mêmes.

Les écritures du Greffier, comme font les états des ventes qu'il délivre au Receveur du Domaine pour en faire la recette, & au Commiffaire pour les envoyer au Confeil.

Les fâlaires des Arpenteurs.

Les deniers à Dieu.

Le falaire du Trompette ou du Tambour qui fait les publications.

La journée des Huiffiers du Siége où fe fait la vente.

Quelque petite gratification au Concierge.

Les ufages réduits à prix d'argent.

Les récompenfes des Officiers qui ont bien fervi.

Et généralement tous les autres deniers qu'il faut affigner fur les ventes, fuivant les Réglemens, & en vertu de bons titres.

Et le tout étant énoncé & fpécifié, on fait au bas un arrêté du total, & on finit l'état en la maniere qui fuit.

Total des fommes contenues au préfent état. … tant.

Laquelle fomme les Marchands adjudicataires defdites ventes, chacun à proportion de ce dont fa vente fe trouvera chargée, feront tenus de payer comptant entre les mains du Greffier de ladite Maîtrife, & à ce faire contraints comme pour les propres deniers & affaires de Sa Majefté, & même à peine d'éviction de leurs ventes, pour être ladite fomme diftribuée par ledit Greffier fuivant le préfent état, fauf & excepté ladite fomme de cent livres, laquelle fera payée au Fermier de ladite Forge Banniere de Montech, à deux payemens égaux, dont le premier fera fait dans trois mois, & le fecond trois mois après.

Fait & arrêté, &c. comme ci-deffus à l'état des chauffages.

CHAPITRE III.

Adjudication des bois du Roi, & de ce qui s'y doit observer.

L'Ordonnance du Roi François I. de 1516, article premier, parlant des adjudications des bois du Roi, en dit deux choses ; la premiere, qu'elles doivent être faites judiciairement ; & la seconde, qu'elles doivent être faites à la chandelle, & au plus offrant & dernier encherisseur : ce que j'expliquerai en deux articles.

ARTICLE I.

L'adjudication des bois du Roi doit être faite judiciairement.

CE mot judiciairement, dont l'Ordonnance s'est servi pour donner à connoître comment il falloit procéder à l'adjudication des bois du Roi, marque quatre choses ; la premiere, le lieu où elle doit être faite ; la seconde, les personnes par qui elle doit être faite ; la troisiéme, le titre en vertu duquel on doit y procéder ; & la quatriéme, les formalités qu'il faut y observer.

PREMIER POINT.

Du lieu où l'adjudication des bois du Roi doit être faite.

L'Ordonnance ayant dit que l'adjudication des bois du Roi doit être faite judiciairement, elle s'est assez expliquée pour faire entendre que c'est au Siége de la Table de Marbre ou Maîtrise particuliere dans le ressort de laquelle sont les Forêts dont on vend les coupes : les Réglemens y sont conformes; & toutes les fois que les Officiers y ont contrevenu, les Parlemens ont cassé leurs adjudications, avec défenses de récidiver sous de grosses peines, & même de privation de Charge. J'ai amplement traité cette question dans le Factum que j'ai dressé du Procès des Grands Maîtres du département de l'Isle de France, où j'ai rapporté les Arrêts donnés contr'eux pour de semblables contraventions. J'ai aussi fait voir combien le Roi avoit été mal servi toutes les fois qu'ils avoient adjugé les ventes en des maisons particulieres : d'où je conclus que les Officiers en ce point doivent inviolablement observer l'Ordonnance, toutes choses étant présumées bien & dûement faites, quand elles sont faites selon sa disposition.

DEUXIÉME

Deuxiéme Point.

Des personnes par qui l'adjudication doit être faite.

Par ce mot judiciairement, l'Ordonnance s'est encore assez expliquée, pour faire entendre que l'adjudication des Bois du Roi doit être faite par les Juges qui en ont l'administration, & cela ne peut pas recevoir de difficulté. Je dirai de plus que dans le premier chapitre de cette seconde Partie, j'ai amplement expliqué par qui les ventes des Bois du Roi doivent être faites, les unes par les Grands Maîtres, les autres par les Maîtres particuliers ; mais je dois dire encore ce que l'Ordonnance n'a pas suffisamment donné à connoître, & qui néanmoins est en usage, que lorsqu'on procede à l'adjudication des ventes, tous les Officiers de la Maîtrise, les Capitaines Forestiers, & les Gardes généralement sont obligés d'y assister. Pour cet effet, au jour pris pour l'adjudication, à neuf ou dix heures du matin, ou telle autre heure à laquelle elle doit être faite, ils doivent se rendre (a) au logis du Grand Maître ou Commissaire, & ensuite l'accompagner au Siége de la Table de Marbre ou de la Maîtrise particuliere, où incontinent après qu'ils ont pris séance avec lui, chacun selon le rang que lui donne son Office, après aussi que tous les Marchands appellés par les publications, & assemblés au son de Trompe, de Tambour, de Cloche, ou en telle autre

____

(a) C'est un usage universellement observé.

M m

maniere que ce foit, s'y font rendus, la premiere chofe qui fe fait eft que le Greffier appelle tous les Officiers (*b*) les uns après les autres. Il commence par le Maître particulier, continue par le Lieutenant, appelle enfuite le Procureur du Roi, le Garde-Marteau, les Capitaines Foreftiers, & les Gardes de chacune Forêt, à chacun defquels, s'ils comparent, le Commiffaire donne acte de leur comparution, & s'ils font abfens & défaillans, il donne défaut contre chacun d'iceux, par vertu duquel, fur la requifition du Procureur du Roi, il les condamne en cinq livres d'amende, fauf à la rabattre en cas d'excufe légitime. Cet acte eft le premier par lequel on commence les adjudications (*c*).

TROISIÉME POINT.

Du titre en vertu duquel les ventes font faites.

Pour faire l'adjudication des ventes des Bois du Roi judiciairement, ou pour mieux dire juridiquement, il faut que ceux qui y procedent ayent pouvoir de le faire, & qu'ils foient fondés en titre. Comme dans le premier chapitre de cette feconde Partie j'ai

(*b*) L'appel des Officiers ne fe fait point; il n'y a point de ventes des Bois du Roi où ils n'affiftent tous, encore moins ceux des Communautés & Gens de Main-morte, puifqu'aux uns ils font payés fur l'état du Roi, & aux autres par exécutoire fur les deniers provenans de la vente, dans lefquelles l'on met ordinairement le fol pour livre au-deffus de dix mille livres, & les deux fols au-deffous, pour les frais des Officiers.

(*c*) Pour d'amende, il n'eft pas d'ufage d'en prononcer; mais fi un Officier étoit négligent d'affifter aux ventes, il n'eft pas douteux que le Grand Maître ne lui retînt fon certificat de fervice, & ne le mît par ce moyen dans le cas de ne pouvoir toucher ni gages ni chauffages.

diſcuté cette matiere, & marqué les occaſions où il
n'étoit pas beſoin de titre, & celles où il en étoit
beſoin, & quels ils devoient être, il ne me reſte, pour
tout dire ſur ce point, qu'à ajouter ici que le ſecond
acte auquel on procede lors de l'adjudication, eſt
la lecture de l'Arrêt du Conſeil en vertu duquel les
ventes ſont faites, ſi la matiere eſt telle qu'un ſeul
Arrêt ſoit ſuffiſant, ou des Lettres Patentes & des
Arrêts de vérification, ſi la matiere le requiert (a).

Pour faire entendre la raiſon pour laquelle cette
lecture eſt néceſſaire, je dois dire que lorſque nous
avons procédé à la réformation des Forêts du département de l'Iſle de France, Nous avons trouvé qu'elles avoient été ruinées & détruites par le grand nombre de ventes extraordinaires qui y avoient été établies. Je dois dire encore que ces ventes avoient été
ſuggerées & ſollicitées par les Marchands, ordonnées au Conſeil par ſurpriſe, & conſenties & exécutées ſans titre légitime, & au préjudice de la diſpoſition des Ordonnances, par les principaux Officiers
que les mêmes Marchands avoient corrompus; de
ſorte que pour empêcher tels abus à l'avenir, Nous
avons reconnu qu'il étoit à propos de rendre les
Marchands (b) reſponſables de la nullité des ventes

(a) Cela ne s'exécute guéres, d'autant qu'il n'y a point de Maîtriſe où
il n'y ait de Réglement; & que dans le cas des ventes extraordinaires,
ſoit pour le Roi, ſoit pour les Gens de Main-morte, lors de l'enregiſtrement l'on en fait lecture à l'Audience, & enſuite on l'enregiſtre ſur
les Regiſtres d'enregiſtrement.

(b) Titre 15, art. premier & 14 de l'Ordonnance de 1669. Par ces
articles, les Officiers qui font des ventes ſans y être autoriſés, ſont

faites fans titre légitime , auffi-bien que les Officiers.
Pour cet effet , par les Réglemens que nous avons
faits , Nous avons premierement marqué quels titres
étoient néceffaires pour les ventes : & en fecond lieu,
Nous avons ordonné que la lecture en feroit faite
judiciairement avant de procéder aux adjudications,
avec défenfes aux Marchands d'encherir que cette
lecture n'ait été faite , à peine de trois mille livres
d'amende , de nullité & de confifcation des ventes.
C'eft pourquoi il ne fuffit pas que l'Arrêt ou les Lettres Patentes ayent été enregiftrées , & lûes une premiere fois auparavant de procéder à l'affiette , cette
premiere lecture n'étant faite que pour les Officiers ;
mais il en faut une feconde pour les Marchands,
immédiatement avant l'adjudication.

Elle doit être requife par le Procureur du Roi , &
ordonnée par le Commiffaire , & l'Acte s'en expédie en la forme fuivante.

*Modele de l'Acte qui s'expédie de la lecture qui fe fait
immédiatement avant l'adjudication des ventes , de
l'Arrêt du Confeil , ou Lettres Patentes en vertu defquelles elles font faites.*

Sur la Requête à Nous judiciairement faite par
le Procureur du Roi en la Maîtrife particuliere des
Eaux & Forêts de Touloufe , à ce qu'avant procéder
à l'adjudication des ventes ordinaires des Forêts de
ladite Maîtrife , l'Arrêt du Confeil d'Etat du 15

privés de leurs Charges , & les Adjudicataires condamnés à la reftitution du quadruple de la valeur des Bois.

Septembre dernier, par lequel Sa Majesté nous a ordonné de procéder à l'assiette & à l'adjudication des ventes, fût présentement lû en la présence des Marchands, Nous avons ordonné & ordonnons que la lecture en sera faite par le Greffier de ladite Maîtrise; ce qui a été à l'instant fait, dont nous avons audit Procureur du Roi ce requerant accordé acte.

Si les ventes sont telles que pour y procéder il ne soit pas besoin de titre, comme par exemple si ce sont des ventes de taillis, ou des ventes ordinaires établies par les Réglemens de la Réformation; ce point sera inutile, & il faudra seulement faire mention comme les ventes, de l'adjudication desquelles il s'agit, sont faites en exécution & conformément aux Réglemens, comme je le remarquerai ci-après.

QUATRIÉME POINT.

Des formalités qu'il faut observer pour l'adjudication des Bois du Roi.

Il faut enfin, pour faire les adjudications judiciairement, ou pour mieux dire juridiquement, comme je l'ai déja dit ci-dessus, que les formalités prescrites par les Ordonnances soient observées. Les unes doivent précéder l'adjudication, les autres doivent l'accompagner, & d'autres la suivre; & j'en ai aussi fait le détail dans l'article concernant les charges des ventes, dans la discussion desquelles j'ai été obligé d'entrer auparavant même que de parler de l'adjudication , parce que le cahier qui s'en expédie eſt un projet dont l'adjudication eſt l'exécution.

Pour y parvenir , le Procureur du Roi fait ſa remontrance , qu'en conféquence des Lettres Patentes ou Arrêt du Conſeil, dont la lecture vient d'être faite , les ventes ayant été aſſiſes , meſurées, martelées & balivées, & jour pris pour procéder à leur adjudication au jour en queſtion , il a fait faire les publications requiſes , & appoſer les affiches aux lieux ordinaires & accoutumés & que beſoin a été , ſuivant les actes & certifications qui lui en ont été rapportées par les Huiſſiers, Sergens-Traverſiers, & Gardes des Forêts, dont il fait apparoir, & conclut à ce que par les Huiſſiers & Gardes préſens elles ſoient affirmées véritables par ſerment d'eux pris , & en conféquence à ce qu'il ſoit procédé à l'adjudication deſdites ventes, & que pour cet effet lecture ſoit faite du cahier des charges.

Le Commiſſaire enſuite ayant pris des mains du Procureur du Roi les certifications des publications, & les ayant vues, reçoit en la préſence des Officiers le ſerment des Huiſſiers & Sergens-Gardes qui les ont faites, & en conféquence, de l'avis des mêmes Officiers, ordonne qu'il ſera procédé à l'adjudication deſdites ventes , qu'à cette fin lecture ſoit faite du cahier des charges.

Incontinent le Greffier à haute & intelligible voix fait lecture du cahier des charges qui a été arrêté & ſigné de tous les Officiers le jour précédent , lequel on donne bien à entendre à tous les

Marchands , & à la fuite on expédie l'Acte fuivant.

Du . . . .

En l'Audience tenue pardevant Nous Commiffaire ci - deffus nommé , au Siége de la Table de
Marbre du Palais à Touloufe , en la préfence du
Maître particulier, Lieutenant, Procureur du Roi,
& Greffier de la Maîtrife particuliere des Eaux &
Forêts de Touloufe , des Capitaines Foreftiers ,
Huiffiers & Sergens-Gardes des Forêts en dépendantes , tous appellés & comparans, en la préfence
auffi du Receveur du Domaine étant en exercice ,
pour en exécution de l'Arrêt du Confeil d'Etat du
15 Septembre dernier , à Nous adreffant , procéder
à l'adjudication des ventes ordinaires defdites Forêts,
affifes , mefurées , martelées & balivées en la préfente
année, pour être exploitées l'année prochaine, tous
les Marchands qui avoient deffein d'encherir lefdites
ventes , ayant été appellés & affemblés audit Siége ,
Nous , fur la requifition dudit Procureur du Roi ,
avons par notre Greffier fait faire lecture dudit Arrêt , & de ce accordé acte audit Procureur du Roi,
lequel nous ayant repréfenté les Procès-verbaux des
publications faites par les Huiffiers & Sergens-Gardes préfens , qui ont fait pardevant Nous le ferment
au cas requis & accoutumé , & Nous ont certifié
que toutes les ventes ont été publiées aux Prônes des
Paroiffes , à l'iffue des Meffes Paroiffiales , à jour de
Dimanche ou Fête , & à jour de marché , même
par affiches appofées aux Portes des Eglifes Paroif-

fiales du Palais, du préfent Siége de la Table de Marbre, du Sénéchal, &c. & autres endroits de la Ville de Touloufe, & aux lieux que befoin a été, ès Villes & Villages de....ainfi qu'il eft contenu efdits Procès-verbaux à Nous repréfentés par ledit Procureur du Roi, Nous avons fur la requifition d'icelui fait faire lecture du cahier, contenant les charges, claufes & conditions fous lefquelles nous entendions procéder à l'adjudication defdites ventes, & des états des chauffages & autres charges impofées & affignées fur icelles ; & lefdits Marchands nous ayant déclaré les avoir bien entendues, Nous avons fait publier lefdites ventes, & procédé à l'adjudication d'icelles, à l'extinction des trois chandelles, ainfi qu'il enfuit.

ARTICLE II.

L'adjudication des Bois du Roi doit être faite à l'extinction de la chandelle, & au plus offrant & dernier encherisseur.

TOUT ce que j'ai dit jufqu'à préfent touchant les ventes des Bois du Roi, font les prémices, & ceci eft la conclufion ; & comme en expliquant les charges des ventes, j'ai remarqué trois divers tems pendant lefquels les Marchands font admis à encherir, avant, durant & après les feux ou chandelles, & la maniere dont les encheres doivent être reçues, il s'agit en cet article de faire voir comment

cela

cela doit fe pratiquer. C'eſt ce que je ferai en deux points , dont le premier expliquera tout ce qui ſe doit faire pour l'adjudication qui ſe fait à l'extinction des feux , & le ſecond tout ce qui ſe doit faire pour l'adjudication qui ſe fait ſur doublement, tiercement & demi-tiercement au total , lorſqu'au moyen de ces ſortes d'encheres, celui qui étoit demeuré adjudicataire à l'extinction des chandelles, ſe trouve évincé de ſa vente ; & j'ajouterai un troiſiéme point de l'adjudication qui ſe fait par retour.

PREMIER POINT.

De l'adjudication qui ſe fait à l'extinction de la chandelle.

Incontinent après la lecture du cahier des charges, & l'expédition de l'Acte qui en doit être mis au bas , ainſi que je l'ai remarqué ci-deſſus, le Commiſſaire fait expoſer les ventes aux encheres , & les fait publier par le Greffier, afin que les Marchands ayent à les encherir. Si en chacune Maîtriſe il n'y avoit qu'une ſeule vente, il n'y auroit point de difficulté pour la diſtribution des charges dont les Marchands ſeroient tenus , parce que liſant le cahier qui les porteroit toutes, tant en deniers qu'en bois , ils ſeroient par cette lecture informés de tout ce qu'ils auroient à payer. Mais comme en chacune des Maîtriſes particulieres de ce département il y a pluſieurs Forêts, & par conſéquent pluſieurs ventes, il faut obſerver ce que j'ai dit ci-deſſus en l'expédition du cahier des charges, qui eſt qu’après qu’on a dreſſé l’état général des charges, c’eſt-à-dire, pour ne point confondre ce mot de charges avec les clauſes & conditions du bail, qu’après qu’on a dreſſé l’état des bois de chauffage & autres uſages, & des deniers comptans ou payables à terme qui doivent être aſſignés ſur les ventes, outre le prix qui doit tourner au profit du Roi, on en fait la diſtribution & régalement ſur toutes les ventes de chacune Forêt, de maniere néanmoins que chacune en ce qui concerne le bois, porte les uſages auſquels elle eſt ſujette. Ce régalement étant fait, on publie chacune vente ſéparément & l’une après l’autre, déclarant la quantité d’arpens qu’elle contient, la qualité du bois dont elle eſt plantée, ſa ſituation & ſes confrontations : on ajoute aux clauſes générales du bail les charges particulieres en bois de chauffage & autres uſages, & en deniers ; & enſuite on reçoit la miſe à prix, qui eſt la premiere enchere, & les autres encheres ou ſurdites, pour parler aux termes de cette Province, juſqu’à ce que la vente ait à peu près été portée à ſa juſte valeur. Dans cette occaſion le Commiſſaire qui fait les ventes doit ſçavoir préciſément, ou du moins à peu près le prix des ventes, afin que par les intelligences ſecrettes qui pourroient être entre les Marchands & les Officiers inférieurs, ou entre les Marchands ſeuls unis pour faire vendre les bois du Roi à vil prix, il ne ſoit pas leur dupe. Il doit prendre toutes les précautions poſſibles pour rompre leur union ; il doit les connoître tous en particulier, & ſçavoir leurs aſſociations ; examiner

leurs démarches & leur conduite ; exciter les uns &
les autres avec adreſſe, & par la promeſſe du bénéfice de la haute miſe les obliger à porter leurs encheres juſqu'à la juſte valeur du bois. Si les Marchands après avoir long-tems attendu ne font pas
leur devoir, il peut lui-même faire ouverture de la
ſomme à laquelle il accordera le feu ; & ſi ſon offre
n'eſt pas acceptée, la diminuer petit à petit juſqu'à
ce que quelqu'un l'accepte, mais toujours de maniere qu'il trouve ſon compte, devant faire peu d'é-
tat des encheres qu'on peut faire pendant les feux,
parce que s'il y a du monopole, jamais il n'y en aura
aucune : c'eſt pourquoi il doit prendre garde à ne
point accorder le feu que bien à propos, parce que
quand une fois il l'a accordé, il ne peut plus, ou du
moins ne doit point ſe retracter. Si les encheres ne
montent pas au point qu'il deſire, & qu'il y ait une
diſproportion conſidérable du prix de la vente avec
les encheres, il doit en remettre l'adjudication à un
autre jour, & ordonner de nouvelles publications.
Il ne doit pas manquer cependant à employer tout
ſon eſprit à découvrir s'il y a du monopole, pour en
tirer la raiſon ſuivant les Ordonnances. Mais ſi les
encheres approchent de la juſte valeur de la vente,
il peut accorder le feu.

Pour lors, par l'avis des Officiers, le Commiſſaire régle la valeur des encheres qui feront faites
pendant les trois feux ou trois chandelles, leſquelles
s'allument ſucceſſivement l'une après l'autre, ſoit
ſur le total de la vente, ſoit ſur chacun arpent ; car
il eſt ſans difficulté que l'un & l'autre ſe peut faire.

Il peut convenir, par exemple, que toutes les encheres qui feront faites pendant le premier feu feront de douze livres ou autre fomme fur le total de la vente, ou de quatre fols par arpent, & cela s'appelle fimple enchere ; celles qui feront faites pendant le fecond feu feront doubles, c'eft-à-dire fur le total de vingt-quatre livres, & par arpent de huit fols, & cela s'appelle doublement ; celles qui feront faites pendant le troifiéme feu feront triples, c'eft-à-dire que fur le total l'enchere fera de trente-fix livres, & par arpent d'une livre quatre fols.

Mais il faut ici faire plufieurs remarques. La premiere, que le Commiffaire ayant une fois accordé le feu, ne fe peut, ou du moins ne fe doit pas retracter, parce qu'il s'eft lié, & a contracté en quelque maniere avec celui fur l'enchere duquel, qui s'appelle la haute mife, il a trouvé à propos de l'accorder.

En fecond lieu, que ces feux ne font pas de grandes chandelles ou de grandes bougies qui puiffent brûler long-tems, mais de petits bouts les plus petits qu'on peut faire, parce qu'il y a toujours plus de tems qu'il n'en faut pour faire un grand nombre d'encheres.

En troifiéme lieu, que ce n'eft pas à l'extinction du feu, mais à l'extinction de la flamme de la chandelle que les encheres fe reglent, parce qu'on ne peut pas avoir un argument certain de l'extinction du feu, comme on en a un de l'extinction de la chandelle, par une fumée qui paroît en même-tems qu'elle finit.

En quatriéme lieu, que pour éviter les fuperche-
ries qu'on pourroit faire pour faire éteindre la chandelle plutôt qu'elle ne devoit finir, il faut prendre
garde de la fituer en lieu qui ne foit point fufpeét,
& duquel les Marchands ou leurs interpofés foient
fuffifamment éloignés, pour ne la pouvoir pas faire
éteindre.

En cinquiéme lieu, que le bénéfice de la haute
mife confifte en ce que celui auquel il eft accordé,
faifant des encheres pendant le fecond & troifiéme
feux, au lieu que les autres qui n'ont point de priviléges les font doubles ou triples, il ne les fait que
fimples.

En fixiéme lieu, que pour exciter les Marchands
à encherir pendant le premier feu, on accorde le même privilége pour celui qui fait la derniere enchere
pendant qu'il dure. Il ne faut pas manquer d'en bien
avertir les Marchands, & de leur faire valoir ce privilége, & notamment celui qui a fait la haute mife,
afin qu'il encheriffe, & s'il fe peut, qu'il fe conferve
à lui feul ce privilége de faire des encheres fimples
durant le fecond & troifiéme feux, pendant que les
autres font obligés de les faire doubles & triples.

En feptiéme lieu, il faut encore faire une remarque importante fur le fujet des encheres qui fe font
pendant les feux, qui eft qu'il faut avec grande
attention écouter & remarquer les encheres dans
l'ordre qu'elles font faites, pour conferver à chacun
des Marchands fon ordre de priorité ou de poftério-
rité, parce qu'il leur eft permis de renoncer à leurs
encheres en payant les folles encheres, & que ce

cas arrivant, les ventes retournent au précédent Encherisseur, & ainsi successivement de l'un à l'autre. C'est pourquoi lorsqu'il arrive contestation pour la derniere enchere, soit entre deux, soit entre trois ou plus grand nombre de Marchands, on compte seulement celles dont tous les Officiers qui sont Juges en cette partie demeurent d'accord, & on ne compte point celles pour raison desquelles il y a contestation; mais on ordonne qu'entre les Marchands contestans seulement, il sera allumé un autre feu, pendant lequel il est permis aux contestans & non à autres d'encherir, & on compte ensuite toutes les encheres qu'ils font.

Si la contestation est sur le premier feu, les encheres qui se font pendant le second feu qui s'allume pour les contestans seulement, sont toujours simples, le second qui leur est accordé n'étant qu'une continuation du premier. Si la contestation vient sur le second, les encheres sont doubles, sauf celles des privilégiés: & si la contestation est sur le troisiéme, les encheres qui se font pendant le feu qui s'allume pour les contestans sont triples, sauf celles des Marchands qui ont le privilége de la haute mise & du premier feu; & de même qu'au premier feu, ceux qui s'allument surabondamment sur les contestations qui naissent au second & troisiéme, sont comptés pour un même feu: j'en ai vu quelquefois allumer jusqu'à trois & quatre.

Tous ces feux étant éteints, l'adjudication est faite à celui qui se trouve le dernier Encherisseur sur le troisiéme feu, sauf vingt-quatre heures, pendant lesquelles il est permis d'encherir par doublement, tiercement & demi-tiercement au total.

Et enfin il faut marquer l'heure de l'adjudication , & auparavant que les Marchands qui ont encheri sortent du Siége, les obliger à faire élection de domicile , ainsi qu'il est contenu en l'Acte ci-dessous, qui se transcrit à la suite de celui qui est au bas du cahier des charges.

Modele d'Acte contenant l'exploitation des ventes , la reception des encheres , & l'adjudication à l'extinction de la chandelle.

Premierement , avons fait exposer & publier la vente ordinaire de la Forêt de Montech , contenant cent arpens de bois taillis de l'âge de dix à douze ans , inégalement venant , à cause des abroutissemens des bestiaux & des délits que l'on y a commis , assis au triaige de Boutanelle , confrontant d'une lisiere du côté du midi la coupe qui est présentement en usance , d'autre lisiere du côté du septentrion les autres bois de ladite Forêt , d'un bout du côté d'orient les Terres de la Bernause , & d'autre côté d'occident celles dudit lieu de Montech , aux charges, clauses & conditions portées par le cahier des charges ci-dessus transcrit ; & outre de payer comptant par l'Adjudicataire la somme de cent cinquante livres, pour partie du fonds qui doit être employé au payement des journées & vacations des Officiers de ladite Maîtrise , suivant l'état que nous en avons arrêté ; plus la somme de cent livres ,

payable en deux payemens de cinquante livres chacun, aux termes de l'adjudication, au Fermier de la
Forge bannale ; comme encore de rendre façonné
& mesuré à ses frais & en bois en ladite vente, la
quantité de dix-sept cordes de bois d'Officier pour
le chauffage du Capitaine-Forestier & des trois Gardes de ladite Forêt, & vingt-cinq milliers de fagots
de baissailles au Fermier du Domaine pour le chauffage du Four bannal, & cinq mille pour celui des
Religieuses de Sainte Claire de Montauban, lui
payant les façons, laquelle vente aux charges sus-
dites a été mise à prix par François Saguens, demeurant à Montech, à la somme de cinq cens livres.

Encherie par .... à la somme de six cens livres ; surencherie par ledit Saguens à six cens cinquante livres ; par ledit .... à huit cens livres, &
par ledit Saguens à onze cens livres, auquel, après
avoir suffisamment attendu sans que personne ait
voulu encherir au par-dessus, Nous avons, du consentement du Procureur du Roi, & de l'avis desdits Officiers, accordé le feu pour le privilége de la haute
mise ; & après avoir réglé les encheres, sçavoir la
simple à quatre sols par arpent, la double à huit
sols, & la triple à douze sols, Nous avons à l'instant
fait allumer le premier feu pour la simple enchere,
montant sur le total de la vente à vingt livres, pendant lequel a été fait une enchere par ledit .... une
autre par ledit .... & une autre par ledit .... sur
laquelle ledit feu s'est éteint. Nous avons ensuite
fait allumer le deuxiéme pour le doublement reglé
à quarante livres sur le total, pendant lequel a été
fait

fait une feule enchere par ledit…. & ledit feu s'é-
tant éteint , Nous avons fait allumer le troifiéme
pour le triplement réglé à foixante livres fur le
total de la vente, pendant lequel ont été faites cinq
encheres, la premiere fimple par ledit Saguens à
caufe de fon privilége, la feconde triple par ledit….
la troifiéme fimple par ledit…. à caufe du bénéfice du feu, la quatriéme triple par ledit…. & la
cinquiéme fimple par ledit Saguens pour la raifon
fufdite ; auquel Saguens , comme dernier Enche-
riifeur, à l'extinction du feu , Nous avons adjugé ladite vente moyennant la fomme de 1400 livres, à
quoi reviennent la mife à prix & encheres fufdites,
fauf les vingt-quatre heures, à compter de l'heure
préfente de deux heures de relevée, pendant lequel
tems toutes encheres par doublement , tiercement
& demi-tiercement au total feront reçues, les faifant regiftrer au Greffe, & les faifant fignifier en la
forme & maniere qu'il eft porté par le cahier des
charges, fauf audit Saguens à revenir fur lefdits doublemens, tiercemens & demi-tiercemens par fimple
enchere, en confidération du privilége de la préfente
adjudication, & même à ceux qui auront fait lefdits
doublemens , tiercemens & demi-tiercemens, lefquels pourront auffi revenir par de fimples encheres
de vingt livres chacune, par confidération des fufdites encheres par eux faites , & acte accordé au
Procureur du Roi, de ce que ledit Saguens a fait
élection de domicile chez Me. Bezombes , Procureur en Parlement, fon Procureur, demeurant rue….
ledit… chez… Procureur en Parlement, fon Procureur,

demeurant rue .... & ledit .... en la maiſon où pend pour enſeigne la Ville de Narbonne , proche les Moulins du Château.

La même choſe s'obſervera en l'adjudication des ventes des autres Forêts. Il eſt vrai qu'il peut arrriver en chacune des circonſtances différentes qui donneront lieu de changer le Procès-verbal ci-deſſus ; mais outre qu'il n'eſt pas poſſible de tout prévoir , il feroit auſſi ſuperflu de remplir ce volume de Formules de Procès-verbaux de vente : il ſera de la prudence des Officiers d'y changer ce qu'ils trouveront à propos ſelon les occurrences.

SECOND POINT.

De l'adjudication qui ſe fait ſur les doublemens , tiercemens & demi-tiercemens au total , lorſque celui qui étoit Adjudicataire ſur les feux eſt évincé de ſa vente.

L'adjudication qui ſe fait à l'extinction des feux n'eſt jamais diffinitive , parce que pendant les 24 heures on eſt reçu à encherir par doublement , tiercement & demi-tiercement au total , & c'eſt la différence qu'il y a de celle-là à celle-ci qui ſe fait trouſſement, c'eſt-à-dire diffinitivement & en dernier reſſort.

Pour y parvenir, aux termes du cahier des charges ci-deſſus, il ſuffit de faire indifféremment l'une ou l'autre de ces trois encheres , le doublement , le tiercement , ou le demi-tiercement , le cahier ne marquant pas qu'on ſoit tenu de faire l'une avant l'autre, ni la plus haute avant la moindre. Je les

ai reçues de la forte aux adjudications que j'ai faites en cette Province , n'ayant pas voulu tenir
la rigueur qui s'obferve en France , parce que les
Marchands des ventes de ce département n'avoient
jamais oui parler de telles formalités. Ce que j'ai
fait de plus , a été qu'après les adjudications faites
trouffement, lorfque dans la huitaine après on eft
venu doubler le prix de la vente , c'eft-à-dire qu'au
lieu de quinze cens livres à quoi elle montoit, on a
offert trois mille livres, je n'ai point fait de difficulté
de recevoir cette offre , fauf néanmoins à l'Adjudicataire à encherir par fimple enchere en confidération
de fon privilége. J'ai cru en cela être bien fondé, en
ce que s'agiffant de vente de haut taillis qui tient
nature de futaye & de fonds , je me fuis perfuadé que
la léfion d'outre-moitié pouvoit fans contredit donner lieu à la réfolution du contrat de vente ; & je
dirai de plus , que j'eftime qu'en toutes occafions on
peut recevoir de femblables offres : mais néanmoins
pour ne point toujours laiffer les chofes en fufpens,
je dirai en deux mots par forme d'avis aux Officiers,
que j'eftime qu'il eft à propos de régler par le cahier
des charges la maniere dont ces fortes d'encheres
doivent être faites , (a) fçavoir la plus haute la premiere, & la moindre enfuite ; c'eft-à-dire , qu'après

___

(a) L'Ordonnance de 1669 , titre 15 , art. 31 , permet de tiercer
& doubler les ventes pour tous les triaiges en général & chacun en
particulier , ainfi qu'ils auront été adjugés dans le lendemain midi du
jour de l'adjudication, après lequel tems il n'y aura plus de lieu au
tiercement & doublement, fous quelque prétexte & pour quelque confidération que ce puiffe être : article qui eft ordinairement un de ceux
des cahiers des charges.

l'adjudication faite fur les feux , nul ne fera reçu à
encherir, qu'il ne faffe au moins un tiercement ; car
en cette rencontre il faut demeurer d'accord , que
qui peut le moins peut le plus, & ainfi au lieu d'un
tiercement on peut faire un doublement tel qu'il
eft expliqué par le cahier des charges ci-deffus : qu'a-
près ce tiercement, nul ne puiffe être reçu, qu'il ne
faffe un demi-tiercement, fauf ceux qui par privilége
peuvent revenir par fimples encheres. Je trouve même
à propos que dans la huitaine après on puiffe venir à
encherir par augmentation de la moitié du prix.
Quoi qu'il en foit, il faut établir la loi par le cahier
des charges telle qu'on voudra l'avoir, & qu'on la
trouvera plus avantageufe pour le profit du Roi ; les
Officiers délibéreront pour cela , & aviferont à ce
qu'ils auront à faire. Il peut encore y avoir difficulté
fur le tems de vingt-quatre heures, qui s'explique différemment ; les uns prétendant que c'eft feulement
dans le tems de vingt-quatre heures que toutes ces encheres doivent être reçues ; & les autres, que cela doit
être entendu de vingt- quatre heures en vingt-quatre
heures ; (b) c'eft-à-dire, qu'après que dans les premieres vingt-quatre heures on a fait un tiercement,
il fuffit de faire les autres tiercemens ou demi-tiercemens de vingt- quatre heures en vingt-quatre heures.

(b) L'Ordonnance ci-deffus a fagement prefcrit le délai des tiercemens :
les Marchands ne font pas toujours des lieux où fe font les ventes , au
contraire de bien loin fouvent. parce qu'ils y mettent des Gardes-ventes :
cela leur auroit été d'un côté trop difpendieux , & d'un autre leur auroit
pû porter un préjudice notable ; les ventes fe faifant prefque toutes dans
le même tems, ils n'auroient pû , ayant manqué une vente, en avoir
une àutre, & auroient été ruinés par les féjours qu'ils auroient fait, ou
bien les ventes euffent de beaucoup diminué.

Pour la premiere explication, je la trouve trop dommageable ; parce que comme les Marchands qui ont deſſein d'encherir attendent ordinairement l'extrémité du tems qu'ils ont pour faire leurs encheres, afin de pouvoir être les derniers encheriſſeurs , il arrive que les uns & les autres n'ayant pas aſſez de tems pour faire les déclarations & ſignifications requiſes, ſe trouvent ſurpris , & le Roi privé de l'augmentation de leurs encheres. C'eſt pourquoi j'en ai uſé autrement, & j'ai mieux trouvé mon compte à donner aux Marchands le tems de ſe conſulter & de ſe reconnoître ; mais il faut toujours convenir qu'il faut en ce regard comme pour le reſte , établir dans le cahier des charges la loi telle qu'on la veut avoir.

Pour conclure cet article , je dirai en deux mots , que quiconque veut encherir, doit en venir faire ſa déclaration au Greffe , faire faire remarque de l'heure (c) à laquelle il fait ſon enchere, faire élection de domicile, & en ſigner l'Acte qui s'expédie à la ſuite de l'adjudication.

Modele de l'Acte qui s'expédie pour la reception d'une enchere par tiercement ou demi-tiercement au total.

Et le ſeiziéme dudit mois de Décembre , à l'heure de dix heures du matin, eſt comparu en notre Greffe Pierre Baron , Marchand, demeurant à Touloufe, qui

____

(c) Par l'art. 32 de ladite Ordonnance, ſuſdit titre, il eſt dit, que l'exploit de tiercement & doublement contiendra ponctuellement l'heure à laquelle il aura été donné, & le nom de ceux à qui les Sergens auront parlé, à peine de nullité de l'exploit.

a déclaré que sur ladite vente il faisoit un tiercement montant à la somme de quatre cens soixante - trois livres six sols huit deniers, & qu'il faisoit élection de domicile chez Me. Ormieres, Procureur au Sénéchal, dont il a requis acte à lui concedé, & a signé.

Mais il ne suffit pas que l'enchere soit reçue au Greffe en la forme ci-dessus déclarée ; il faut encore qu'elle soit signifiée au précédent (*d*) Encherisseur, & que l'exploit de signification fasse mention du jour, de l'heure & du lieu où le domicile est élû selon l'exploit ci-dessus.

Modele de l'exploit qu'il faut faire pour la signification des encheres.

A la requête de Pierre Baron, Marchand, demeurant à Toulouse, qui a fait élection de domicile chez Me. Ormieres, Procureur au Sénéchal, demeurant à la Place de S. Georges, soit signifié & dûement fait à sçavoir à François Saguens, Marchand, demeurant à Montech, Adjudicataire de la vente ordinaire de la Forêt dudit lieu, chez Me. Bezombes, Procureur en Parlement, demeurant rue Sainte Claire, où il a fait élection de domicile, que ledit Baron a fait un tiercement sur ladite vente de la somme de quatre cens soixante-trois livres six sols huit deniers, à ce qu'il n'en prétende cause dignorance. Fait à Toulouse le 16 Décembre 1667, dix heures du matin. Signé Baron.

Fait & signifié comme dessus audit Saguens, en

____

(*d*) Cela est conforme à l'art. ci-dessus.

parlant au domicile dudit Bezombes & à sa perſonne, par moi Noël Auger, Huiſſier des Eaux & Forêts au Siége de la Table de Marbre du Palais à Toulouſe, en la préſence de Jacques Cazillac, Praticien, demeurant à Toulouſe, & de Jean Crabé, Huiſſier en la Judicature de Caſtillon, qui ont ſigné avec moi au préſent original & à la copie, que j'ai délivré audit Bezombes le 27 Décembre 1667, dix heures du matin.

Il faut en uſer de même pour toutes les encheres qui ſont faites enſuite, ſoit doublement, tiercement & demi-tiercement au total, ſoit enchere ſimple, telle que la peuvent faire les Adjudicataires, ou ceux qui ont une fois fait le doublement, tiercement ou demi-tiercement; c'eſt-à-dire qu'autant d'encheres qui ſe font, il en faut en la même maniere expédier l'acte au Greffe, & les ſignifier auſſi par de ſemblables exploits; & les vingt-quatre heures expirées ſans qu'il ait été fait aucune enchere, le dernier Encheriſſeur ſe retire au Greffe, & ayant aſſemblé au Siége le Commiſſaire & les Officiers du Siége de la Maîtriſe particuliere, leur fait ſa remontrance, que la vente ayant été adjugée à l'extinction de la chandelle, ſauf les 24 heures, pendant leſquelles toutes encheres par doublement, tiercement & demi-tiercement ſeroient reçues, il a fait un tiercement, lequel il a fait enregiſtrer & ſignifier à l'Adjudicataire en la maniere preſcrite par les Ordonnances, ainſi qu'il appert par le regiſtre & par l'exploit qu'il en repréſente; & requiert, attendu que les vingt-quatre heures ſont paſſées ſans qu'il ait été fait aucune enchere au-deſſus de la ſienne, que la vente lui ſoit adjugée trouſſement; ce qui lui eſt accordé en la maniere portée par l'Acte ſuivant.

Formule de l'adjudication faite ſur doublement, tiercement & demi-tiercement au total.

Et le 17 dudit mois de Décembre 1667, à l'heure de midi, pardevant nous Commiſſaire ſuſdit, en la préſence deſdits Maître Particulier des Eaux & Forêts de Touloufe, Lieutenant & Procureur du Roi de la-dite Maîtriſe, judiciairement aſſemblés au Siége de la Table de Marbre, eſt comparu ledit Baron, qui nous a dit que ladite vente ayant été adjugée à l'ex-tinction de la chandelle, à l'heure de deux heures de relevée, audit Saguens, ſauf les 24 heures, pendant leſquelles toutes encheres par doublement, tierce-ment & demi-tiercement au total ſeroient reçues, icelui comparant auroit encheri ladite vente au moyen d'un tiercement qu'il a fait ſur icelle, à l'heure de dix heures du matin, le jour d'hier, lequel il a fait en-regiſtrer, & même a fait élection de domicile, ſui-vant l'acte qui en a été expédié par notre Greffier, lequel il a ſigné; & de plus il a fait à la même heure ſignifier ladite enchere audit Saguens au domicile par lui élû, ſuivant l'exploit qu'il nous en a repréſenté en bonne & dûe forme, & dûement recollé de Té-moins; & attendu que les vingt-quatre heures pen-dant leſquelles les encheres pouvoient être reçues étoient paſſées ſans qu'il en ait été fait aucune, re-queroit qu'il nous plût lui faire trouſſement adjudica-tion de ladite vente.   Nous

Nous, ayant égard à ladite Requête, vû le Regiſtre dans lequel eſt inſeré l'acte de ladite enchere, enſemble l'exploit de la ſignification faite d'icelle audit Saguens, oui le Procureur du Roi, auquel leſdits actes ont été communiqués, en ſes concluſions, & de ſon conſentement, & de l'avis deſdits Maître particulier & Lieutenant, avons audit Baron, comme dernier Encheriſſeur, adjugé & adjugeons trouſſement par ces préſentes ladite vente de la Forêt de Montech, pour en jouir par lui comme de ſon propre, vrai & loyal acquêt, moyennant la ſomme de dix-huit cens ſoixante-trois livres ſix ſols huit deniers, à quoi reviennent le prix de l'adjudication faite audit Saguens, & tiercement fait par ledit Baron, au payement de laquelle, aux termes préfix par le bail ou cahier des charges, Nous avons condamné & condamnons ledit Baron, & ordonné qu'à ce faire il ſera contraint, nonobſtant oppoſition ou appellation quelconque, & par corps, comme pour les propres deniers & affaires de Sa Majeſté. Sera tenu en outre ledit Baron de faire l'exploitation de ladite vente conformément audit bail, & généralement de ſatisfaire à toutes les clauſes, charges & conditions mentionnées en icelui, aux peines portées par les Ordonnances, & de tous dépens, dommages & intérêts. Fait audit Toulouſe, au Siége de la Table de Marbre, les jour & an ſuſdits.

P p

TROISIÉME POINT.

De l'adjudication qui se fait par retour.

L'adjudication se fait par retour en deux manieres ; la premiere , lorsque l'Adjudicataire renonce à son enchere, en ce cas la vente retourne au précédent Encherisseur, & lui est adjugée ; si même ce précédent Encherisseur, & ceux qui ont encheri avant lui, veulent aussi renoncer à leurs encheres , il est constant qu'ils ont la liberté de le faire en payant leurs (*a*) folles encheres, comme nous l'avons remarqué dans l'article des charges, & la vente retourne d'Encherisseur à Encherisseur , jusqu'à celui qui persiste en son enchere, & c'est à celui-là que l'adjudication est faite.

La renonciation se fait en cette forme.

Modele de l'Acte qui se doit expédier au Greffe, de la renonciation faite par le Marchand à son enchere.

Et le 18 Décembre 1667, huit heures du matin, est comparu audit Greffe Pierre Baron, Marchand , dénommé en l'adjudication ci-dessus , lequel a déclaré qu'il renonce , comme de fait il a renoncé à l'enchere de quatre cens soixante-trois livres six sols huit deniers, par lui faite sur ladite vente de la Forêt de Montech , & a payé comptant ladite somme ès

____

(*a*) Art. 25 du titre 15 de ladite Ordonnance , plus au long rapporté dans le chapitre des charges , aux notes.

mains de M^e. Gabriel Sabatier , Receveur pour le Roi du Domaine de la Sénéchauſſée de Touloufe, dont il a requis acte à lui accordé, & a ſigné.

Mais il faut remarquer deux choſes; la premiere, que ces renonciations doivent être faites dans vingt-quatre heures , à faute de quoi elles ne ſont plus re-cevables ; la ſeconde , qu'il n'eſt pas beſoin qu'elles ſoient ſignifiées aux précédens Encheriſſeurs , (*b*) mais que c'eſt à eux-mêmes à veiller & à faire les diligences néceſſaires pour ſçavoir ſi elles auront été faites ou non, pour, ſi bon leur ſemble, faire de ſem-blables renonciations dans le tems de vingt-quatre heures , leſquelles paſſées, ils ne ſont plus admis; de ſorte que ſans aucune ſignification ni interpellation, l'adjudication leur retourne ; & ſur la requiſition du Procureur du Roi & du Receveur du Domaine joint avec lui , l'acte en eſt expédié en la forme ſuivan-te , ſoit que celui auquel elle retourne ſoit préſent, ou abſent.

Modele de l'adjudication qui ſe fait par retour &
renonciation d'enchere.

Et le **19** dudit mois de Décembre audit an **1667** , à l'heure de neuf heures du matin , audit Siége de la Table de Marbre , ſont comparus le Procureur du Roi & Receveur du Domaine ſuſdits , qui nous ont dit que cejourd'hui à l'heure de huit heures du ma-tin , Pierre Baron, Adjudicataire de ladite vente, avoit renoncé à l'enchere par lui faite de la ſomme

______

(*b*) L'Ordonnance y eſt contraire , ſuſdits art. & titre.

de quatre cens foixante-trois livres fix fols huit deniers, laquelle il a payé comptant, au moyen de laquelle renonciation, & de ce que les vingt-quatre
heures étoient paffées fans que François Saguens,
précédent Encheriffeur, eût renoncé à celle par lui
faite, ladite vente lui étoit retournée, requerant à
cet effet que l'adjudication lui en fût faite trouffement. Nous, ayant égard à ladite Requête, vû l'acte
de renonciation fufdit, enfemble le Regiftre par
lequel il nous eft apparu que ledit Saguens eft le
précédent Encheriffeur, Nous lui avons adjugé &
adjugeons trouffement ladite vente, pour en jouir
par lui comme de fon propre & loyal acquêt,
moyennant la fomme de quatorze cens livres, à
quoi monte ladite enchere, au payement de laquelle,
&c. comme deffus.

Et cette Ordonnance rendue, j'eftime qu'il eft à
propos de la faire fignifier, afin que l'Adjudicataire
fe mette en devoir de fatisfaire aux charges, claufes
& conditions du bail.

Formule de fignification.

A la requête du Procureur du Roi en la Maîtrife particuliere des Eaux & Forêts de Touloufe,
pourfuite & diligence de M^e. Gabriel Sabatier,
Receveur pour le Roi du Domaine de la Sénéchauffée de Touloufe, qui ont fait élection de domicile au Greffe du Siége de la Table de Marbre,
foit fignifié & dûement fait à fçavoir à François
Saguens, Marchand, demeurant à Montech, au

domicile par lui élû chez M^e. Bezombes, Procureur au Parlement, demeurant rue Sainte Claire, qu'au moyen de la renonciation faite le 26 du préfent mois, à l'heure de huit heures du matin, par Pierre Baron, Marchand, demeurant audit Touloufe, à l'enchere par lui faite fur la vente de la Forêt de Montech, délivrée en la préfente année, pour être exploitée en la prochaine, & faute d'avoir par icelui Saguens renoncé à fon enchere dans le tems de vingt-quatre heures, ladite vente lui eft retournée, & lui eft adjugée par acte de cejourd'hui expédié audit Siége, à ce qu'il n'en prétende caufe d'ignorance, qu'il ait inceffamment à fatisfaire aux charges, claufes & conditions du bail de ladite vente. Signé Prouho, Sabatier.

Fait & fignifié comme deffus audit Saguens, en parlant au domicile dudit Bezombes & à fa perfonne, par moi Noël Auger, Huiffier des Eaux & Forêts de la Table de Marbre du Palais à Touloufe, en la préfence de Jean Rolland & Pierre Agan, Sergens-Gardes de la Forêt de Montech, y demeurans, qui ont figné avec moi au préfent original, & à la copie que j'ai délivrée audit Bezombes le 19 Décembre 1668.

L'adjudication fe fait encore par retour, lorfque l'Adjudicataire manque à donner caution (a) dans la huitaine; auquel cas, fans aucune interpellation ou fignification, il demeure évincé de fa vente fans

______

(a) La difpofition de cet article eft fi étroitement obfervée, qu'un Adjudicataire qui auroit manqué de donner caution, demeure évincé de fon adjudication fans autres formalités.

jamais pouvoir y rien prétendre , eſt condamné à payer ſa folle enchere , & la vente retourne au précédent Encheriſſeur.

Tout ce qui ſe fait en cette rencontre , eſt que le Procureur du Roi & le Receveur du Domaine en font leur remontrance au Commiſſaire , & obtiennent l'adjudication pour le précédent Encheriſſeur en la forme ſuivante.

Modele de l'adjudication par retour au précédent Encheriſſeur , faute d'avoir donné caution par l'Adjudicataire.

Et le vingt-cinq dudit mois de Décembre audit an, ſur la remontrance à nous faite par leſdits Procureur du Roi & Receveur du Domaine, que faute d'avoir par ledit Baron donné caution pour jouir de l'effet de l'adjudication ci-deſſus à lui faite, il demeuroit évincé de ſa vente, laquelle retournoit à François Saguens, précédent Encheriſſeur, requerant qu'il nous plût lui adjuger ladite vente, & condamner ledit Baron au payement de ſa folle enchere , avec tous dépens, dommages & intérêts. Nous Commiſſaire ſuſdit, ayant égard à ladite Requête, vû le Regiſtre par lequel il nous eſt apparu que ledit Saguens eſt le précédent Encheriſſeur, & après avoir été certifié par notre Greffier que ledit Baron n'a fait aucune comparution au Greffe pour donner caution & certificateur, avons, de l'avis du Maître particulier & Lieutenant de ladite Maîtriſe, ordonné & ordonnons que ledit Baron ſera & de-

meurera évincé de ladite adjudication , sans que pour
raison d'icelle il puisse jamais rien prétendre à ladite
vente. Nous l'avons condamné en outre à payer incessamment la somme de quatre cens soixante-trois
livres six sols huit deniers, à quoi monte sa folle enchere, au payement de laquelle il sera contraint ,
nonobstant opposition ou appellation quelconque ,
& par corps, comme pour deniers royaux ; & ce
faisant, avons audit Saguens , comme dernier Encherisseur, troussement adjugé & adjugeons par ces
présentes ladite vente, &c. comme ci-dessus.

Cet acte étant expédié , il faut ensuite faire deux
choses : la premiere , signifier (a) au précédent Encherisseur que la vente lui est retournée , afin qu'il
n'en prétende cause d'ignorance , & ait à satisfaire
aux clauses du bail : la seconde , signifier l'éviction
à l'Adjudicataire , afin qu'il paye sa folle enchere.

Formule de signification au précédent Encherisseur.

A la requête du Procureur du Roi , poursuite
& diligence de M^e. Gabriel Sabatier , Receveur du
Domaine du Roi en la Sénéchaussée de Toulouse ,
qui ont élû leur domicile au Greffe du Siége de la
Table de Marbre , soit signifié & dûement fait à
sçavoir à François Saguens, Marchand, demeurant
à Montech , au domicile par lui élû chez M^e. Bezombes, Procureur en Parlement , demeurant rue
Sainte Claire , que faute d'avoir par Pierre Baron ,
Marchand, demeurant à Toulouse , Adjudicataire

____

(a) Art. 30 & 32 , susdit titre 15.

de la vente ordinaire de la Forêt de Montech, donné caution dans huitaine pour jouir de ladite adjudication, ainſi qu'il étoit tenu par le bail d'icelle, ladite vente lui eſt retournée, &c. avec l'exploit, comme ci-deſſus.

Formule de la ſignification de l'éviction de l'adjudication.

A la requête du Procureur du Roi, &c. ſoit ſignifié & dûement fait à ſçavoir à Pierre Baron, Marchand, demeurant à Toulouſe, Adjudicataire de la vente ordinaire de la Forêt de Montech, au domicile par lui élû chez Mᵉ. Ormieres, Procureur au Sénéchal, demeurant à la Place Saint Georges, qu'à faute par lui d'avoir donné caution dans la huitaine pour jouir de l'effet de ladite adjudication, ainſi qu'il étoit tenu par le bail d'icelle, il eſt évincé de ladite vente, laquelle eſt retournée au précédent Encheriſſeur, à ce qu'il n'en prétende cauſe d'ignorance, & ait à payer dans le jour la ſomme de quatre cens ſoixante-trois livres ſix ſols huit deniers, à quoi monte ſa folle enchere, ſinon qu'il y ſera contraint comme pour les propres deniers & affaires de Sa Majeſté. Fait à Toulouſe le 26 Décembre 1667. Signé, Prouho & Sabatier.

Fait & ſignifié, &c. comme ci-deſſus.

Si celui qui eſt évincé de ſa vente, & celui qui a renoncé à ſon enchere, ne payent pas leurs folles encheres ſur le champ, le Receveur du Domaine prendra écrou pour les y contraindre en cette forme.

Forme

Forme d'écrou pour contraindre les Marchands au payement de leurs folles encheres.

Louis de Froidour , &c. Au premier Huissier , Sergent-Garde des Forêts , ou autre Archer ou Sergent royal sur ce requis , Salut. Nous, à la requête du Procureur du Roi, poursuite & diligence de M^e. Gabriel Sabatier , Receveur du Domaine du Roi en la Sénéchaussée de Toulouse , vous mandons & ordonnons par ces présentes , contraindre par toutes voyes dûes & raisonnables , même par corps, comme pour deniers royaux , & nonobstant oppositions ou appellations quelconques , la personne de Pierre Baron, demeurant à Toulouse , au payement de la somme de quatre cens soixante-trois livres six sols huit deniers, à quoi monte sa folle enchere , laquelle il est condamné payer, faute d'avoir par lui donné caution dans la huitaine , pour jouir de l'effet de l'adjudication à lui faite de la vente ordinaire de la Forêt de Montech , dont il est évincé : de ce faire vous donnons pouvoir. Fait à Toulouse le 26 Décembre 1667.

Il est certain qu'on en peut user avec cette rigueur , & que même sans requisition du Procureur du Roi , le précédent Encherisseur , à faute de donner caution par l'Adjudicataire dans le tems préfix par le bail, peut requerir l'adjudication : mais j'estime qu'il est toujours bon de soulager autant qu'on peut ceux qui ont fait la condition du Roi meilleure. Les Officiers en useront avec discrétion , &

prendront garde aussi d'autre côté de ne point tomber dans l'inconvénient, que faute d'avoir à tems fait signifier au précédent Encherisseur que la vente lui est retournée, l'Adjudicataire se trouvant dans l'impuissance de donner caution, ils ne se trouvent dans l'embarras de donner la vente à sa folle enchere. (a) C'est particulierement l'affaire du Receveur du Domaine, qui doit prendre ses précautions.

CHAPITRE IV.

Des choses qui doivent suivre l'adjudication.

TOUT ce qui doit être fait après l'adjudication est prescrit par le cahier des charges, & se réduit à trois chefs. Premierement à ce qui se doit faire auparavant l'exploitation de la vente ; en second lieu à ce qui se doit faire pendant l'exploitation ; & en troisiéme lieu à ce qui se doit faire après : &

(a) C'est justement ce que des Marchands souvent cherchent à faire. J'ai vû une adjudication où quatre Marchands s'étoient entendus avec un insolvable : un des bons mit la vente à prix à 100 liv. l'arpent, l'insolvable à 300 livres, un des solvables à 310 livres, l'insolvable à 400 livres, & enfin un des solvables à 410 livres, auquel la vente resta sur son enchere, sans qu'il y en ait eu sur les feux : il paya sa folle mise de dix livres par arpent ; & l'adjudication étant retombée à celui qui étoit insolvable, & qui l'avoit à quatre cens livres, elle revint à celui qui l'avoit à trois cens dix livres, & par ce moyen la societé gagnoit quatre-vingt-dix livres par arpent. Ce sont ces monopoles qu'il faut éviter, sans quoi l'on risque toujours pour l'intérêt du Roi. On doit encore examiner un homme qui vuide promptement les ventes, parce qu'il y a de l'avantage pour le rejet, & moins à craindre pour les délits que sa vente peut lui procurer en y faisant entrer du bois de délit.

comme j'ai remarqué ci-deſſus que le cahier des charges n'étoit que le projet, il s'agit ici de l'exécution.

ARTICLE I.

De ce qui ſe doit faire avant l'exploitation de la vente.

CE qui ſe doit faire avant l'exploitation de la
vente conſiſte en ſix points, dont cinq regardent les Marchands, & le ſixiéme les Officiers. Le
premier eſt de payer les deniers comptans entre les
mains du Greffier : le deuxiéme, de bailler caution :
le troiſiéme, d'avoir l'adjudication en bonne & dûe
forme, avec le billet de contentement du Procureur
du Roi & Receveur du Domaine : le quatriéme, de
mettre au Greffe l'empreinte du marteau dont le Marchand doit ſe ſervir : le cinquiéme, de faire faire le
ſouchetage autour de ſa vente : à quoi j'ajouterai un
ſixiéme point des états que le Commiſſaire qui a
fait l'adjudication des ventes eſt obligé d'en dreſſer.

PREMIER POINT.

Des deniers comptans que le Marchand adjudicataire des
ventes doit payer avant d'entrer en uſance
de ſa vente.

Ce premier point n'eſt pas d'une grande diſcuſſion ; il ſuffit de dire que l'Adjudicataire doit payer
comptant au Greffier la ſomme dont ſa vente ſe

trouve chargée par les journées & vacations des Officiers, & autres frais de la vente, qui doivent être payés & acquittés suivant l'état qui en a été arrêté, & que le Greffier doit lui en donner quittance. Jusqu'à ce que l'Adjudicataire ait satisfait, on ne lui délivre point l'adjudication, & même en cas de délais, on le contraint en vertu d'un écrou qui s'expédie comme dessus.

Deuxiéme Point.

De la caution que l'Adjudicataire doit donner.

Il est constant que l'Adjudicataire ne peut entrer en exploitation de sa vente, qu'il n'ait donné caution & certificateur au Receveur du Domaine, pour sûreté des convenances du marché, pour parler aux termes des Ordonnances, & autrement pour sûreté des charges, clauses & conditions du bail ; mais la difficulté est de sçavoir la maniere dont il sera tenu de les présenter, & dont on les recevra. J'ai amplement expliqué les manieres différentes dont on en usoit ; mais je me réduis à une seule, qui est que l'Adjudicataire présente ses cautions judiciairement pardevant les Officiers qui ont fait les ventes, & qu'elles soient reçues par eux du consentement du Procureur du Roi & du Receveur du Domaine, dont l'acte sera expédié en cette forme.

Formule de la reception des cautions.

Et le vingt-huitiéme jour du mois de Décembre,

pardevant Nous Commiſſaire ſuſdit, eſt comparu ledit Saguens, lequel, pour jouir de l'adjudication ci-deſſus à lui faite, a préſenté pour caution judiciaire & ſolidaire la perſonne de Jacques Tricot, demeurant à Montech, & pour certificateur Pierre Bruant, demeurant au même lieu, leſquels, du conſentement du Procureur du Roi, & de Mᵉ. Gabriel Sabatier, Receveur du Domaine ſuſdit, & de l'avis des Maître & Lieutenant de ladite Maîtriſe, Nous avons reçu, après qu'ils ont fait les ſoumiſſions au cas requiſes & accoutumées, & fait élection de domicile chez Mᵉ. Bezombes, Procureur au Parlement, demeurant rue Sainte Claire, où ledit Saguens l'a déja fait; & en conſéquence avons ordonné que ledit Saguens entrera en exploitation de ladite vente, dont nous avons fait expédier le préſent acte, que nous avons ſigné avec leſdits Officiers, & fait ſigner par leſdits Saguens, Tricot & Bruant, le jour & an ſuſdit.

T R O I S I É M E   P O I N T.

De l'adjudication en bonne forme, & du billet de contentement du Procureur du Roi & Receveur du Domaine, que le Marchand doit repréſenter au Capitaine-Foreſtier, Gruyer, Verdier, Verdurier, Maître Sergent, &c. pour pouvoir entrer en exploitation de ſa vente.

J'ai remarqué en expliquant les charges, que l'Adjudicataire avant d'entrer en exploitation de ſa vente, étoit tenu de repréſenter au Capitaine-

Foreſtier ſon adjudication en bonne forme, & l'acte de ſon cautionnement.

Pour cela, il n'y a autre choſe à faire qu'à joindre enſemble tous les actes dont j'ai dreſſé les modeles ci-deſſus, & de tous n'en faire qu'un ſeul.

Premierement, le cahier des charges.

En ſecond lieu, mettre à la ſuite l'acte qui a été expédié pour la lecture d'icelui.

3°. L'acte de l'expoſition de la vente aux encheres, & l'adjudication qui en a été faite à l'extinction des feux.

4°. La reception du tiercement, & adjudication faite en conſéquence.

5°. L'adjudication de retour faite par renonciation, ou à défaut de donner caution.

6°. L'acte de cautionnement, lequel étant conſenti par le Receveur du Domaine & par le Procureur du Roi, ſert de billet de contentement.

Et enfin y ajouter un mandement adreſſant au Capitaine-Foreſtier, en cette forme.

Si mandons aux Capitaine-Foreſtier & Gardes de ladite Forêt, permettre audit Saguens la coupe, exploitation & vuidange de ladite vente ; & à tous Huiſſiers, Sergens-Gardes deſdites Forêts, & autres Sergens royaux, faire pour l'exécution des préſentes tous exploits de Juſtice requis & néceſſaires : de ce faire leur donnons pouvoir. Fait & donné à Toulouſe ledit jour 28 Décembre 1667.

QUATRIÉME POINT.

De l'empreinte du marteau que les Marchands doivent mettre au Greffe.

Après que les Marchands pour jouir de l'effet de leur adjudication ont donné caution & certificateur, ils doivent préfenter (a) au Maître particulier le marteau dont ils prétendent fe fervir pour l'exploitation & ufance de leurs ventes, & en laiffer l'empreinte au Greffe, ou fur le Regiftre, ou fur une plaque de plomb, ou fur du bois. On en ufe différemment dans chacune Maîtrife particuliere du département de l'Ifle de France, étant indifférent de quelque maniere que cela fe faffe, pourvû que l'Ordonnance en ce regard foit fuivie & exécutée. Cela ne s'eft jamais pratiqué dans ce département ; mais il faut en établir l'ufage, d'autant plutôt qu'à l'avenir les ventes deviendront confidérables, tant par le foin qu'on prendra de la garde des Forêts, que parce qu'on vendra des bois qui auront l'âge de vingt-cinq ans, au lieu que ci-devant, s'il en faut croire les Grands Maîtres, on ne coupoit que des menus bois par expurgades ou des bois en recepages. Et afin que ceux qui ne font pas inftruits des matieres des Forêts, fçachent la raifon pour laquelle cela fe fait, je dois remarquer ici ce que j'ai déja dit dans l'explication du cahier des charges, que les Mar-

---

(a) Titre 15, article 37 de ladite Ordonnance.

chands, leurs Clercs, Gardes-ventes ou Facteurs, doivent marquer tout le bois qui fort de leurs ventes; & afin que leurs marques ne puiffent pas être contrefaites par les Délinquans, & que quand ils repréfenteront du bois marqué, l'on puiffe reconnoître fi la marque eft bonne, & fi le bois eft Marchand, (a) ou s'il eft mal pris, on retient au Greffe l'empreinte du marteau dont le Garde-vente doit fe fervir, pour en toutes occafions en faire comparaifon & confrontation avec les marques repréfentées par les Délinquans, ou par les Voituriers foupçonnés de délit.

Dans le même tems que les Marchands donnent cette empreinte du marteau, ils ont coutume de préfenter auffi leurs Clercs & Facteurs, ou Gardes-ventes, qui fur la requifition du Procureur du Roi font ferment devant les Maîtres de bien & fidelement exercer cette commiffion; fçavoir de tenir bon & fidele Regiftre, tant en ce qui concerne la recette, (b) que pour le débit du bois; de ne laiffer fortir aucun bois qui ne foit marqué, & de ne marquer aucun autre bois que celui des ventes; de ne donner des étiquettes que pour le bois qui fera pris dans leurs ventes, & de ne faire aucune fauffeté dans leurs dates. Ces mêmes Marchands préfenteront auffi le Regiftre dont eux ou leurs Facteurs fe fervi-

____

(a) C'eft-à-dire, bois de la vente livré par le Marchand ou fon Facteur.

(b) La recette en cette occafion fignifie la reception que le Marchand ou fon Facteur fait du bois que les Bucherons ont coupé & travaillé; dont il fait état fur fon Regiftre jour à jour, comme enfuite il fait état de tout ce qui fe débite pour tenir ordre de compte.

ront;

ront, pour le faire cotter par nombre , & parapher au premier & dernier feuillet ; & de tout ce que deffus on en expédiera l'acte en la forme fuivante.

Modele de l'Acte qui s'expédie pour l'empreinte
du marteau.

Aujourd'hui vingt-neuf Décembre mil fix cent foixante-fept , pardevant Nous Jean Courdurier , Confeiller du Roi , Maître particulier des Eaux & Forêts de la Sénéchauffée de Touloufe , au Greffe de ladite Maîtrife , eft comparu François Saguens , Bourgeois de Montech , Adjudicataire de la vente ordinaire de la Forêt dudit lieu , qui Nous a préfenté le marteau dont il prétendoit fe fervir pour l'exploitation & ufance de ladite vente , dont il a mis l'empreinte au Greffe , & une marque en plomb , contenant les deux lettres F. S. en gros caractere romain , & a auffi préfenté la perfonne de Jacques Briffet pour Garde-vente , lequel , fur la requifition du Procureur du Roi , a fait le ferment au cas requis & accoutumé , de bien & fidelement exercer ladite commiffion , de tenir bon & fidele Regiftre , tant de recette , que de débit ou vuidange , ne laiffer fortir aucun bois qui ne foit marqué , & de ne marquer aucun autre bois que celui des ventes , même de ne donner aucune étiquette que pour le bois qui fortira defdites ventes , & de ne commettre aucune fauffeté dans la date d'icelles ; & pour cet effet nous avons paraphé au premier & dernier feuillet , & cotté par nombre le Regiftre qu'il nous a préfenté,

contenant cent quarante feuillets, & duquel il nous
a déclaré qu'il vouloit se servir pour l'exploitation
de ladite vente ; dont & de tout ce que dessus nous
avons dressé le présent acte ledit jour & an susdit.

Cet acte n'est point du corps de l'adjudication ;
c'est pour cela que je ne l'ai mis qu'après la conclusion de l'adjudication, qui est le mandement adres-
fant au Capitaine-Forestier , pour mettre le Marchand en jouissance de la vente. D'ailleurs, de la
maniere dont il est conçu, il contient la remise de
l'empreinte du marteau, la présentation du Garde-
vente, & la délivrance du Registre tout ensemble ,
& cela se peut faire à divers tems. Enfin je ne doute
point que comme cela est nouveau dans ce département, l'établissement n'en soit d'abord difficile ,
& j'estime qu'en cela il faut avoir quelque indul-
gence pour les Marchands ; mais il faut avec eux
prendre quelque tempérament pour satisfaire à
l'Ordonnance , sinon en tout, du moins pour partie , & petit à petit les accoutumer à suivre sa disposition. Je laisse cela à la prudence des Officiers.

CINQUIÉME POINT.

*Du souchetage que le Marchand doit faire faire autour
de sa vente auparavant qu'il en fasse l'exploitation.*

Comme j'ai amplement expliqué dans le onziéme
point de l'article du cahier des charges, tout ce qui
concerne le souchetage que le Marchand doit faire
faire autour de sa vente auparavant qu'il en fasse

l'exploitation, je n'en fais ici mention que pour ne rien omettre de l'ordre que je me suis proposé, & que pour lui en renouveller la mémoire, afin qu'il n'y manque pas.

S I X I É M E P O I N T.

Des états qui doivent être dreſſés des ventes.

Incontinent après que les ventes ſont adjugées, celui qui en a fait les adjudications doit en arrêter & faire expédier les états par le Greffier, en la préſence des Officiers de chacune Maîtriſe dont il a été aſſiſté, & les ſigner enſuite avec eux.

Ces états doivent contenir le nombre des ventes qui ſont faites en chacune Maîtriſe, la quantité d'arpens dont elles ſont compoſées, la qualité du bois dont elles ſont plantées, les charges en deniers & en bois qui ſont aſſignés ſur chacune, les noms, ſurnoms & demeures des Marchands auſquels elles ſont adjugées, & le prix de l'adjudication. On en expédie juſqu'au nombre de cinq, ainſi que le remarque Chaufour dans ſon Inſtruction, dont deux doivent être délivrés au Grand Maître, qui s'en réſerve un pour lui, & envoye l'autre au Conſeil du Roi, ſuivant l'art. 339 des Etats de Blois. Un troiſiéme eſt pour le Bureau des Finances dans la Généralité duquel la Maîtriſe particuliere & les Forêts qui en dépendent ſont aſſiſes. Un quatriéme pour le Receveur particulier du Domaine du lieu, qui ſuivant cet état fait la recette des deniers des ventes, & doit en rendre compte à la Chambre des Comptes; & c'eſt ce qui étoit anciennement entendu par l'Ordonnance du Roi François premier, de l'année 1515, art. 58, par ces termes : *Les Maîtres des Eaux & Forêts apporteront à la Chambre des Comptes leurs protocoles des ventes qui feront faites ès Forêts.* Mais si nous examinons l'usage, nous trouverons que dans ce département il ne s'est en ce regard pratiqué autre chose, sinon que les Grands Maîtres, qui seuls ont eu l'administration des ventes, avoient accoutumé par chacun an d'en dresser un état adressant au Receveur du Domaine étant en exercice, non pas du prix auquel elles étoient adjugées, mais seulement de ce qui revenoit de bon, tous les chauffages & gages d'Officiers, leurs journées & vacations, & autres frais des ventes généralement quelconques acquittés & payés. Ils défendent cette forme d'état, sur ce que les Receveurs du Domaine n'étant comptables que des deniers qu'ils reçoivent effectivement, il étoit, disent-ils, inutile de comprendre dans leurs états des sommes qui ne passoient pas par leurs mains. Mais ils sont tombés dans trois manquemens dont rien ne les peut excuser : le premier, de n'avoir jamais envoyé aucun état au Conseil : le second, de n'avoir jamais dressé aucune adjudication, ni tenu aucun état des sommes à quoi montoient les ventes des bois ; de maniere que l'on ne peut en façon quelconque en connoître la valeur & le prix : & le troisiéme, de n'avoir dressé aucun état des charges en deniers & en bois qu'ils assignoient sur les ventes, du prix desquelles on peut les accuser d'avoir disposé comme bon leur a semblé, & d'avoir supprimé tout ce qui pouvoit en donner connoiſſance.

Dans le département de l'Iſle de France, les Grands Maîtres ont dreſſé des états des ventes pour les Receveurs du Domaine à peu près conformes à ceux dont il eſt parlé ci-deſſus, & de tous ces états particuliers ils en ont fait un général pour le Receveur général des bois. Ils ont de plus fait les adjudications en bonne forme. Ils ont auſſi tenu état des charges qu'ils aſſignoient ſur les ventes, mais avec ce défaut qu'il n'y avoit aucun état de diſtribution que pour les journées & vacations des Officiers, & non pas pour les chauffages & autres charges , ce qui étoit le plus important. Ils ont enfin envoyé des états au Conſeil; mais ils y omettoient deux choſes. 1°. Ils n'y faiſoient aucune mention de la quantité exceſſive des charges dûes & indûes , tant en deniers qu'en bois, qu'ils aſſignoient ſur les ventes ; parce que ſi le Conſeil avoit eu connoiſſance de l'abus qui s'y commettoit , il y auroit ſans doute pourvu , & les Grands Maîtres n'auroient point eu le pouvoir d'en diſpoſer à leur volonté, comme ils faiſoient. 2°. Ils ſupprimoient dans ces états les rempliſſages qu'ils accordoient ſous prétexte de places vuides , comme je l'ai remarqué ci-deſſus dans le dixiéme Point de l'article du meſurage ; cela ſe faiſant de la ſorte , parce que comme la quantité d'arpens qui ſe devoit couper en chacune Forêt étoit réglée, ils ne pouvoient pas charger leur état d'une plus grande quantité de bois , & que le Conſeil auroit déſapprouvé leur déréglement. Mais parce que les charges exorbitantes qu'ils aſſignoient ſur les ventes en diminuoient confidérablement le prix qu'ils avoient intérêt de faire monter bien haut, afin qu'ils paffaffent au Confeil pour de bons Economes & de bons Adminiftrateurs des Forêts, ils trouvoient le moyen de parvenir à leurs fins, acquittant les charges par la quantité de bois qu'ils vendoient, outre les ventes ordinaires, fous ce prétexte de rempliffage, & par ce moyen abufoient le Confeil, & dérégloient toutes les Forêts.

Pour remédier à tous ces abus, faire les chofes dans les formes prefcrites par les Ordonnances, & fuivant l'efprit du Confeil, il faut 1°. expédier un état pour le Receveur du Domaine, & je conviens qu'il fuffit qu'il contienne feulement les deniers dont il doit faire recette. Il peut être conçu en ces termes.

Etat des ventes ordinaires faites ès Forêts dépendantes de la Maîtrife particuliere de la Sénéchauffée de Touloufe en l'année 1667, pour être exploitées, ufées & payées en l'année 1668.

La vente ordinaire de la Forêt de Montech, contenant la quantité de cent arpens de jeune taillis de l'âge de douze ans, inégalement venant, fufté & pillé, & réduit en recepage, a été adjugée en la maniere accoutumée à François Saguens, Marchand, demeurant à Montech, moyennant la fomme de quatorze cens livres, payable par égales portions en deux termes, le premier au quinziéme jour d'Août, & le fecond au jour de Noël 1668, cy... 1400 liv.

La vente ordinaire de la Forêt de Saint Porquier, contenant la quantité de dix-neuf arpens de jeunes taillis de l'âge de huit ans, a été adjugée en la maniere accoutumée à Bernard Moulis, Marchand, demeurant à Toulouse, moyennant la fomme de huit cens livres, payable comme deffus en deux termes, cy . . . . . . 800 livres.

La vente de la Forêt de, &c.

On en ufera de même des autres ventes, & enfuite on arrêtera le montant du total.

Somme totale defdites ventes, 12500 livres.

De laquelle nous avons ordonné & ordonnons que la recette & recouvrement fera fait par Mᵉ. Gabriel Sabatier, Sieur de la Bourgade, Receveur pour le Roi du Domaine de ladite Sénéchauffée étant en exercice, pour l'employer au fait de fa charge, à laquelle fin les Adjudicataires defdites ventes, leurs cautions & certificateurs, feront tenus lui en faire le payement chacun en ce qui les concerne, aux termes ci-deffus mentionnés, & à ce faire contraints folidairement, nonobftant toutes oppofitions, appellations & empêchemens quelconques, & par corps, comme pour les propres deniers & affaires de Sa Majefté, en vertu du préfent état. Si mandons à tous Huiffiers, Archers, Sergens-Gardes des Forêts, & autres Sergens royaux, faire pour l'exécution des préfentes tous exploits de Juftice requis & néceffaires : de ce faire leur donnons pouvoir. Fait à Toulouse le dernier Décembre 1667.

L'état qui doit être envoyé au Bureau des Finances sera conforme.

Et s'il y a un Receveur général des Bois dans le département, il faut de tous les états particuliers qui feront dressés en chacune Sénéchauffée ou Maîtrise, en dresser un général en la même forme que celui ci-dessus, adressant au Receveur général, pour faire le recouvrement des sommes y contenues, avec contrainte tant contre les Marchands, que contre les Receveurs particuliers qui en doivent remettre le fonds entre ses mains.

Pour ce qui est de l'état qui doit être envoyé au Conseil, soit à Monseigneur le Chancelier, soit à celui de Messieurs les Intendans des Finances qui a le département des Bois, il doit sans contredit être plus ample, parce que comme le dessein des Ordonnances qui ont voulu que cet état leur fût envoyé, a été d'éclaircir par ce moyen le Conseil de toute l'administration des Forêts, il doit être dressé de maniere qu'il n'y ait rien à désirer. Pour cela cet état doit contenir au vrai la quantité des ventes dont l'adjudication a été faite, la quantité d'arpens que chacune vente contient, la qualité du bois, le triaige où la vente a été assise, & les tenans & aboutissans, le nom & la demeure de l'Adjudicataire, le prix de la vente, les charges en deniers & en bois, outre le prix & les termes des payemens ; & joignant à cet état ceux de la distribution des deniers & chauffages & autres usages en bois, qui ont été dressés auparavant l'adjudication, ou bien même après l'adjudication, si la commodité

ne

ne permettoit pas de les dreſſer auparavant, le Conſeil ſera pleinement éclairci de toute l'adminiſtration des ventes, & pourra connoître s'il s'y gliſſe quelques abus, pour y apporter l'ordre & le remede convenable. Or comme j'ai donné ci-devant les modeles des deux états de diſtribution des charges en deniers & en bois, il ne reſte qu'à donner ici celui de l'état des ventes que l'on pourra dreſſer en la forme ſuivante.

Etat des ventes faites ès Forêts dépendantes de la Maîtriſe particuliere des Eaux & Forêts de Toulouſe en l'année 1667, pour être exploitées, uſées & payées en l'année 1668.

La vente ordinaire de la Forêt de Montech, contenant cent arpens de jeune bois taillis de l'âge de douze ans, inégalement venant, pillé & réduit en recepage, aſſiſe au triaige de Boutanelle, tenant d'un côté à la vente uſée en la préſente année, d'autre aux autres bois de ladite Forêt, d'un bout aux Terres de Montech, & d'autre à celles de la Bernauſe, a été adjugée en la maniere accoutumée à François Saguens, Marchand, demeurant à Montech, moyennant la ſomme de quatorze cens livres, payable en deux termes, moitié au quinze du mois d'Août, & l'autre moitié au jour de Noël de l'année 1668.

La vente ordinaire de la Forêt de Saint Porquier, contenant dix-neuf arpens, &c.

Il faut faire de même des autres ventes, & après

les avoir toutes énoncées , arrêter le montant du total.

Somme totale à quoi montent toutes lefdites ventes , douze mille cinq cens livres, cy . 1250 liv.

De laquelle fomme nous avons ordonné que le recouvrement fera fait par M^e. Gabriel Sabatier , Sieur de la Bourgade , Receveur pour le Roi du Domaine de la Sénéchauffée de Touloufe, fuivant l'état & mandement que nous lui en avons fait expédier, pour l'employer au fait de fa charge ; & outre nous avons chargé lefdites ventes de la fomme de douze cens livres payables comptant, qui a été régalée fur chacune defdites ventes au fol la livre, enfemble de cent cinquante-fix cordes de bois d'Officier, fept cordes & demie de bois ufager , & trente milliers de fagots , chacune Forêt portant fes charges & ufages , fuivant les états de diftribution que nous en avons dreffés , lefquels nous avons ordonné être joints à ces préfentes, pour avec icelles être envoyés au Roi & à Noffeigneurs de fon Confeil.

Fait & arrêté à la Table de Marbre du Palais à Touloufe, par Nous Louis de Froidour , &c. en la préfence du Procureur du Roi en ladite Réformation , & des Officiers de ladite Maîtrife particuliere , qui ont figné avec nous, le dernier jour du mois de Décembre 1667.

La minute de cet état doit être réfervée au Greffe de la Maîtrife particuliere ; le Commiffaire doit en envoyer autant au Confeil , en retenir autant pour lui, & je ferois bien d'avis qu'il en fût envoyé autant au Siége de la Table de Marbre.

ARTICLE II.

De ce qui fe doit faire pendant l'exploitation des ventes.

COMME dans le cahier des charges j'ai remarqué la différence qu'il y avoit entre ces trois chofes, coupe, aménagement & vuidange, qui font toutes comprifes fous le mot d'exploitation, j'expliquerai ici en trois points & briévement tout ce qu'il faut faire pour bien couper, pour bien ufer & aménager, & pour bien vuider le bois.

PREMIER POINT.

De ce qu'il faut obferver en la coupe du Bois.

L'exploitation de la vente fe commence par l'abbatis & la coupe du bois ; & afin que le Marchand fatisfaffe en ce regard à ce qui eft porté par les Ordonnances, il obfervera ce qui fuit.

Premierement, il ne doit abbatre ou couper que pendant le tems qui lui eft accordé pour la coupe, (*a*) & ne doit pas couper pendant que le bois eft en féve (*b*).

(*a*) Par l'article 40 du titre 15 de l'Ordonnance de 1669, il ne peut abbatre paffé le 15 Avril.

(*b*) Chaufour, art. 11 des charges ordinaires des ventes.

Il ne doit couper que dans fa vente , & ne doit point outre-paſſer (c) les pieds corniers , tournans & parois, qui ont été marqués & déſignés pour borner & limiter ſa vente ; à quoi il doit prendre garde avec ſoin.

Il doit avec le même ſoin prendre garde que les Bucherons ne coupent autour de ſa vente au ſon & ouie de la coignée , & dans les bornes de ſa réponſe (d).

Il doit faire couper à rez-de-terre tout le bois de ſa vente. *

Il doit faire couper tout d'un ſuivant & ſans recourir , c'eſt-à-dire commencer par un bout & finir par l'autre (e).

Il doit faire couper le bois avorté , abougri , (f) abrouti, perdu & gâté , les vieilles ſouches & vieux hicots , & en un mot tout le mauvais bois comme bon.

Il ne doit faire couper qu'avec une hache , coignée ou ſerpe , & non pas avec la ſcie (g).

Il doit réſerver les pieds corniers , tournans & parois , dont eſt fait mention par le Procès-verbal de meſurage (h).

Il doit réſerver les (i) baliveaux.

(c) Art. 9 du titre 16 de l'Ordonnance de 1669.
(d) Réponſe en ce cas eſt un terme de Forêt , pour marquer l'étendue de bois autour de la vente, dont le Marchand eſt reſponſable.
* Art. 42 du titre 15.
(e) Titre 25 , art. 11 de ladite Ordonnance de 1669.
(f) Titre 15 , art. 45 de ladite Ordonnance.
(g) Id. Ordonnance & titre, art. 44.
(h) Art. 10 du titre 16 , & art. 4 du titre 32.
(i) Titre 15 , art. 11 , & titre 26 , art. premier.

Il doit réferver les arbres (*k*) fruitiers, qui font les pommiers, poiriers, cerifiers, merifiers, cornouillers, neffliers, & autres femblables.

Il ne doit pas couper les arbres fur lefquels d'autres font encroués, (*l*) ni les encroués même, s'il ne peut pas faire tomber l'un fans l'autre.

Il ne doit peler ou écorcer aucun bois étant debout. (*m*).

Il ne doit pas faire couper ou autrement travailler en la vente pendant la tenue des (*n*) affifes ou hauts jours; & néanmoins n'eft pas tenu de s'y trouver, à moins qu'il n'y foit affigné pour délits, mais bien fon Facteur ou Garde-vente, pour y repréfenter fon Regiftre.

Voilà tout ce que le Marchand doit obferver en ce qui concerne la coupe; & les Officiers font tenus de vifiter de tems en tems la vente, pour tenir la main à ce que cela s'obferve.

(*k*) Titre 25, art. 3.

(*l*) Art. 43 du titre 15. La raifon eft, qu'un Marchand pour avoir un bel arbre réfervé, en fait tomber un autre deffus pour l'avoir, en en fubftituant un autre à la place; parce qu'il eft impoffible lorfqu'on a fait la réferve d'en trouver de plus beaux, le Marchand ayant grand foin d'abbatre les beaux d'abord, & de ne faire cette fraude que lorfqu'il n'y a plus lieu à en réferver un plus beau pour le faire marquer du marteau du Roi : précaution que le Garde-Marteau doit prendre, en faifant fa vifite tous les quinze jours, de réferver un bel arbre lorfqu'il en voit un de réferve abbatu. Mais peu de Gardes-Marteau font leur vifite de quinze jours, ils fe contentent de celle du mois, qu'ils font encore à la hâte, la regardant comme corvée, malgré les forts gages qu'ils ont pour cette vifite.

(*m*) Titre 27, art. 28. Parce que tous les bois pelés fur pied perdent leur féve, de maniere que les racines féchent fouvent, parce qu'ils ne peuvent être pelés pour faire de l'écorce à l'ufage des Tanneurs que dans le tems de la féve.

(*n*) Titre 12, art. 3.

DEUXIÉME POINT.

De l'aménagement du Bois.

Il eſt libre aux Marchands de convertir le bois de leurs ventes en telles ſortes de marchandiſes que bon leur ſemble , ſauf & excepté les choſes qui ſuivent.

Il ne leur eſt pas permis de faire des échalas de quartier (*a*).

Il ne leur eſt pas permis de faire des cotrets de bois de chêne , qui peut ſervir à faire buche , ou à un autre meilleur uſage (*b*).

Il ne leur eſt pas permis de convertir le bois des ventes en cendres , ſauf ſeulement les ronces , épines & menues brouſſailles, qui ſont inutiles, & ne ſont bonnes à autres uſages , obtenant pour cet effet permiſſion des Officiers, & ſeulement dans les lieux qui leur ſeront par eux indiqués, pour ne porter aucun dommage à la Forêt.

En quelques Forêts, il n'eſt pas permis de charbonner ; (*c*) mais où les Marchands ont la liberté de le faire, ce ne ſera qu'en certain nombre de faudes ou foſſes charbonnieres par arpent, & aux lieux qui ſeront auparavant indiqués comme deſſus, & à la charge qu'auparavant de mettre le bois en faude ,

(*a*) Ordonnance du Roi François premier du 22 Mai 1539 , publiée en Juin. Autre Ordonnance donnée à Eſclaron en 1548 , & de Charles IX. en 1563.
(*b*) Titre 27 , art. 19.
(*c*) Id. art. 22.

ils feront tenus appeller le Sergent de la garde pour le lui faire voir.

Dans les Forêts où il y a réglement pour la longueur & groffeur de la buche, du cotret, du fagot & autres marchandifes, les Marchands auront foin de le faire obferver, à peine d'amende & de confifcation.

TROISIÉME POINT.

De la maniere d'ufer & vuider le bois des ventes.

Après que le bois eft coupé & converti en marchandifes, les Marchands en font le débit ; & ils doivent être foigneux de prendre fi bien leurs mefures, que la vente foit vuidée dans le tems qui leur a été accordé pour la vuidange.

Ils ne doivent cependant tenir aucun attelier, loge ni affutage en leurs maifons & autres lieux que dans les ventes (a).

Ils ne doivent pas fouffrir qu'il foit apporté en leurs ventes aucun bois dérobé, ni aucun autre bois quelconque (b).

Ils ne doivent faire voiturer leurs bois qu'à jours non fériés, & qu'entre deux foleils (c).

Il leur eft défendu de faire pâturer leurs bêtes de voiture dans la Forêt, & particulierement dans les ventes ; (d) & fi on fuivoit la rigueur, on les

(a) Titre 27, art. 29.
(b) Titre 15, art. 48.
(c) Titre 15, art. 49.
(d) Suivant l'Ordonnance du mois d'Août 1573, il a été défendu

obligeroit à leur donner des muselieres. Ils doivent même empêcher que les Chartiers & Voituriers ne faſſent pâturer leurs bêtes dans leurs ventes , parce qu'ils en ſont tenus , ſauf leur recours contre les Voituriers.

Les Marchands ou leurs Facteurs & Gardes-ventes doivent tenir Regiſtre exact de toutes les marchandiſes qui ſortent de leurs ventes, par remarque de la quantité & de la qualité , de la date , de l'année , du mois , du jour & de l'heure de devant ou après midi qu'ils en font la livraiſon , & du nom & de la demeure du Voiturier.

Ils doivent donner au Voiturier une étiquette ou billet, contenant tout ce que deſſus, qui n'eſt bon que pour le jour de la livraiſon ou délivrance , à moins qu'il ne fallût pluſieurs jours pour aller de la Forêt au lieu où le Voiturier tranſporte le bois.

Ils doivent outre cela appliquer leur marteau à une piéce de bois de la voiture, & à défaut de marteau, donner un (e) échantillon.

aux Marchands de laiſſer entrer aucun bétail dans les ventes nouvellement exploitées, & ordonne aux Maîtres des Eaux & Forêts d'y tenir la main. Et ſuivant l'art. 51 du titre 15 de l'Ordonnance de 1669, ils ſont reſponſables non-ſeulement des délits de leurs ventes , mais encore de ceux à l'ouie de la coignée , eſtimés pour les bois de cinquante ans & au-deſſus à cinquante perches, & pour ceux de cinquante ans & au-deſſous à vingt-cinq, ſi les Marchands ou leurs Facteurs n'en font leur rapport.

(e) Le mot d'échantillon eſt particulierement connu & en uſage dans les Forêts de Picardie, où les Gardes-ventes manquant de marteau, prennent un morceau de bois qu'ils fendent en deux parties, dont ils retiennent l'une & donnent l'autre au Voiturier, qui étant rencontré par les Officiers, leur donne cette partie qu'on confronte enſuite avec celle qui eſt demeurée ès mains du Garde-vente ; & ce morceau de bois qui ſe donne au Voiturier, s'appelle échantillon.

Ils

Ils doivent enfin rendre les ventes vuides & nettes ; vuides, c'eft-à-dire en avoir forti toutes les marchandifes ; nettes, c'eft-à-dire avoir coupé tout le mauvais bois , de maniere que toute la vente foit coupée à tire & aire , & entierement nettoyée.

Ils doivent labourer & femer du gland aux places de faudes , & où ils ont fait des cendres (*f*).

En quelques endroits où les baliveaux font foibles, on les oblige à les armer d'épines , afin que les beftiaux ne les gâtent point s'y allant froter.

Dans le département de l'Ifle de France on les oblige, depuis cette derniere Réformation , à réparer les foffés qui environnent les Forêts , lorfque les ventes fe trouvent fur les lifieres.

Il y a plufieurs Forêts dans les Réformations defquelles on a fait plufieurs Réglemens pour le débit & pour l'arrivage des bois , que les Marchands doivent exécuter.

Voilà ce qui concerne les Marchands ; & il eft du devoir des Officiers de vifiter les ventes pendant le tems de coupe , pendant l'aménagement du bois , & pendant la vuidange , pour faire obferver tout ce que deffus. Mais je dois les avertir qu'il faut en cela en ufer avec difcrétion , parce qu'il n'eft pas jufte que les Marchands , leurs Facteurs , Bucherons , & autres par eux prépofés , pendant le tems de coupe & de vuidange , foient troublés , inquiétés & empêchés ; au contraire , il faut les favorifer autant que faire fe peut, les autorifer dans leurs ventes , empêcher qu'ils ne foient vexés, & qu'on ne dérobe leur

(*f*) Titre 27, art. 22.

Tt

bois : & où l'on prétendroit qu'ils auroient commis quelques fautes hors ou dans leurs ventes, il suffit de les assigner pardevant les Officiers, sans saisir leurs haches, coignées, ou autres ferremens, pour ne pas retarder l'exploitation.

ARTICLE III.

Ce qui doit être fait après l'exploitation & usance de la vente.

JE trouve par les Ordonnances quatre choses que l'on doit faire après l'usance de la vente, ou pour mieux dire, après que le tems qui a été accordé pour la vuidange est expiré. La premiere, la saisie & confiscation des marchandises restantes dans la vente. La seconde, la restitution du marteau du Marchand. La troisiéme, la représentation du Regiftre du Marchand, ou de son Facteur & Garde-vente. La quatriéme, le recollement.

PREMIER POINT.

De la saisie & confiscation des marchandises restantes dans la vente après la vuidange.

La premiere chose est, que comme il n'est pas permis aux Officiers des Forêts d'accorder aux Marchands aucune prolongation de vuidange, (a) incontinent

(a) Les Officiers & les Marchands de bois, sur la rigueur de l'art.

après que le tems qui avoit été accordé pour la faire
est expiré, les Officiers doivent saisir & confisquer
toutes les marchandises qui restent dans la vente, &
les faire vendre au profit du Roi, même faire arrêter
le bois debout qui n'a point été coupé, qui demeure
en la vente au profit de Sa Majesté. Cela est fondé
sur l'Ordonnance que j'ai alléguée, expliquant les
charges, & confirmé par le Réglement de la Forêt
de Crotais en la Maîtrise de Dreux, de l'année
1587, art. 23, par le Réglement du Siége de la
Table de Marbre du Palais à Paris de l'année 1601,
art. 26, & autres.

SECOND POINT.

De la reddition du marteau du Marchand.

La seconde chose est, que les Marchands doivent
incontinent & sans aucun délai apporter aux Verdiers, Gruyers, Maîtres Gardes, ou Capitaines-
Forestiers, les marques dont ils auront usé leurs

40 du titre 15 de l'Ordonnance de 1669, qui ôte aux Officiers le
pouvoir d'accorder prolongation de vuidange, que le Roi s'est réservé
à lui seul par l'art. 41 de faire par Lettres patentes sur un Arrêt du
Conseil, remontrerent plusieurs fois à M. de Froidour l'inconvénient
qui pouvoit arriver de cet article, en ce que dans ledit département il
y avoit plusieurs Forêts, desquelles très-souvent il étoit impossible de
tirer les marchandises des ventes qui s'y faisoient dans le cours d'une année, les unes étant toujours ou remplies de neige, ou couvertes d'eau;
& que si l'on exécutoit l'Ordonnance à la lettre, dans ce cas c'étoit
un moyen de détourner les Marchands d'encherir les ventes. Son ré-
sultat fut d'accorder par le cahier des charges un plus long tems pour
la vuidange; & si cela arrivoit, d'en donner avis au Ministre qui a le
département des Bois, pour y pourvoir.

T t ij

ventes, c'eft-à-dire leurs marteaux ; & ces Officiers font tenus d'en donner recepiffé & de les brifer enfuite, fuivant les Ordonnances des Rois Charles V. à Melun en Juillet 1376, art. 27, & à Paris en Septembre enfuivant, art. 23. Charles VI. à Vernon en Mars 1388, art. 26, & à Paris en Septembre 1402, art. 26, & François I. à Lyon en Mars 1515, art. 43 ; à quoi eft conforme le Réglement de la Forêt de Villers-Cotterets du 6 Octobre 1605, art. 12 (a).

TROISIÉME POINT.

De la repréfentation que le Marchand, fon Facteur ou Garde-vente doit faire de fon Regiftre après la vuidange.

La troifiéme chofe eft, que les Marchands ou leurs Facteurs doivent repréfenter leurs Regiftres, (b) pour être paraphés à la fin de ce qui eft écrit, afin qu'on ne puiffe plus y rien ajouter, pour les raifons que j'ai expliquées dans la difcuffion des charges.

QUATRIÉME POINT.

Du recollement des ventes.

Les trois premieres chofes ci-deffus étant fuffifam-

(a) Art. 11 du titre 16 de l'Ordonnance de 1669.
(b) Il n'y a rien de fi néceffaire pour la sûreté du commerce, que de faire repréfenter aux Gardes-ventes leur Regiftre à la fin de l'exploitation, pour qu'ils n'y puiffent rien ajouter.

ment expliquées par ce que j'en ai remarqué , je m'arrêterai particulierement à cette quatriéme, qui eſt la plus importante , & d'une plus grande diſcuſſion , pour bien marquer aux Officiers tout ce qu'ils doivent faire pour dignement s'en acquitter.

J'ai déja parlé du recollement dans le dernier point de l'article des charges des ventes , ayant été obligé d'en donner autant de connoiſſance qu'il étoit néceſſaire qu'on en eût pour en dreſſer le cahier : mais comme il s'agit à préſent de faire voir comme il doit être pratiqué , & de le réduire effectivement en pratique , j'en traiterai la matiere à fond.

Le recollement d'une vente n'eſt autre choſe que la revue qui s'en fait , pour connoître ſi toutes les convenances du bail de l'adjudication qui en a été faite ſont exécutées , & ſi le Marchand en a fait l'uſance & l'exploitation ainſi qu'il étoit obligé. Cette revue eſt appellée recollement , parce qu'en y procédant on fait la confrontation de la vente avec la diffinition & deſcription qui en a été faite par les Procès-verbaux d'aſſiette , meſurage , martelage & balivage. Elle s'appelle encore reddition , & cela à l'égard du Marchand , parce qu'il rend ſa vente pour en être déchargé. Elle s'appelle reception à l'égard des Officiers , parce qu'ils reçoivent la vente , & en déchargent les Marchands. Elle s'appelle enfin ſortie de la vente , de même que l'adjudication s'appelle entrée ; d'où vient que les droits qui ſont dûs aux Officiers pour le recollement , s'appellent droits de ſortie , parce que le recollement eſt en effet le dernier pas & la derniere démarche que le Marchand fait pour raison de sa vente, ou pour mieux dire, pour en sortir. Voilà ce que c'est que le recollement : mais pour pouvoir dire avec ordre comment il se doit faire, il faut 1°. expliquer & éclaircir trois questions ; la premiere, par qui le recollement doit être fait ; la seconde, quand il doit être fait, & s'il y a certain tems passé, lequel sans qu'il ait été fait, le Marchand soit déchargé de le faire faire ; & la troisiéme, à quels frais il doit être fait.

Pour ce qui est de la premiere question par qui le recollement des ventes doit être fait, j'ai remarqué que par l'article 23 de l'Ordonnance du Roi Henri IV, donnée à Paris au mois de Mai de l'année 1597, défenses sont faites aux Officiers des Eaux & Forêts qui auront fait les ventes de bois ordinaires & extraordinaires de haute futaye, taillis & autres, d'en faire le recollement & reception, à peine de nullité ; & qu'il leur est seulement ordonné après les ventes usées de les visiter, les Marchands dûement appellés ; de voir si aucuns délits ont été commis en l'usance ; d'en faire bon & fidele Procès-verbal, & l'envoyer au Siége de la Table de Marbre, pour être pourvû par les Officiers d'icelui sur le recollement & reception. Mais cette Ordonnance n'a point été pratiquée : car 1°. dans les lieux où il y avoit des Officiers alternatifs, après que les uns avoient fait les ventes, les autres ont toujours fait & jugé les recollemens ; & dans les Maîtrises où les alternatifs n'ont point été établis, les Officiers sont

toujours demeurés en poſſeſſion d'y faire & juger
les recollemens. Je n'ai point remarqué auſſi que
dans aucune des Réformations de ce tems on y ait
autrement pourvû , & partant j'eſtime qu'il faut
s'en tenir à l'uſage, juſqu'à ce que le Roi en ait autrement ordonné (a). J'ajouterai ſeulement deux choſes ; l'une , que les Capitaines-Foreſtiers (b) & Gardes doivent y être préſens, parce qu'ils ſont reſponſables de tout ce qui ſe fait dans les Forêts ; & l'autre , qu'après que les recollemens ſont faits, il eſt
du devoir des Officiers d'en envoyer leurs Procès-
verbaux au Siége de la Table de Marbre.

(a) L'Ordonnance de 1669 , titre 4 , article 10 , a ordonné aux
Maîtres particuliers de faire les recollemens des ventes uſées , ſix ſemaines après le tems de vuidange expiré.

(b) Titre 16 , art. premier. La raiſon eſt , que le Garde-Marteau qui
repréſente les Capitaines - Foreſtiers , étant chargé particulierement
des Forêts du Roi, ainſi que les Gardes-fonds, il ſeroit mal-à-propos
de proceder à une opération qui le regarde de ſi près ; & ſur-tout lui
qui marque les baliveaux, doit mieux reconnoître ſi l'on n'a pas ſub-
ſtitué d'autres baliveaux, & ſi c'eſt ſon empreinte ; le Garde-fonds
donnant caution y eſt auſſi particulierement intereſſé.

A ce ſujet on peut dire qu'on ne ſçauroit trop tôt procéder au
recollement ; car quand la ſéve a repouſſé , le miroir ſe recouvre , & on
ne peut plus reconnoître l'empreinte du marteau du Roi ou de l'Officier , ſur-tout ſi on laiſſe pouſſer deux feuilles. Cet uſage s'étoit introduit par nombre d'Arrêts du Conſeil , qui accordoient des chênes
au-deſſus de quarante ans ſuivant la marque d'un ſeul Officier. Cependant il eſt bien difficile de faire le recollement dans une vente de
deux ans , dont le taillis a deux feuilles ; le chêne ainſi que les autres
pouſſant deux ſéves par an , les rejets ſont ſouvent de ſix à ſept pieds
de hauteur, les racines toutes entourées de rachées ; l'on ne peut guéres
reconnoître à la patte l'empreinte du marteau du Roi, par laquelle on
a fait délivrance, ni comme je viens de le dire , celle qui a été ap-
pliquée ſur les arbres de réſerve : ainſi le Marchand ou le Propriétaire
ſont à même de faire double fraude, abbatre des arbres qui n'ont pas été
délivrés, & faire un nouveau choix de baliveaux, qui devient une
double perte pour le fond ; foible eſpérance au lieu d'une certaine,
& alors dégradation de la coupe ſuivante par ceux que l'on abbat.

Je passe à la seconde question, sçavoir quand le recollement doit être fait ; les Ordonnances veulent qu'il soit fait après que les ventes sont usées, & il faut présumer que ce doit être incontinent après que le tems accordé pour la vuidange est expiré, parce qu'elles n'ont marqué aucun tems précis pendant lequel on doive y procéder. Je crois même qu'elles se sont suffisamment expliquées pour cela, quand elles ont marqué qu'après que le tems accordé pour la vuidange est expiré, les Officiers sont tenus de visiter la vente, & d'arrêter & confisquer toutes les marchandises qui y restent & qui n'ont point été vuidées, parce que cela même fait partie du recollement : mais la difficulté est de sçavoir s'il y a certain tems, lequel passé sans que le recollement ait été fait, les Marchands en soient déchargés. Cette question a été agitée en la Réformation de la Forêt de Halatte en la Maîtrise de Senlis, moi en qualité de Procureur du Roi étant Demandeur, tant contre les Officiers, que contre Nicolas le Torgeur, qui s'étoit rendu Adjudicataire de quelques ventes extraordinaires faites en cette Forêt il y avoit sept à huit ans, dont tous les baliveaux se trouvoient coupés, & desquels il n'avoit été fait aucun recollement : ma demande tendoit à les faire condamner solidairement. Les Officiers pour défenses disoient qu'ils avoient toujours été prêts à faire les recollemens, mais qu'ils n'en avoient point été requis, & que le Marchand étant chargé de les faire faire, il avoit dû faire diligence pour procurer sa décharge. Le Marchand au contraire

alléguoit

alléguoit le Réglement de la Chambre de la Réformation des Eaux & Forêts de Normandie, du 6 Septembre 1600, par lequel il est dit que six semaines après le tems de vuidange expiré, les Officiers seront tenus de faire le recollement des ventes, les Adjudicataires dûement appellés ; autrement à faute de ce faire, le tems passé & expiré, sans autre interpellation, seront les Forêts mises en la garde des Officiers, & les Adjudicataires déchargés des délits qui se trouveront faits tant esdites ventes qu'ès environs & à l'entour d'icelles. Il y avoit demande respective en recours des Officiers contre le Marchand, & du Marchand contre les Officiers. L'affaire bien examinée & bien consultée fut enfin jugée par Monsieur Barillon, Commissaire, qui avoit appellé avec lui des Officiers de marque, & notamment ceux des Eaux & Forêts de Compiegne, que je puis dire sans contredit les plus habiles Gens du Royaume en matiere de Forêts; & il fut dit que le Marchand étant par le bail expressément chargé de la reddition de sa vente, & d'en faire faire le recollement, il y avoit contre lui une action résultante du bail qui ne pouvoit être prescrite que par trente ans (a) ; de sorte que le Marchand fut con-

(a) Messieurs Simon & Segault pensent le contraire ; cependant j'ai toujours vu que les Officiers n'étoient pas obligés de procéder au recollement sans être requis, & que même les Marchands étoient toujours responsables des délits & abroutissemens qui pouvoient se commettre dans leur vente, tant qu'ils n'ont pas congé de Cour; l'art. 12 du titre 16 de ladite Ordonnance n'obligeant le Garde-Marteau de faire la remise de la vente au Garde-fonds, que dans le cas où le congé de Cour est accordé aux Marchands par le Jugement de recollement; encore faut-il qu'expédition ait été délivrée au Garde-Marteau.

damné pour le manquement de baliveaux , mais néanmoins non pas suivant la rigueur des Ordonnances , parce qu'on eut égard à la négligence des Officiers , par la faute desquels plusieurs délits avoient été commis dans les ventes dont étoit question, depuis que l'usance en avoit été faite. Et pour ce qui regarde les Officiers , comme d'ailleurs je les poursuivois extraordinairement pour malversations commises dans leurs charges , il fut dit que cette Instance seroit jointe au Procès extraordinaire , pour en jugeant y avoir tel égard que de raison. Je n'ai point remarqué que dans les Réformations de ce tems on ait rien fait de contraire à cette disposition , mais que par les Réglemens qu'on a faits on a rendu les uns & les autres solidairement responsables ; & comme les Officiers qui n'avoient point fait les recollemens s'étoient excusés sur les Grands Maîtres , qu'ils disoient leur avoir fait défenses d'y procéder qu'en vertu de leurs commissions, lesquelles ils ne leur avoient jamais envoyées, on a ordonné qu'incontinent après le tems accordé pour la vuidange expiré, les Officiers, sans autre commission que l'adjudication même , seroient tenus de procéder au recollement, à peine d'amende & de privation de leurs Offices. Ainsi il faut conclure que le Marchand étant chargé , il doit faire diligence de procurer sa décharge, & qu'autrement il demeure toujours obligé & garant de sa vente ; ce qu'il faut bien lui faire entendre , afin qu'il n'en prétende cause d'ignorance ; mais que pour cela les Officiers ne font pas moins tenus de faire aussi leur devoir

avec la diligence prescrite par les Ordonnances &
par les Réglemens.

La troisiéme question est de sçavoir à quels frais
le recollement doit être fait (a). Il se fait aux frais
du Marchand ; & comme ces frais sont réglés par
les Réglemens qui ont été faits pour chacune Maîtrise particuliere, je n'ai autre chose à dire sur ce
point, sinon qu'il faut en cela comme en toute
autre chose suivre les Réglemens.

Après avoir éclairci ces questions, il s'agit de
marquer comment il faut procéder au recollement.
Pour y parvenir il y a trois moyens. Le premier est
que les Officiers & le Marchand étant également
diligens, conviennent du jour auquel ils y procéde-
ront. Le deuxiéme est que le Marchand qui a intérêt d'être déchargé de sa vente, donne sa Requête
afin qu'il y soit procédé. Le troisiéme est que le
Marchand étant en demeure, le Procureur du Roi
le requiert.

Au premier cas, les Officiers à jour pris avec le
Marchand, l'Arpenteur qui a fait le mesurage de la
vente, & un nouvel Arpenteur convenu ou nommé
d'office sur la submission des Parties, se trouvent
en la vente, en font le recollement, & en dressent
le Procès-verbal.

____

(a) Les Officiers sont employés sur l'état du Roi, pour les journées
de recollement qu'ils font pour les Bois de Sa Majesté ; mais lorsqu'ils
travaillent pour des Gens de Main-morte généralement quelconques,
il n'est pas douteux, & il est même d'usage que c'est aux Marchands à
en faire les frais : & pour éviter toute difficulté, on en fait un article dans le cahier des charges, & il est réglé à la moitié des vacations que les Officiers ont par exécutoire du Grand Maître, pour le

Au deuxiéme cas, le Marchand donne fa Requête & expofe : Que tel jour il s'eft rendu Adjudicataire de telle vente, laquelle il a bien & dûement exploitée & ufée, & requiert qu'il foit procédé au recollement d'icelle, à ce qu'il lui en foit accordé congé de Cour, offrant pour cet effet convenir d'un nouvel Arpenteur pour procéder au remefurage, ou déclarant qu'il s'en rapporte à la nomination du Maître.

Sur cette Requête le Maître particulier ordonne qu'elle fera fignifiée au Procureur du Roi, & affigne les Parties à certain jour, pour icelles ouies ordonner ce que de raifon.

La Requête & Ordonnance mife au bas d'icelle ayant été (b) fignifiée au Procureur du Roi, & le jour de l'affignation étant échu, fur la comparution des Parties le Maître fait expédier l'acte fuivant.

Du . . . .

Pardevant Nous Maître particulier, &c.

Entre François Saguens, Marchand, demeurant à Montech, Adjudicataire de la vente ordinaire de la Forêt de Montech, délivrée en l'année 1666, & exploitée & ufée l'année derniere 1667, Demandeur en Requête à fin qu'il foit procédé au recollement de ladite vente, & qu'il lui en foit accordé

martelage & l'adjudication, & ce conformément à plufieurs Arrêts de Réglement du Confeil.

(b) Il n'eft plus d'ufage de fignifier au Procureur du Roi, on lui communique ; & on ne fignifie aucun acte au Procureur du Roi, que lorfqu'on eft en inftance avec lui ; jufqu'à ce, c'eft communication.

congé de Cour , contre le Procureur du Roi de ladite Maîtrise.

Les Parties ouies , Nous avons ordonné & ordonnons qu'il sera procédé au recollement de ladite
vente , & que pour cet effet le remesurage en sera
fait par David Guesons, Arpenteur convenu par les
Parties, en la présence de François Rey , autre Arpenteur qui en a ci-devant fait le mesurage , & ladite vente par Nous vûe & visitée en la présence
desdites Parties, & autres Officiers de ladite Maîtrise, Capitaine-Forestier , & Gardes de ladite Forêt ; à laquelle fin Nous les avons assignés au troisiéme jour du mois prochain à comparoir en ladite
vente à l'heure de huit heures du matin , sans qu'il
soit besoin d'autre assignation ni interpellation, &
ordonné que lesdits Arpenteurs y seront assignés.
Si mandons , &c. Fait à . . . .

Par l'Ordonnance d'Henri IV. donnée à Paris
au mois de Mai 1597 , art. 25, il est dit que les
Arpenteurs qui auront fait le premier arpentage &
assiette des ventes, ne pourront faire les recollemens & réarpentages pour les receptions & reddi-
tions d'icelles, à peine de nullité. Monsieur de
Saint-Yon sur cet article ajoute : *(a) Ains convien-*
dront le Procureur du Roi & les Marchands de Mesureurs
pour remesurer & recoller les ventes avec ceux qui auront
fait le premier mesurage , ou autres en leur absence ; &
l'usage est conforme à cette remarque. La raison est
que par le même article de cette Ordonnance sus-
alléguée il est dit: » Qu'où par les recollemens &

(c) Titre 23 , art. 16 & 17 de M. de Saint-Yon.

» réarpentages il se trouvera que les Arpenteurs
» ayent par ignorance mal mesuré les ventes, en telle
» sorte que sur la quantité de dix arpens il y eût un
» arpent de plus, & de plus plus, & de moins moins
» à proportion, ils en seront tenus & en demeureront
» responsables en leurs propres & privés noms, &
» condamnés au double de ladite sur-mesure «. (a) Or
comme cette condamnation ne peut être rendue
contre l'Arpenteur qu'il ne soit oui, c'est pour cela
qu'il doit être appellé au recollement & remesurage,
afin qu'étant fait contradictoirement avec lui, l'on
puisse le condamner s'il a failli. S'il fait défaut, l'on
procede en son absence comme en sa présence par
vertu du défaut.

Du reste, le Marchand peut nommer un Arpenteur, & le Procureur du Roi un autre ; ils peuvent
ensemble convenir d'un seul, qui est suffisant, ou
de deux, si bon leur semble ; ils peuvent aussi s'en
rapporter à la nomination du Maître pour en nommer un seul, ou deux, cela étant arbitraire, & l'acte
s'expédie selon ce qui a été fait.

Si le Marchand est en demeure, qui est le 3ᵉ cas, le
Procureur du Roi donne sa Requête & dit : Que tel
jour de l'année 1666, adjudication a été faite à François Saguens, Marchand, demeurant à Montech, de
la vente ordinaire de la Forêt royale dudit lieu, la-

____

(a) Id. titre 24, art. 9. Et par l'art. 10 du titre 15 de l'Ordonnance
de 1669, le plus ou le moins de mesure de la part de l'Arpenteur ne
peut excéder un arpent sur vingt, à peine d'interdiction & d'amende
arbitraire contre l'Arpenteur ; & s'il tomboit jusqu'à trois fois dans
cette erreur, il sera interdit pour toujours, & déclaré incapable de
faire la fonction d'Arpenteur.

quelle il a dû ufer & vuider dans le quinziéme jour du mois de Janvier dernier, fuivant le bail de ladite adjudication ; & d'autant qu'il eft en demeure d'en faire faire le recollement, requiert qu'il lui foit permis de le faire affigner pour s'y voir condamner, & convenir d'Arpenteur pour en faire le remefurage.

Le Maître ayant mis fon Ordonnance au bas de cette Requête portant permiffion d'affigner, & l'affignation faite, fi au jour de l'affignation le Marchand compare, on expédie un acte conforme à celui ci-deffus, fauf qu'au lieu qu'en celui-là le Marchand étoit Demandeur, il eft Défendeur en celui-ci, & il eft inutile d'en donner ici un autre modele : s'il fait défaut, on expédiera l'acte en la forme fuivante.

Du . . . .

Pardevant Nous Jean Courdurier, &c.

Entre le Procureur du Roi en ladite Maîtrife, Demandeur en Requête à fin de recollement, contre François Saguens, Marchand, demeurant à Montech, Adjudicataire de la vente ordinaire de la Forêt royale dudit lieu, délivrée en l'année 1666, & ufée en l'année 1667, Défendeur. A l'audience de la caufe, oui le Procureur du Roi, & vû l'adjudication faite de ladite vente audit Saguens, la Requête dudit Procureur du Roi, au bas de laquelle eft notre Ordonnance du . . . . avec l'exploit d'affignation donnée audit Défendeur à cejourd'hui, en date du . . . . Nous avons contre icelui non comparant, ni aucun Procureur pour lui, donné défaut, par vertu duquel Nous avons ordonné & ordonnons qu'il fera procédé au recollement de ladite vente , auquel effet le remefurage en fera fait par David Guefons , Arpenteur que Nous avons nommé d'office , après que le Procureur du Roi a déclaré qu'il n'en vouloit nommer aucun , & en la préfence de François Rey , autre Arpenteur qui a ci-devant fait le premier mefurage ; avons ordonné en outre que ladite vente fera par Nous , ou les autres Offi-ciers de ladite Maîtrife, vûe & vifitée , & jour pris à cette fin au quinziéme du préfent mois , auquel jour Nous avons ordonné que tant ledit Saguens que lefdits Arpenteurs & autres qu'il appartien-dra , feront affignés à comparoir devant Nous en la-dite vente à l'heure de huit heures du matin. Si mandons, &c. Fait à....

Cet acte étant ainfi expédié , le Procureur du Roi en prend une expédition , & doit avoir foin de faire donner les affignations néceffaires : & il eft bon de remarquer en paffant qu'il fuffit à l'égard du Marchand qu'elles foient faites au domicile par lui (a) élû lors de l'adjudication , & que non-feulement le Marchand , mais auffi fa caution & le certificateur peuvent être convenus enfemble , & même l'un d'iceux feulement , parce qu'ils font folidairement obligés & refponfables de la vente.

Au jour de l'affignation les Officiers de la Maîtrife

____

(a) Chaufour , art. 10, chapitre des charges ordinaires des ventes. L'Ordonnance de 1669 , tit. 16, art. premier, dit, que les Marchands adjudicataires feront mandés huit jours auparavant, pour convenir du jour & d'autres Arpenteurs & Soucheteurs.

fe

se rendent en la vente, où le Capitaine-Forestier & les Gardes de la Forêt, & notamment celui de la garde où la vente a été faite, sont obligés de se trouver, & même au besoin sont assignés à (*b*) cette fin ; & le Marchand y étant comparu avec les Arpenteurs, le Procureur du Roi fait sa remontrance, qu'adjudication ayant été faite de la vente en question au Marchand qui est présent, & lui étant en demeure d'en faire faire le recollement, il a été obligé de le faire assigner pour voir être dit qu'il y seroit procédé, & pour convenir d'Arpenteur à cet effet ; sur laquelle assignation ledit Marchand n'ayant comparu, a été rendu Jugement par défaut du huit du présent mois, portant qu'il seroit procédé au recollement de ladite vente, dont le remesurage seroit fait, tant par François Rey, Arpenteur, qui a fait le mesurage de la vente, que par David Guefons, autre Arpenteur, & que ladite vente sera vûe & visitée par les Officiers de ladite Maîtrise, auquel effet jour auroit été pris au présent jour, auquel il auroit été ordonné que les Marchands & Arpenteurs seroient assignés ; ce qu'aïant été fait suivant les exploits qu'il en rapporte, il requiert qu'il y soit procédé.

(*b*) On n'assigne pas les Capitaines-Forestiers, du moins les Gardes-Marteau ni les Gardes. Les Gardes-Marteau ayant trois voix délibératives, tant à la Chambre du Conseil qu'à l'Audience, & l'article 2 du titre 2 disant qu'on s'assemblera les jours d'Audience en ladite Chambre pour délibérer sur ce qu'on a à faire, c'est là que jour doit être pris par le Maître particulier, après avoir toutefois pesé si les autres Officiers n'ont pas des affaires indispensables ; & dans le cas où les Officiers ne voudroient pas convenir, il peut le fixer ; & s'il a la complaisance de n'en rien faire, je lui conseillerai toujours d'en dresser Procès-verbal, afin qu'on ne puisse lui imputer aucune négligence, & d'en mettre acte sur le Registre.

X x

Si les choses se sont passées d'une autre sorte, comme il est remarqué au premier & second cas, le Procureur du Roi en fait le récit en la même maniere, & conclut premierement à ce qu'en la présence du Marchand le serment (c) des Arpenteurs soit pris, à ce qu'ils ayent à bien & fidelement procéder au remesurage pour en faire leur rapport, & que la vente soit visitée. Ce qui s'exécute ensuite contradictoirement avec le Marchand s'il est présent, ou par vertu du défaut s'il est défaillant.

Or je dois remarquer que le recollement a deux parties : la premiere est la reconnoissance qui doit être faite de l'état de la vente par confrontation & collation pour ainsi dire, avec les Procès-verbaux d'assiette, mesurage, martelage, balivage & cahier des charges, ce qui est proprement le recollement : & la seconde est le Jugement qui intervient sur le Procès-verbal qui s'expédie de cette confrontation, qui est la reception. Quant à la reconnoissance, elle consiste en deux choses, au remesurage & à la visitation de la vente.

La premiere chose qu'il faut faire est le remesurage, auquel effet les Officiers avec les Arpenteurs, & en la présence du Marchand, font la reconnoissance des pieds corniers, (d) tournans & parois, commençant par le premier, & allant de suite en suite jusqu'au dernier, selon le Procès-verbal de martelage, afin que les bornes & limites de la vente étant établies & connues au nouvel Arpenteur, il puisse

(c) Duchaufour, chapitre des charges ordinaires des ventes.
(d) Titre 16, art. 2 de ladite Ordonnance de 1669.

enfuite conjointement avec celui qui a fait le premier mefurage, faire le fecond dont il s'agit ; & afin qu'il puiffe s'en acquitter mieux & avec plus de certitude, on lui repréfente le Procès-verbal du premier mefurage, (*e*) avec le plan & figure qui en a été dreffé, lequel il vérifie fur les lieux par l'arpentage qu'il en fait, & en dreffe enfuite fon Procès-verbal de rapport conjointement avec l'autre Arpenteur, par lequel il le fait figner en cette forme.

Modele du Procès-verbal de remefurage.

L'an 1668, le 15 Février, je David Guefons, Arpenteur Juré, demeurant à Mauvefin, fouffigné, certifie qu'en conféquence de l'affignation à moi donnée à la requête de M. le Procureur du Roi en la Maîtrife particuliere des Eaux & Forêts de la Sénéchauffée de Touloufe, & en vertu de l'Ordonnance de M. le Maître particulier de ladite Maîtrife, me fuis tranfporté en la Forêt de Montech, en la vente ordinaire de ladite Forêt, ufée & exploitée en l'année 1667 par François Saguens, où étant, & après avoir prêté entre les mains dudit fieur Maître particulier le ferment au cas requis & accoutumé, en la préfence dudit Procureur du Roi & dudit Saguens, j'ai avec François Rey, Arpenteur, demeurant à l'Ifle-Jourdain, qui a fait le mefurage de ladite vente, fait le remefurage d'icelle, fuivant les bornes & limites défignées par les pieds corniers, tournans & parois mentionnés au Procès-

______
(*e*) Id. tit. 16, art. 2.

verbal de mefurage, & au plan & figure que ledit Rey a fait de ladite vente, à moi lû & exhibé ; lefquels pieds corniers, tournans & parois ont été reconnus par lefdits Officiers, & à moi indiqués & montrés, fuivant le Procès-verbal de martelage qui en a été par eux dreffé ; & ai reconnu que ladite vente contient cent arpens à la mefure royale de Touloufe, qui eft de cinq cens foixante-feize perches l'arpent, & la perche de quatorze pans quarrés : en foi de quoi j'ai fait & dreffé le préfent Procès-verbal que je certifie véritable, & l'ai figné avec ledit Rey le jour & an fufdit.

S'il y a plus ou moins d'arpens, l'Arpenteur en fait le rapport, & en délivre fon Procès-verbal au Greffier de la Maîtrife en la forme ci-deffus.

Si les Officiers faifant la reconnoiffance des bornes & limites de la vente, trouvent qu'il y ait de l'outre-paffe, l'Arpenteur en fait mention dans fon Procès-verbal, avec cette diftinction, qu'il marque la continence de la vente féparément de la continence de l'outre-paffe.

Après que le remefurage eft fait, la vente doit être exactement vifitée ; & comme le Marchand eft refponfable de la vente, de fes bornes & limites, & du dehors de la vente au fon & ouie de la coignée, les Officiers doivent vifiter le dedans de la vente, (a) fes bornes & limites, & enfuite le dehors. Et premierement ils doivent reconnoître les bornes & limites ; c'eft par là que la vifite doit être commen-

(a) Articles 2 & 4 du titre 16 de ladite Ordonnance de 1669.

cée, parce que ce sont les bornes qui réglent le dedans aussi-bien que le dehors : & pour ne point faire
les choses à deux reprises, lorsqu'ils font la reconnoissance des pieds corniers, tournans & parois,
pour les indiquer au nouvel Arpenteur, ils doivent
avoir en main le Procès-verbal de martelage, &
suivre pied à pied pour voir s'ils retrouveront tous les
arbres qui y sont mentionnés & désignés, le Marchand étant tenu de les représenter.

Cette reconnoissance étant faite, les Officiers
doivent visiter le dedans de la vente, & premierement regarder si tous les baliveaux portés par le
Procès-verbal de balivage sont réservés. Ils doivent
reconnoître l'empreinte du marteau, (a) & compter
les arbres, pour faire état de ce qui manque & de
ce qui s'y trouve. S'il n'y a point de Procès-verbal
de balivage, & qu'à cause de l'épaisseur du taillis,
la réserve des baliveaux n'ait point été faite, ils doivent compter les jeunes arbres pour baliveaux, pour
voir s'il y en a nombre suffisant, & en faire état de
la sorte. Ils doivent aussi regarder si les arbres frui-

______

(a) Il n'y a rien de si essentiel que de reconnoître l'empreinte du
marteau. Le Marchand, sous prétexte de conserver des baliveaux
de précaution, en laisse ordinairement de foibles, abbat les forts, &
souvent fait de faux miroirs ; en procédant au recollement un peu
tard, les miroirs sont recouverts, & on ne peut plus distinguer les
baliveaux de réserve d'avec ceux de précaution ; outre ce, les flatrures
qui sont faites aux arbres pour former des layes, quelquefois reforment
des miroirs. Pour quoi il est très-nécessaire lorsqu'on les fait, de les faire
à des arbres qui ne peuvent servir de baliveaux, & de les faire
différemment des miroirs, afin de n'y être pas trompé lors du recollement, & de marquer les autres différemment des baliveaux, c'est-à-
dire les anciens à trois pieds de hauteur, & les autres à hauteur du
poignet, à quatre pieds & demi ou environ.

tiers ont été laissés; & en un mot examiner si toutes les réserves ordonnées ont été faites.

Ils doivent voir ensuite s'il est resté quelques marchandises dans la vente, & les confisquer (b).

Et même si le bois a été coupé à tire & aire, (c) & à rez-de-terre; si le bois abrouti, abougri & de nulle valeur a été coupé (d) comme le bon bois. Ils doivent encore regarder si le Marchand n'a pas fait plus grand nombre de faudes (e) qu'il ne lui étoit permis, & si celles qu'il a faites n'ont point causé de dommage.

De plus, les endroits où il a fait des cendres, & comme il en a usé. S'il a labouré les places de faudes & cendres, & s'il y a semé du gland.

En un mot, les Officiers doivent voir avec exactitude si toutes les conditions du bail ont été suivies & exécutées.

Tout le dedans ainsi vû & visité, ils doivent ensuite aller au dehors (f) jusqu'aux termes de la réponse du Marchand. Si auparavant d'entrer en exploitation il a fait faire le souchetage, ils en examineront le Procès-verbal & le vérifieront, pour ne faire mention dans le Procès-verbal qui doit être dressé, que des délits qui ne seront point portés par le Procès-verbal de souchetage : & si le Marchand n'en a point fait faire, ils doivent dresser un exact rapport de tous les délits qui se trouvent, & notamment des outre-passes; & de tout ce que dessus les Offi-

(b) Titre 15, article 47. (c) Titre 25, article 11.
(d) Titre 15, article 45. (e) Titre 27, article 22.
(f) Titre 16, article 4.

ciers en dresseront leur Procès-verbal qu'ils signeront & feront signer par le Marchand.

Modele du Procès-verbal de recollement.

L'an mil six cent soixante-huit , le quinze Février , Nous Jean Courdurier, Sieur de Crouset, Conseiller du Roi , Maître particulier, &c. en conséquence de l'assignation prise par notre appointement du huit du présent mois , pour procéder au recollement de la vente ordinaire de la Forêt de Montech , délivrée & adjugée en l'année 1666 à François Saguens , Marchand, demeurant audit Montech , & par lui exploitée & usée en l'année 1667 , sommes partis de ladite Ville de Montech, où le jour précédent nous étions venus gîter, & assisté de M^e. Pierre Duplex , Conseiller du Roi, Lieutenant en ladite Maîtrise, M^e. Pierre Prouho, Procureur du Roi, M^e. Pierre Cases, notre Greffier, ensemble de M^e. Michel Mazade , Capitaine-Forestier, & Jean Roland, Pierre Agan & Pierre Delport , Sergens-Gardes de ladite Forêt , Nous nous sommes transportés en icelle au triaige de Boutanelle où ladite vente a été assise , & y étant arrivé environ l'heure de huit heures du matin , & ledit Saguens , Marchand adjudicataire d'icelle , ensemble les nommés François Rey , Arpenteur, qui en a fait le mesurage, & David Guesons , nouvel Arpenteur par Nous nommé pour faire le remesurage d'icelle , étant comparus devant Nous, ledit Procureur du Roi nous a dit que ledit Saguens étant en demeure de faire faire ledit recollement, il auroit été obligé de le faire venir devant Nous, pour voir être dit qu'il y feroit procédé, & pour convenir d'un Arpenteur pour en faire le remefurage ; à laquelle affignation ledit Saguens n'ayant comparu, icelui Procureur du Roi auroit obtenu notre Jugement de défaut du huit du préfent mois, par lequel nous avons ordonné qu'il y fera procédé à cejourd'hui, heure de huit heures du matin, & aurions nommé la perfonne de David Guefons, Arpenteur, pour faire le remefurage de ladite vente, lequel, enfemble François Rey, autre Arpenteur qui a fait le mefurage, enfemble ledit Saguens, feroient affignés à comparoir audit jour & heure en ladite vente, fçavoir lefdits Arpenteurs pour faire le remefurage de ladite vente, & ledit Saguens pour y être préfent, & à la vifitation & recollement d'icelle : & attendu que tous comparoiffoient, il requeroit qu'il nous plût en la préfence dudit Saguens prendre le ferment defdits Arpenteurs, & procéder en outre comme de raifon ; fur laquelle Requête faifant droit, & ledit Saguens ayant déclaré qu'il n'avoit aucuns moyens pour empêcher les fins d'icelle, mais y acquiefçoit, Nous avons en la préfence defdites Parties pris & reçu defdits Guefons & Rey le ferment requis & accoutumé, lefquels en ce faifant ont juré & promis de bien & fidelement procéder audit remefurage, auquel effet nous leur avons fait repréfenter le Procès-verbal fait par ledit Rey du mefurage

de

de ladite vente, avec le plan & figure d'icelle, & avons avec iceux, en la préfence defdites Parties & Officiers, dont nous étions affifté, procédé à la reconnoiffance des pieds corniers, tournans & parois dont ladite vente étoit enceinte, allant de pied en pied & d'arbre en arbre, fuivant le Procès-verbal de martelage que nous en avons dreffé ; lefquels arbres ayant trouvés, reconnus & indiqués aufdits Arpenteurs, fans qu'il en manquât aucun, Nous avons audit Saguens accordé acte de la repréfentation & reddition d'iceux.

Et pendant que lefdits Arpenteurs ont vaqué audit remefurage, Nous avons, affifté comme deffus, & en la préfence defdites Parties, vû & vifité ladite vente, en laquelle n'ayant été martelé aucun baliveau, l'épaiffeur du taillis ayant empêché que l'on n'en ait pû faire aucun choix ni réferve avant l'adjudication, Nous avons trouvé que ledit Marchand a laiffé nombre fuffifant de baliveaux, aux termes des Réglemens & du bail de fon adjudication, & même au-delà ; avons reconnu en outre que toute ladite vente a été bien & dûement exploitée & ufée, & le bois bien coupé, & que ledit Saguens n'a fait en icelle aucune faude ni cendres, ni autres chofes, par le moyen defquelles le bois de ladite vente ait été endommagé, dont nous lui avons accordé acte ; & la nuit furvenant, nous avons continué l'affignation au lendemain huit heures du matin, & nous fommes retirés au gîte en ladite Ville de Montech.

Et le lendemain feize dudit mois de Février,

Y y

suivant l'affignation par Nous continuée , Nous Maître fufdit, affifté defdites Parties & Officiers, Nous fommes de nouveau tranfportés en ladite Forêt, audit triaige de Boutanelle, & en ladite vente, & fur la requifition du Procureur du Roi, avons vû & vifité à droite & à gauche les lifieres d'icelle en la réponfe dudit Marchand , & n'avons trouvé en icelles aucuns délits que ceux mentionnés au Procès-verbal de fouchetage fait auparavant l'exploitation , & quelques legers délits faits par les Particuliers de ladite Ville de Montech , contre lefquels lefdits Gardes nous ont dit avoir fait leurs rapports, & même nous en ont repréfenté les Procès-verbaux, de laquelle déclaration nous avons audit Saguens, ce requerant, accordé acte. Cela fait , nous nous fommes retirés en ladite Ville de Montech, où lefdits Arpenteurs ci-deffus nommés fe font rendus auprès de nous , & ont remis entre les mains de notre Greffier le Procès-verbal par eux dreffé du remefurage de ladite vente, lequel nous avons ordonné être communiqué avec ces préfentes audit Procureur du Roi , pour lui oui en fes conclufions être fait droit fur le congé requis par ledit Saguens ainfi que de raifon ; dont & de tout ce que deffus nous avons fait & dreffé notre préfent procès-verbal , lequel nous avons figné & fait figner par lefdites Parties & Officiers ci-deffus nommés, le jour & an fufdit.

Sur ce modele les Officiers pourront fe conduire pour l'ordre qu'ils auront à tenir en procédant aux recollemens , & pour dreffer leurs Procès-verbaux. Tout ce que je puis dire de plus, eft qu'ils doivent exactement visiter la vente , & comprendre dans leurs Procès-verbaux tous les délits qu'ils y trouvent ; ce qu'ils doivent faire en gens de bien, sincerement & loyalemeht, sans vexer indûement les Marchands pour des bagatelles qui ne valent pas qu'on en parle.

Le recollement étant ainsi fait , c'est-à-dire que la vente ayant été remesurée , vûe & visitée par les Officiers en la maniere ci-dessus remarquée , les Procès-verbaux en sont communiqués au Procureur du Roi qui donne ses conclusions ; & les Officiers, c'est-à-dire le Maître & le Lieutenant, rendent leur Jugement.

Si le Marchand a rendu ses ventes bien & dûement exploitées ; s'il a représenté le nombre des pieds corniers, tournans & parois , & tous les baliveaux & autres arbres de réserve de la vente ; s'il ne s'y est trouvé aucune sur-mesure , outre-passe , ou autre délit, comme je l'ai supposé par les Procès-verbaux dont j'ai ci-dessus donné les Modeles , les Officiers lui accordent congé de Cour (a) pur & simple en la forme suivante.

Modele de Jugement pour la reception des ventes.

Jean Courdurier , Sieur de Crouset , Conseiller du Roi , &c. Vû le contrat d'adjudication par Nous faite le quinze Décembre mil six cens soixante-

---

(a) Il faut encore qu'il justifie de sa quittance finale du payement du prix de sa vente, & du sol pour livre, & des autres deniers ; & enfin qu'il ait satisfait à toutes les clauses du cahier des charges de son adjudication.

huit à François Saguens , Marchand , demeurant à Montech , de la vente ordinaire de la Forêt royale dudit lieu , exploitée & uſée en mil ſix cens ſoixante-ſept ; Requête à Nous préſentée par le Procureur du Roi de cette Maîtriſe , à ce qu'il fût procédé au recollement de ladite vente ; notre appointement du huit du préſent mois , portant qu'il y ſeroit procédé , ledit Saguens à ce faire appellé ; Procès-verbal de remeſurage fait de ladite vente , de notre Ordonnance , avec celui du recollement par Nous fait en la préſence des Parties & Officiers de ladite Maîtriſe le quinze du préſent mois ; les concluſions du Procureur du Roi , auquel le tout a été communiqué ; & tout vû & conſideré , Nous avons reçu & recevons ladite vente . . . . . . & accordé congé de Cour audit Saguens. Fait à Villemur le , &c.

Je n'ai point donné de Modele pour les concluſions du Procureur du Roi , la difficulté qu'il y a de changer les mots , *nous recevons , nous ordonnons , nous condamnons , accordons* , & autres dont les Juges ſe ſervent ordinairement , en ceux de , *je conſens , je n'empêche , je requiers* , & autres ſemblables dont le Procureur du Roi a coutume d'uſer , ne m'ayant pas paru aſſez conſidérable pour devoir m'y arrêter : Mais comme il eſt difficile que les choſes ſoient toujours ſi bien faites, & les ventes ſi bien exploitées & uſées qu'il n'y ait rien à redire , le Procureur du Roi donnant ſes concluſions , & les autres Officiers rendant leur Jugement , ſe gouverneront ſur le Procès-verbal de recollement qu'ils auront fait ; & comme les Ordonnances & les Réglemens nouveaux qui leur ont été

donnés, réglent les amendes & reſtitutions qui doivent être adjugées au Roi pour chacune ſorte de
délit, ils prendront garde à en faire l'application
ſelon l'exigence des cas ; par exemple, s'il manque
quelques baliveaux ou pieds corniers ſeulement, ou
bien s'il y a quelque outre-paſſe, ou quelqu'autre
délit que ce ſoit, il faut rendre condamnation pour
cela ſuivant les Ordonnances, & accorder congé
de Cour pour le reſte en cette forme.

Vû, &c. Nous avons condamné & condamnons
ledit Saguens, pour manquement de tant de baliveaux ou pieds corniers, ou autres délits, en la
ſomme de trente livres d'amende, au payement de
laquelle il ſera contraint comme pour les propres
deniers & affaires de Sa Majeſté ; & pour le ſurplus
Nous lui avons accordé congé de Cour. Fait, &c.

S'il y a de la (a) ſur-meſure, le Marchand doit
payer l'excédent de la vente à proportion du prix
de ſon adjudication, & il faut rendre condamnation
ſur ce pied ſemblable à celle ci-deſſus, avec congé
de Cour pour le reſte, s'il ne s'eſt trouvé autre
défaut en la vente.

S'il y a (b) manquement de meſure, c'eſt-à-dire,
qu'au lieu de cent arpens que la vente devoit contenir, il ne s'en ſoit trouvé par le remeſurage que
quatre-vingt-quinze ou quatre-vingt-ſeize, plus ou
moins, & que la vente ſoit bien exploitée d'ailleurs, il faut accorder au Marchand congé de Cour,
& ordonner qu'il ſera rembourſé du prix des quatre

(a) Titre 16, art. 8.
(b) Idem.

ou cinq arpens qui manquent de sa vente, sur le pied de son adjudication, sur les prochaines ventes, lequel on lui assignera en deniers comptans : & s'il s'étoit trouvé quelques défauts en la vente, pour raison desquels il dût y avoir condamnation, il faut arrêter ce qui lui est dû & ce qu'il doit, c'est-à-dire le condamner en telle amende que de raison, lui adjuger aussi ce qui lui est dû, & ordonner la compensation jusqu'à concurrence, & pour le reste congé de Cour, parce qu'il faut toujours décharger le Marchand de sa vente, & en faire la reception au moyen du congé de Cour.

S'il se trouve des arbres qui n'ayent point été abbatus, il faut ordonner qu'ils demeureront en la vente au profit du Roi ; ou des marchandises qui n'ayent point été vuidées, il faut les confisquer & vendre au profit de Sa Majesté, comme je l'ai remarqué ci-dessus (c).

Mais s'il se trouve que le Marchand ait manqué à receper quelques vieux hacots, (d) ou qu'il n'ait point labouré & semé de gland les places de faudes, ou fait les fossés, & toutes autres choses dont il étoit tenu par le bail, il faut le condamner à quelque amende legere pour ne l'avoir point fait, & lui ordonner de le faire dans un tems, à peine de telle amende qu'il sera trouvé à propos, laquelle, à faute de le faire après le tems passé, sera déclarée encourue, & ordonner que ce dont il s'agira sera fait à ses dépens, à la diligence du Procureur du Roi, & lui contraint d'en fournir les deniers, nonobstant oppo-

____

(c) Titre 15, art. 47. (d) Art. 45 du titre 15.

fitions ou appellations quelconques , & par corps ;
& pour le furplus lui accorder congé de Cour.

Il me femble que toutes ces chofes étant ainfi
expliquées , il eft inutile de donner des modeles
des Jugemens qui feront rendus , ces divers cas que
j'ai propofés arrivant, les deux que j'ai donnés étant
fuffifans pour inftruire les Officiers de la maniere
dont ils auront à les régler.

Si le premier Arpenteur avoit failli au mefurage
de la vente , comme je l'ai remarqué çi-deffus , en
parlant du nouvel Arpenteur qui doit être appellé ,
les Officiers rendront Jugement contre lui ainfi
qu'il appartiendra.

Il ne me refte pour conclure cet article qu'à dé-
cider une queftion , fçavoir fi l'appellation du congé
de Cour accordé par les Officiers eft recevable.
Monfieur de Saint-Yon , au titre 23 de fon premier
livre , art. 15 , dit que quelquefois le Procureur
Général du Roi au Siége de la Table de Marbre a
voulu interjetter appel des Sentences de décharges
baillées aux Marchands ; mais qu'il a été jugé par
les Juges en dernier reffort , que depuis que les
Marchands ont rendu leurs ventes , & ont été une
fois déchargés de l'ufance d'icelles, ils ne font plus
recherchables , fauf au Procureur Général à fe pourvoir contre les Officiers qui ont procédé aux receptions des ventes : & il rapporte plufieurs Arrêts
rendus en conformité de cette doctrine , qui fe trouve d'autant mieux fondée , que fi les Officiers ont
failli , foit par négligence , foit par corruption du
Marchand , il eft jufte qu'ils en payent la faute. Mais

je n'eſtime pas auſſi qu'on puiſſe révoquer en doute que le Procureur du Roi de la Maîtriſe n'ayant pas donné ſon conſentement pour le congé de Cour, il ne puiſſe être reçu appellant d'une décharge que le Maître & le Lieutenant auroient voulu accorder au Marchand par faveur. C'eſt ce qui m'oblige en finiſſant cet Ouvrage, à exciter les Officiers à faire tout ce qui leur eſt preſcrit par les Ordonnances, avec le ſoin & l'exactitude que la fidelité qu'ils ont jurée au Roi exige de leur devoir, & avec l'eſprit d'équité & de juſtice que leur honneur & leur propre conſcience leur inſpire.

Remarque touchant l'enregiſtrement qui doit être fait de tous les actes concernant les ventes.

Quoique les Ordonnances veuillent que les Officiers tiennent Regiſtre exact de tout ce qui ſe fait dans leur Maîtriſe, l'uſage en ce qui regarde les ventes y étoit contraire. Il n'y a que la ſeule Maîtriſe de Fontainebleau, où en procédant à la Réformation des Eaux & Forêts du Département de l'Iſle de France, Nous ayons trouvé tous les Actes concernant les ventes bien & dûement regiſtrés, & le Regiſtre en bon ordre : par-tout ailleurs, les Actes & Procès-verbaux concernant les ventes, étoient en liaſſes & fort mal tenus, & la plupart égarés. Ce déſordre & celui auquel étoient tous les autres Papiers des Greffes, a donné lieu au Réglement qui a été fait pour la conſervation des Papiers, qui porte premierement qu'il en ſera fait un exact

inventaire

inventaire , dont les Greffiers fucceffivement fe chargeront ; & il a été ordonné en outre qu'il y auroit en chacun Siége quatre Regiftres , (a) l'un dans lequel feroient infcrits tous les rapports des Gardes & autres Officiers , avec les Jugemens rendus fur iceux. Un autre pour les infinuations ou enregiftremens des Edits , Lettres Patentes , Déclarations du Roi , Arrêts de Réglemens , Lettres de provifions d'Officiers , & autres chofes femblables. Un troifiéme pour les dépôts , dans lequel fera fait état de toutes les productions qui feront faites au Greffe , de toutes les informations & procédures qui y feront apportées , dans lequel auffi ceux qui les prendront s'en chargeront pour les repréfenter à la premiere requifition , comme il fe pratique dans tous les Greffes bien réglés. Et le quatriéme enfin dans lequel feront tranfcrits tous les Actes & Procès-verbaux concernant les ventes.

Je ne m'étends point ici pour expliquer les raifons fur lefquelles ce Réglement eft appuyé , parce qu'elles font affez palpables ; mais je dirai feulement que pour fatisfaire à ce Réglement , les Officiers doivent premierement tenir en liaffes tous les Actes & Procès-verbaux des ventes , vente par vente , obfervant l'ordre des dates , afin que quand il eft néceffaire de les tranfporter hors du Greffe , par exemple lorfqu'il faut faire les recollemens , ou qu'il y a conteftation pour raifon des ventes , ils puiffent être commodément communiqués au Procureur du

______

(a) Le Greffier aura huit Regiftres , dont l'utilité eft expliquée dans le titre 8 de l'Ordonnance de 1669.

Roi , ou autrement inferés dans les Procédures qu'il conviendra de faire ; & en fecond lieu, il faut que tous ces Actes foient inferés & tranfcrits dans le Regiftre des ventes , commençant par l'Arrêt du Confeil en vertu duquel les ventes font faites , & enfuite la commiffion du Commiffaire, le Procès-verbal d'affiette , celui de mefurage, & généralement tous les autres Actes & Procès-verbaux fuivant l'ordre de leurs dates, mettant en apoftille ce que chacun contient , & à la fin de l'enregiftrement de ce qui concerne les ventes d'une année , tous les Officiers figneront le Regiftre avec le Greffier.

TITRE XV.
DE L'ORDONNANCE
DES EAUX ET FORÊTS.

De l'assiette, balivage, martelage, & vente de Bois.

ARTICLE PREMIER.

IL ne sera fait aucune vente dans nos forêts, bois & buissons, soit de futaye ou de taillis, que suivant le Réglement qui en sera arrêté en notre Conseil, ou sur Lettres Patentes bien & dûement regiſtrées en nos Cours de Parlement & Chambres des Comptes, à peine de reſtitution du quadruple de la valeur des bois vendus contre les Adjudicataires, & contre les Ordonnateurs, de perte de leurs Charges.

II. Les adjudications des ventes de nos bois, tant en futaye que taillis, ne pourront être faites à l'avenir que par les Grands-Maîtres, faiſant défenſes aux Officiers des Maîtriſes de reconnoître autres perſonnes, à peine d'en répondre en leur nom.

III. Toutes adjudications de nos bois, soit futaye ou taillis, feront faites dans les Auditoires où se tient la Juſtice ordinaire des Eaux & Forêts, & ne le pourront être ailleurs, à peine de nullité, & de dix mille livres d'amende contre le Grand-Maître, ou autre qui aura contrevenu.

IV. Les Grands-Maîtres feront chacune année, avant les adjudications de nos bois, leurs viſites des ventes aſſiſes pour être adjugées, dans leſquelles ils feront accom-

Z z ij

pagnés de l'Arpenteur à ce deftiné, auquel ils défigneront les bois à affeoir pour l'année fuivante, lui marqueront en quelle forme la mefure en fera faite pour notre plus grand profit & avantage, dont ils drefferont leurs Procès-verbaux qu'ils feront figner par le Maître ou le Lieutenant, notre Procureur, le Garde-Marteau, & les Sergens à garde ; une expédition defquels fera délivrée à l'Arpenteur pour lui fervir de régle, à laquelle il fera tenu de fe conformer, à peine d'interdiction ; & une autre fera mife au Greffe de la Maîtrife ; & quinze jours après fon retour dans la principale Ville de fon département, il mettra un état général de toutes les affiettes au Greffe de la Table de Marbre pour y avoir recours.

V. Chacune année le Grand-Maître expédiera fes Mandemens & Ordonnances pour les affiettes des ventes ordinaires de nos Bois & Forêts, conformément aux Réglemens arrêtés en notre Confeil, où il employera le nombre d'arpens & l'effence du bois à vendre, dans lequel il défignera par le détail les gardes & triages, autant qu'il lui fera poffible, fuivant les obfervations qu'il aura faites dans le Procès-verbal de fa vifite, qu'il envoyera aux Officiers de la Maîtrife avant le premier Juin de chacune année, qui feront tenus incontinent après de s'affembler & prendre jour entr'eux pour faire les affiettes, qui feront faites en leur préfence par l'Arpenteur.

VI. L'Arpenteur fera en préfence du Sergent de la garde, les tranchées & layes néceffaires pour le mefurage ; marquera de fon marteau le plus près de terre que faire fe pourra dans les angles, tel nombre de pieds corniers, arbres de lifere & parois qu'il eftimera convenable, avec défignation du côté fur lequel il aura fait des faces pour imprimer fon marteau, le nôtre, & celui du Grand-Maître ; fera mention s'il a emprunté quelques arbres pour fervir de pieds corniers, de leur âge, qualité, nature & groffeur, & de leur diftance des uns aux autres par perches & pieds ; comme auffi obfervera les noms des ventes où il les aura prifes, s'il y a des places vuides avec leurs continences ; & fera tenu de fe fervir au moins de l'un des pieds corniers de l'ancienne

vente, dreſſera les plans & figures de la piéce qu'il aura aſſiſe, & de tout fera ſon Procès-verbal qui ſera ſigné des Sergens & Gardes, & en mettra une expédition au Greffe de la
Maîtriſe, trois jours après l'avoir fait, qui ſera paraphé du
Maître & de notre Procureur, avec mention du jour qu'elle
aura été apportée, & une autre expédition en fera par lui
inceſſamment envoyée au Grand-Maître.

VII. Défendons aux Arpenteurs & Sergens à garde de
faire les routes plus larges de trois pieds pour paſſer les Por-
tes-perches & les Marchands qui iront viſiter les ventes, à
peine de cent livres d'amende, & de la reſtitution du double
de la valeur du bois abattu.

VIII. Les bois abattus dans les layes & tranchées ne pourront être enlevés, mais demeureront au profit de l'Adjudicataire, & lui appartiendront, ſans que les Arpenteurs ni
les Sergens y puiſſent prétendre aucune part ; leur faiſant
défenſes de les enlever, à peine de cent livres d'amende &
d'interdiction, & aux Riverains ſous quelque prétexte que
ce ſoit, à peine de punition exemplaire.

IX. Les arbres de liſiere & de parois ſeront marqués de
notre marteau & de celui de l'Arpenteur ſur une face, à
la différence des pieds corniers qui le ſeront ſur chaque face
qui regardera la vente.

X. Ne pourront les Arpenteurs meſurer plus grande ni
moindre quantité dans chacun triage, que celle qui leur
aura été preſcrite par le Grand-Maître pour l'aſſiette, ſous
prétexte de rendre la figure plus réguliere, ou pour quelqu'autre conſidération que ce puiſſe être, enſorte que le plus
ou le moins ne puiſſe excéder un arpent ſur vingt, & ainſi à
proportion, à peine d'interdiction & d'amende arbitraire,
qui ſera réglée par le Grand-Maître ; & s'il tomboit juſqu'à
trois fois dans cette erreur, il ſera interdit & déclaré incapable de faire la fonction d'Arpenteur.

XI. Le Procès-verbal de l'Arpenteur étant au Greffe,
il en ſera délivré autant au Garde-Marteau pour le
martelage qui ſe fera en la préſence des Officiers de la
Maîtriſe, & ſera à cet effet notre marteau délivré au
Garde-Marteau par ceux qui en auront la clef, qui ſe

tranſportera avec les Officiers aux-triages où les ventes auront été aſſiſes, & par leur avis il fera choix de dix arbres
en chacun arpent de futaye ou haut recru, des plus vifs, &
de la plus belle venue de chêne, s’il ſe peut, brin de bois,
& de groſſeur compétente, qu’il marquera pour baliveaux
de notre marteau, avec les pieds corniers, tournans & arbres de liſiere, & incontinent après le martelage, ſera le
marteau remis & enfermé dans ſa boëte.

XII. Lorſque les adjudications des coupes de nos bois
taillis feront faites, tous les baliveaux anciens & modernes
qui s’y trouveront, feront réſervés avec ceux de l’âge; &
s’il ſe trouvoit que les baliveaux par leur quantité & groſſeur empêchaſſent par l’ombrage ou autrement le taillis de
pouſſer & de croître, les Grands-Maîtres en dreſſeront leurs
Procès-verbaux, qu’ils envoyeront avec leurs avis en notre
Conſeil ès mains du Controlleur Général de nos Finances,
pour y être par Nous pourvû ainſi qu’il appartiendra.

XIII. Ne ſera donné aucun bois par forme de remplage
ſous prétexte de places vuides, & de chemins qui ſe feront
rencontrés dans les ventes; mais l’adjudication en ſera faite
en l’état qu’elles ſe trouveront, à peine de reſtitution du
quadruple contre les Marchands qui auront obtenu le remplage, & de trois mille livres d’amende, avec privation de
Charge contre les Officiers qui l’auront donné.

XIV. Les ventes ne pourront être changées en tout ou
en partie, ſous quelque prétexte que ce ſoit, après l’adjudication, ſur peine de punition exemplaire contre les Officiers, & perte de leurs Charges, & de reſtitution du quadruple du prix des ventes changées, & d’amende contre les
Marchands, ſans que cette peine puiſſe être moderée, ſous
quelque prétexte que ce ſoit.

XV. Révoquons les droits de cire & de Greffe, mais les
ventes de nos bois feront faites à l’avenir, à la charge de
payer ſeulement le ſol pour livre par les Adjudicataires, du
prix principal de leur adjudication, ès mains du Receveur
particulier ou général des bois, s’il y en a, ou du Domaine;
pour ſur la ſomme à laquelle il reviendra, être les Officiers
des Maîtriſes & Gruries payés de leurs droits, journées &

taxations , suivant les états qui en feront arrêtés par les Grands-Maîtres , sur lesquels & les quittances des Officiers , les sommes y contenues feront passées & allouées en la dépense des comptes des Receveurs.

XVI. Si le fonds du sol pour livre n'est pas suffisant, le Grand-Maître pourra prendre le supplément sur le fonds des ventes , sans que les Officiers puissent recevoir aucune chose que par les mains des Receveurs , à peine de restitution du quadruple , & d'interdiction de leurs Charges.

XVII. Les jours pour les adjudications des ventes ayant été indiqués par les Grands-Maîtres aux Officiers des Maîtrises , ils en feront faire les publications , & notre Procureur sera tenu d'envoyer incessamment des billets proclamatoires aux lieux ordinaires , contenant le nombre d'arpens , la situation , la qualité , les réserves , le jour , le lieu , l'heure , & pardevant qui les ventes se feront.

XVIII. Le jour suivant de chaque publication, les Huissiers & Sergens qui auront vaqué à faire les publications & affiches, feront tenus d'en raporter à notre Procureur les Procès-verbaux signés d'eux & de leurs Recors, avec les certificats des Curés ou Vicaires des Paroisses, pour être représentés & affirmés véritables avant l'adjudication des ventes , pardevant le Grand-Maître ou le Commissaire qui sera préposé pour les faire ; & feront tenus les Curés ou Vicaires de délivrer gratuitement leurs certifications , à peine de cent livres d'amende payable par saisie de leur temporel.

XIX. Il y aura au moins huitaine franche entre la derniere publication & l'adjudication.

XX. Seront toutes personnes reçues à mettre leurs encheres ; si toutefois un encherisseur étoit notoirement insolvable , les Receveurs de nos bois ou du Domaine pourront lui demander les noms de ses cautions ; & s'il n'en a point , à l'Audience le Receveur en donnera avis au Grand-Maître , pour y pourvoir ainsi qu'il avisera bon être.

XXI. Ne pourront à l'avenir aucuns Ecclésiastiques , Gentilshommes, Gouverneurs de Villes & Places , Capitaines des Châteaux & Maisons Royales , leurs Lieutenans & Officiers, Magistrats de Police & de Finance , faisant fonctions de Juges ou de nos Procureurs dans nos Juſtices, ſe rendre adjudicataires directement ou par aſſociation des ventes qui ſe feront de nos bois, pour le tout ou partie, ni en prendre des rétroceſſions, ou ſe rendre pleiges & cautions des Adjudicataires, ſous leur nom ou ſous celui d'aucunes perſonnes interpoſées, à peine de confiſcation des ventes, ou du prix pour lequel elles auront été faites, & d'être déchus de leurs priviléges, déclarés roturiers & impoſés à la taille, & de privation de Charges contre nos Officiers qui auront fait & conſenti l'adjudication, ou ſouffert l'expoliation, même de plus grande peine s'il y échet.

XXII. Défendons pareillement aux Officiers de nos Forêts & Chaſſes, tant ceux des Maîtriſes où ſe feront les ventes, que tous autres, de quelque département qu'ils ſoient ſans diſtinction, & à leurs enfans, gendres, freres, beau-freres, oncles, neveux & couſins germains, de prendre part aux adjudications, ſoit comme parties principales, aſſociés, pleiges ou cautions, à peine contre les Officiers adjudicataires de confiſcation des ventes & privation de leurs Charges, d'amende arbitraire, & d'être bannis du reſſort de la Maîtriſe où ils feront leur réſidence, & contre leurs parens & alliés, de pareille peine de confiſcation & d'amende arbitraire.

XXIII. Les Marchands adjudicataires, ni autres particuliers, de quelque qualité que ce ſoit, ne pourront faire aucunes aſſociations ſecretes, ni empécher par voies indirectes les encheres ſur nos bois : & où ils ſe trouveroient convaincus de monopole ou complot concerté entr'eux par parole ou par écrit de ne point encherir les uns ſur les autres, Voulons qu'outre la confiſcation des ventes, ils ſoient condamnés en une amende arbitraire, qui ne pourra être au-deſſous de mille livres, & bannis des Forêts.

XXIV. L'Adjudicataire ne pourra avoir plus de trois aſſociés, leſquels il ſera tenu de nommer au Greffe de la Maîtriſe dans la huitaine de l'adjudication, enſemble y mettre une expédition du traité de leur aſſociation, & d'y faire, lui & ſes aſſociés, leur ſubmiſſion de ſatisfaire à toutes les charges de l'adjudication, à peine de mille livres

d'amende

d'amende contre lui, & de déchéance de la société contre les associés.

XXV. Il sera libre aux Marchands de renoncer à leurs encheres au Greffe de la Maîtrise dans le lendemain midi du jour de l'adjudication, en le faisant signifier dans cet intervalle au précédent enchérisseur au domicile par lui élû, & au Receveur auquel ils payeront comptant leurs folles encheres.

XXVI. Au cas qu'il y ait révocation d'encheres, les précédens enchérisseurs seront graduellement & successivement subrogés au lieu & place de ceux qui auront révoqué leurs encheres ; & toutes personnes qui enchériront, seront tenues d'élire domicile au lieu où les adjudications seront faites, tant pour la validité des actes qui doivent suivre l'adjudication, que pour l'exécution de leurs encheres, révocations & adjudications, tiercement & demi-tiercement, & de tous autres actes qu'il sera nécessaire de faire ; & à faute d'en élire, les assignations leur seront faites au Greffe de la Maîtrise, qui seront réputées valables.

XXVII. Si le Marchand adjudicataire se désistoit de son enchere, & renonçoit à la vente, il sera arrêté jusqu'à ce qu'il ait payé ou donné bonne caution de sa folle enchere, & la vente retournera au précédent enchérisseur, & successivement de l'un à l'autre, ainsi qu'il a été ci-devant prescrit.

XXVIII. Les adjudications seront signées sur le champ par le Marchand, Grand-Maître, ou celui qui aura fait l'adjudication, ensemble par le Maître particulier, notre Procureur, & les autres Officiers de la Maîtrise, sur le Regiftre du Greffier, immédiatement au bas de l'acte, & sans qu'il soit laissé aucun blanc entre la fin du texte de l'adjudication, & les signatures ; & seront chacun des feuillets sur lesquels seront employées les receptions d'encheres & adjudications, paraphés par le Grand-Maître.

XXIX. Les Marchands adjudicataires seront tenus dans la huitaine du jour de l'adjudication, avant commencer l'usance des ventes, de donner bonne & suffisante caution & certificateur, qui seront reçus par le Receveur, & à son refus par le Maître & notre Procureur, lesquels s'obligeront solidairement de payer ès mains du Receveur de nos Bois, s'il y en a, ou du Domaine, le prix principal en deux payemens égaux, qui feront faits dans les tems pourtés par le cahier des charges, & outre de fatisfaire aux charges, claufes & conditions y mentionnées.

XXX. Le Receveur fera tenu, la huitaine paffée, de faire fignifier inceffamment, & dans le jour, à celui qui étoit le pénultiéme enchériffeur, qu'il eft fubftitué au lieu & place de l'Adjudicataire qui aura manqué de donner caution, & que dès ce moment l'adjudication eft à fa charge.

XXXI. Toutes perfonnes non prohibées pourront enchérir, tiercer & doubler les ventes pour tous les triages en général, ou chacun en particulier, ainfi qu'ils auront été adjugés dans le lendemain midi du jour de l'adjudication; après lequel tems il n'y aura plus lieu au tiercement & doublement, fous quelque prétexte & pour quelque confidération que ce puiffe être.

XXXII. Les tiercemens & doublemens feront faits au Greffe dans le tems ci-deffus préfini, & fignifiés le même jour aux Marchands adjudicataires & Receveurs, en parlant à leurs perfonnes ou domiciles, s'il en a été élû, finon au Greffe de la Maîtrife, par exploit, qui contiendra ponctuellement l'heure à laquelle il aura été donné, & le nom de ceux à qui les Sergens auront parlé, à peine de nullité de l'exploit.

XXXIII. Le tiercement eft une enchere qui augmente du tiers le prix de la vente, & fait le quart fur le total; & le demi-tiercement une autre enchere fur le tiercement, qui eft de la moitié du tiers; en forte que fi le prix de l'adjudication eft de quinze cens livres, le tiercement fera de cinq cens livres, & le demi-tiercement de deux cens cinquante livres.

XXXIV. Enjoignons aux Greffiers de marquer le jour & l'heu e précife dans les actes qu'ils drefferont & délivreront fur les adjudications, tiercemens & doublemens, à peine de trois cens livres d'amende, & de tous dépens, dommages & intérêts pour la premiere fois, & pour la feconde de pareille peine, & de privation de leurs Charges.

XXXV. Le demi-tiercement ne fera reçu que fur le tiercement; mais on pourra d'une feule enchere faire le tiercement & demi-tiercement, ce qui s'appelle doublement, lequel étant fignifié en la forme ci-deffus prefcrite à l'Adjudicataire, il fera reçu à y mettre une fimple enchere, & fur cette enchere l'Adjudicataire & le Tierceur & Doubleur feront reçus à enchérir l'un fur l'autre entr'eux feulement, & la vente demeurera au dernier enchériffeur, fans plus revenir; ce qui fera fait pardevant le Grand - Maître ou le Commiffaire qui aura fait l'adjudication, s'ils font fur les lieux, finon pardevant les Officiers de la Maîtrife.

XXXVI. Après que les Marchands auront fourni leurs Cautions & Certificateurs, le Receveur leur donnera fes certificats pour les repréfenter & faire regiftrer au Greffe fans frais, dont une expédition fera mife ès mains des Gardes - Marteaux, auxquels & aux Officiers Nous défendons de fouffrir qu'aucunes coupes foient commencées, qu'ils n'ayent vû & fait regiftrer le certificat du Receveur, à peine d'en répondre en leurs privés noms.

XXXVII. L'Adjudicataire des bois de futaye de nos forêts, dans lefquelles ils s'employent en ouvrages, fera tenu d'avoir un marteau, dont il mettra l'empreinte au Greffe, pour marquer les bois qu'il vendra en pied, fans qu'il puiffe en débiter de cette qualité, qu'ils n'ayent cette marque; & d'avoir lui, fes Facteurs ou Gardes-ventes un Regiftre, dans lequel feront infcrits les noms, furnoms & domiciles de ceux auxquels ils vendront du bois, la quantité & le prix, à peine de cent livres d'amende & de confifcation, fans que plufieurs affociés puiffent avoir plus d'un marteau, ni marquer d'autres bois que ceux de leurs ventes, à peine d'être punis comme fauffaires.

XXXVIII. Si néanmoins un Marchand avoit plufieurs ventes, & que pour la diftance des lieux il fût obligé d'y tenir différens Regiftres, en ce cas il pourra avoir autant de marteaux que de Regiftres, & de même marque, pourvû qu'il en ait fait faire Procès-verbal & empreinte, comme il eft dit ci-deffus.

XXXIX. Les Facteurs & Gardes - ventes établis par les Marchands pour l'ufance & débit de leurs ventes, prêteront le ferment entre les mains du Grand - Maître, du Maître particulier, ou du Lieutenant, fans aucuns frais ni droits; feront leur rapport des délits qui feront commis à la réponfe de leurs ventes, qu'ils feront figner par deux témoins, ou attester (en cas qu’ils ne puissent signer) pardevant l’un des Juges de la Maîtrise, à peine de nullité; & si le délit est fait de nuit, à feu ou à scie, le Procès-verbal du Facteur fera foi, après l’avoir attesté véritable par serment, lesquels Procès-verbaux ils mettront au Greffe, & en retireront le certificat du Greffier, pour le plus tard trois jours après que les délits auront été commis; & en ce faisant, les Marchands en demeureront déchargés, & les délinquans condamnés en l’amende au pied le tour, ainsi que des autres délits, par les Officiers de la Maîtrise, à la diligence de notre Procureur, dans huitaine du jour du rapport, à peine d’en répondre en leurs noms.

XL. Les bois tant de futaye que taillis, seront coupés & abattus dans le quinziéme d’Avril, & le tems des vuidanges reglé par le Grand-Maître, suivant la possibilité des forêts, à peine d’amende arbitraire, & de confiscation des marchandises contre les Adjudicataires, sans que les Officiers puissent accorder aucune prorogation pour coupes & vuidanges, sous pareille peine d’amende arbitraire, & de privation de leurs Charges.

XLI. Si toutefois les Marchands étoient obligés par de justes considérations de demander quelque prorogation de délai pour couper & vuider les ventes, ils se pourvoiront en notre Conseil, pour au rapport du Controlleur Général de nos Finances, leur être par Nous pourvû de ce qu’il appartiendra sur les avis des Grands-Maîtres.

XLII. Les futayes seront coupées le plus bas que faire se pourra, & les taillis abattus à la coignée à fleur de terre, sans les écuisser ni éclater, ensorte que les brins des cepées n’excedent la superficie de la terre, s’il est possible, & que tous les anciens nœuds recouverts & causés par les précédentes coupes, ne paroissent aucunement.

XLIII. Les arbres seront abattus ensorte qu’ils tombent dans les ventes, sans endommager les arbres retenus, à peine de nos dommages & intérêts contre le Marchand; & s’il arrivoit que les arbres abattus demeurassent encroués, les Marchands ne pourront faire abattre l’arbre sur lequel celui qui sera tombé se trouvera encroué, sans la permission du Grand-Maître ou des Officiers, après avoir pourvu à notre indemnité.

XLIV. Les bois de cepées ne feront abattus & coupés à la ferpe ou à la fcie, mais feulement à la coignée, à peine contre les Marchands qui les exploiteront, de cent livres d'amende, & de confifcation de leurs marchandifes & outils des ouvriers.

XLV. Enjoignons aux Adjudicataires de faire couper, réceper & ravaler le plus près de terre que faire fe pourra, toutes les fouches & eftocs de bois pillés & rabougris étant dans les ventes; & aux Officiers d'y avoir l'œil, & tenir la main, à peine de fufpenfion de leurs Charges.

XLVI. Si pendant l'ufance des ventes aucuns des arbres réfervés & marqués étoient arrachés ou abattus par les vents & orages, ou par autre accident, les Marchands ou leurs Facteurs les laifferont fur la place, & en donneront inceffamment avis au Sergent à garde, qui fera tenu d'en avertir le Garde-marteau, pour fe tranfporter enfemble fur les lieux, afin d'en dreffer leurs Procès-verbaux, qu'ils préfenteront auffi-tôt aux Officiers de la Maîtrife, pour en marquer d'autres, le tout fans frais.

XLVII. Les tems des coupes des bois & vuidanges défignées par les adjudications étant expirés, s'il fe trouve des bois dans les ventes fur pied & abattus, ils feront confifqués à notre profit, & le gifant inceffamment tranfporté hors de la Forêt.

XLVIII. Ne pourront les Marchands adjudicataires retenir dans leurs ventes d'autres bois que ceux qui en proviendront, à peine d'être punis comme s'ils avoient volé les bois ainfi retirés contre notre prohibition.

XLIX. Nul Marchand ou autre perfonne ne pourra faire travailler nuitamment ni les jours de Fêtes dans les ventes en coupe, ni y prendre & enlever du bois, fur peine de cent livres d'amende.

L. Avant que de faire exploiter les ventes, les Marchands pourront faire procéder au fouchetage pardevant le Maître particulier, en préfence du Garde-marteau & du Sergent à garde, par deux Experts, defquels l'un fera nommé par notre Procureur de la Maîtrife, & l'autre de leur part, dont il fera dreffé Procès-verbal fans frais ni droits, à peine de concuffion; à la réferve des journées des Soucheteurs, qui feront taxées par le Maître, & payées par le Sergent Collecteur des amendes ; dans lequel Procès-verbal sera employé le nombre des souches qui auront été trouvées, leur qualité & grosseur, & demeurera au Greffe de la Maîtrise, pour y avoir recours & s'en servir lors du recollement.

LI. Les Marchands demeureront responsables de tous les délits qui se feront à l'ouie de la coignée aux environs de leurs ventes, estimés pour les bois de cinquante ans & au-dessus à cinquante perches, & à vingt-cinq perches pour ceux depuis cinquante ans & au-dessous, si les Marchands ou les Facteurs n'en font leur rapport.

LII. Le transport, passage, voiture ou flottage des bois, tant par terre que par eau, ne pourra être empêché ou arrêté, sous quelque prétexte de droits de travers, péages, pontonnages, ou autres, par quelque particulier que ce soit, à peine de répondre de tous les dépens, dommages & intérêts des Marchands ; sauf à ceux qui prétendent avoir titre pour lever aucuns droits, de se pourvoir pardevant le Grand-Maître, qui y pourvoira ainsi qu'il appartiendra.

TITRE XVI.

Des Recollemens.

ARTICLE PREMIER.

LEs recollemens de toutes les ventes se feront pour le plus tard six semaines après les tems de vuidanges expirés, par les Maîtres particuliers, en présence de notre Procureur, du Garde - Marteau, Greffier, Sergent de la garde, Arpenteur & Soucheteur qui auront fait l'arpentage & souchetage, & du Lieutenant, si bon lui semble, sans qu'il puisse prendre aucuns droits qu'en l'absence du Maître : & à cet effet seront les Marchands adjudicataires mandés huit jours auparavant, pour convenir du jour, & d'autres Arpenteurs & Soucheteurs, pour faire nouvel arpentage & souchetage des ventes.

II. Lorsque les Arpenteurs & Soucheteurs, tant les premiers, que ceux qui auront été nommés à l'effet du recollement, feront arrivés fur les lieux, les Procès-verbaux d'affiette, arpentage, balivage & fouchetage qui auront été faits pour l'adjudication des ventes, feront repréfentés, & reconnoîtront les arbres réfervés par les Procès-verbaux & par les adjudications : & pour cet effet les Officiers vifite-ront exactement les ventes de bout en bout en toutes leurs parties, les pieds corniers, parois, lifieres & baliveaux, afin de connoître fi elles auront été bien coupées, ufées, vui-dées & nettoyées, dont ils drefferont leurs Procès-verbaux, contenant le détail des entreprifes, malverfations, défauts & manquemens qu'ils auront reconnus, & ce qui manquera des arbres retenus & réfervés par les Procès-verbaux de martelage & balivage.

I I I. Notre Procureur en la Maîtrife nommera de fa part un Arpenteur & Soucheteur, & le Marchand auffi un Arpenteur & Soucheteur de la fienne. Mais fi le Marchand faifoit difficulté, ou étoit refufant d'en convenir, il fera paffé outre par l'Arpenteur & Soucheteur nommé par no-tre Procureur, & le rapport réputé contradictoire.

I V. Le fouchetage fera fait aux environs & dans la réponfe des ventes, en préfence des Marchands, s'ils y veulent affifter, & de notre Procureur, du Garde-Mar-teau & Sergent à garde, qui drefferont leurs Procès-ver-baux, contenant le détail des fouches qu'ils auront trou-vées, & des délits qui feront commis pendant l'exploita-tion, arbre par arbre, avec mention de leur qualité, na-ture, effence & groffeur, leur défendant d'en omettre, à peine contre les Soucheteurs du quadruple de la valeur des délits qu'ils n'auront pas rapportés dans leurs Procès-verbaux, lefquels ils feront tenus de mettre au Greffe vingt-quatre heures après les avoir faits.

V. Les Procès-verbaux du fecond fouchetage feront ré-pétés & confrontés fur ceux du premier, à la différence qui fe trouvera des uns aux autres, remarquée par le menu & en détail : auquel effet feront repréfentés tous les Pro-cès-verbaux de décharge qui auront été faits pour les Mar-chands & leurs Facteurs, & obfervé les défauts & malver-fations qui fe trouveront avoir été commifes pendant l'u-fance & exploitation de leurs ventes, dont ils n'auront été valablement déchargés.

VI. Le Procès-verbal de réarpentage contiendra précisément la quantité d'arpens & de perches que les Arpenteurs auront trouvée en la vente réarpentée ; & s'il se trouve quelque entreprise ou outre-passe au-delà des pieds corniers, ils la mesureront, en feront la description exacte, & la distingueront dans la figure qui sera par eux dressée.

VII. Après que notre Procureur en la Maîtrise aura pris communication des Procès-verbaux faits par les Officiers, Arpenteurs & Soucheteurs, il donnera ses conclusions par écrit sur ce qui en résultera, & les fera signifier aux Marchands, qui seront tenus d'y répondre aussi par écrit dans trois jours, & le tout mis au Greffe, & jugé à la premiere Audience par le Maître particulier, avec le Lieutenant & le Garde-Marteau, sans que pour le congé de Cour les Officiers puissent prendre aucunes épices ni autres droits que ceux qui leur seront taxés par le Grand-Maître, à prendre sur le sol pour livre, à peine de concussion.

VIII. Si par les Procès-verbaux de réarpentage il se trouve de la surmesure entre les pieds corniers, le Marchand sera condamné de la payer à proportion du prix principal & des charges de sa vente ; & s'il s'en trouve moins, ce qui défaudra lui sera rabattu à proportion sur le prix de son adjudication, ou remboursé en argent sur les ventes de l'année suivante, sans qu'il soit permis de donner récompense en bois, ni de faire compensation en espéce de surmesure avec le manque de mesure.

IX. S'il se rencontre quelque outre-passe ou entreprise au-delà des pieds corniers, le Marchand sera condamné de payer le quadruple à raison du prix principal de son adjudication, au cas que les bois où elle est faite soient de même essence que celui de la vente ; & s'ils étoient de meilleure nature, qualité & plus âgés, il sera tenu en payer l'amende & restitution au pied le tour.

X. L'Adjudicataire qui ne représentera point les baliveaux, arbres de lisiere, parois, tournans & pieds corniers laissés à sa garde, sera tenu de les payer, ainsi qu'il est dit au chapitre des amendes.

XI. Tous Marchands adjudicataires seront tenus à la fin
de

de l'exploitation de leurs ventes , de rapporter les marteaux
dont ils se sont servis , pour être rompus.

XII. Si par le Jugement qui interviendra , le congé de
Cour étoit accordé aux Marchands , notre Procureur en
fera incessamment délivrer autant au Garde-Marteau , afin
qu'il fasse remettre la vente en la garde du Sergent ; & au
cas qu'il n'y ait qu'une amende ou peine pécuniaire , il sera
tenu d'en faire délivrer des expéditions à ceux qui sont chargés du recouvrement de nos deniers : & si le Jugement por-
toit quelque condamnation contre les Marchands ou autres , il sera tenu d'en poursuivre l'exécution , sur peine d'en
répondre en son nom.

TITRE XVII.

Ventes des Chablis & menus Marchés.

ARTICLE PREMIER.

S'IL se trouve quelques arbres qui ayent été abattus , arrachés ou rompus par l'impétuosité des vents , ou par
quelques autres accidens , le Sergent à garde dressera procès-
verbal sur son Registre , de leurs qualité , nature & grosseur ,
& du lieu où il les aura trouvés , & observera si en tombant
ils en ont rompu ou touché d'autres par leur chute , duquel
il sera tenu de mettre une expédition sous son seing au Greffe
de la Maîtrise trois jours après , dont il retirera décharge
du Greffier , à peine de cinquante livres d'amende.

II. Le Garde-Marteau & le Sergent à garde veilleront à
la conservation des Bois chablis , & empêcheront qu'ils ne
soient pris , enlevés ou ébranchés par les Usagers & autres ,
sous prétexte de coutume & usage , quel qu'il puisse être ; &
en cas qu'il s'en rencontre de coupés par troncs , ou ébranchés , ils en feront leur rapport , de même que s'ils avoient
été abattus sur pied , & les Officiers les condamneront au
pied le tour , à peine d'amende arbitraire , & d'en répondre
en leurs noms.

Bbb

III. Auſſi-tôt que les Officiers auront été avertis , ils ſe tranſporteront ſur les lieux, accompagnés du Garde-Marteau & du Sergent , avec ſon Procès-verbal , pour voir les arbres chablis , & reconnoître ſi le rapport du Sergent eſt fidele, leſquels ſeront marqués de notre marteau , à peine d'amende arbitraire, & d'en répondre en leurs privés noms.

IV. Les arbres chablis ne pourront être réſervés ni façonnés ſous prétexte de les aménager ou débiter en autre tems pour notre profit ; mais ſeront vendus inceſſamment en l'état qu'ils ſe trouveront , & l'adjudication faite en l'Auditoire de la Juſtice des Eaux & Forêts par le Grand-Maître , ou par les Officiers de la Maîtriſe , à l'extinction des feux , après deux publications faites à l'Audience ou Marché du lieu , & aux Prônes des Meſſes par les Curés de la Paroiſſe du Siége de la Maîtriſe , & des Villes & Villages des environs de la Forêt ; & pour cet effet Billets proclamatoires ſeront envoyés , & affiches miſes, ainſi qu'il a été preſcrit pour les ventes ordinaires , & le tems de vuidange ne ſera que d'un mois pour le plus , à peine de nullité & de confiſcation des Bois vendus.

V. Défendons au Garde-Marteau de marquer , & aux Officiers de vendre aucuns arbres en eſtant, ſous prétexte qu'ils auroient été fourchés ou ébranchés par la chute des chablis ; mais voulons qu'ils ſoient conſervés , à peine d'amende arbitraire.

VI. Incontinent après la vente des chablis , & l'adjudication des menus marchés, il en ſera dreſſé un état, pour être délivré dans la huitaine par le Greffier au Receveur des Bois, s'il y en a , ou du Domaine, qui en doit faire la recette.

VII. Les vacations des Officiers & du Greffier, tant pour la reconnoiſſance & martelage , que pour l'adjudication des chablis & arbres de délit , ſeront taxées par les Grands-Maîtres lorſqu'ils ſeront ſur les lieux, ſelon le travail , & à proportion du tems, à prendre ſur les amendes & deniers, dont le Sergent Collecteur fait le recouvrement : auquel effet ils leur repréſenteront leurs Procès-verbaux, Ordonnances , & autres Actes ; & ſeront les deniers du prix des Bois chablis payés au Receveur , & par lui au Receveur

Général, & compris dans fon état de recouvrement, ainſi
que le prix principal de nos Bois.

F I N.

A P P R O B A T I O N.

J'A I lû, par ordre de Monſeigneur le Chancelier , les Notes de
M. Berrier ſur le Traité des Ventes & Recollemens des Bois, par
M. de Froidour ; & je n'y ai rien trouvé qui en puiſſe empêcher
l'impreſſion. A Paris ce 12 Janvier 1756. GIBERT.

P R I V I L E G E   D U   R O I.

LOUIS, par la grace de Dieu, Roi de France & de Navarre :
A nos amés & féaux Conſeillers les Gens tenant nos Cours de
Parlement, Maîtres des Requêtes ordinaires de notre Hôtel, Grand
Conſeil , Prevôt de Paris, Baillifs , Sénéchaux , leurs Lieutenans
Civils, & autres nos Juſticiers qu'il appartiendra, SALUT. Notre
amé GEORGES-ANDRÉ BERRIER , Avocat au Parlement , &
notre Conſeiller, Maître particulier des Eaux & Forêts des Bailliages
de Meaux, Crecy en Brie, & Château-Thierry , Nous a fait expoſer
qu'il deſireroit faire imprimer & donner au Public un Ouvrage qui a
pour titre, *Inſtruction des ventes des Bois du Roi par feu M. de Froidour ,
Grand-Maître des Eaux & Forêts de Toulouſe , commenté par ledit Mᵉ.
Berrier,* s'il Nous plaiſoit lui accorder nos Lettres de Privilége pour
ce néceſſaires. A CES CAUSES , voulant favorablement traiter
l'Expoſant, Nous lui avons permis & permettons par ces Préſentes ,
de faire imprimer ledit Ouvrage autant de fois que bon lui ſemblera,
& de le faire vendre & débiter par tout notre Royaume pendant le
tems de dix années conſécutives, à compter du jour de la date des
Préſentes : Faiſons défenſes à tous Imprimeurs , Libraires & autres
perſonnes , de quelque qualité & condition qu'elles ſoient, d'en introduire d'impreſſion étrangere dans aucun lieu de notre obéiſ-
ſance ; comme auſſi d'imprimer ou faire imprimer ledit Ouvrage,
le vendre , faire vendre & débiter , ni d'en faire aucun extrait , ſous quelque prétexte que ce puiſſe être , ſans la permiſſion expreſſe & par écrit dudit Expoſant, ou de ceux qui auront

droit de lui, à peine de confiscation des Exemplaires contrefaits, de
trois mille livres d’amende contre chacun des contrevenans, dont un
tiers à Nous, un tiers à l’Hôtel-Dieu de Paris, & l’autre tiers
audit Expofant, ou à celui qui aura droit de lui, & de tous dépens,
dommages & interêts : à la charge que ces Préfentes feront enregiftrées tout au long fur le Regiftre de la Communauté des Imprimeurs
& Libraires de Paris, dans trois mois de la date d’icelles ; que l’impreffion dudit Ouvrage fera faite dans notre Royaume, & non ailleurs, en bon papier & beaux caracteres, conformément à la feuille
imprimée attachée pour modéle fous le contrefcel des Préfentes ; que
l’Impétrant fe conformera en tout aux Réglemens de la Librairie,
& notamment à celui du 10 Avril 1725 ; qu’avant de l’expofer en
vente, le Manufcrit qui aura fervi de copie à l’impreffion dudit Ouvrage, fera remis dans le même état où l’Approbation y aura été
donnée, ès mains de notre très-cher & féal Chevalier, Chancelier
de France, le Sieur DE LAMOIGNON, & qu’il en fera enfuite remis deux Exemplaires dans notre Bibliothéque publique, un dans
celle de notre Château du Louvre, un dans celle de notredit très-cher
& féal Chevalier, Chancelier de France, le Sieur DE LAMOIGNON,
& un dans celle de notre très-cher & féal Chevalier, Garde des Sceaux
de France, le Sieur DE MACHAULT, Commandeur de nos Ordres,
le tout à peine de nullité des Préfentes : du contenu defquelles vous
mandons & enjoignons de faire jouir ledit Expofant & fes ayans
caufe pleinement & paifiblement, fans fouffrir qu’il leur foit fait
aucun trouble ou empêchement. Voulons que la copie des Préfentes,
qui fera imprimée tout au long au commencement ou à la fin dudit
Ouvrage, foit tenue pour dûement fignifiée ; & qu’aux copies col-
lationnées par l’un de nos amés & féaux Confeillers & Secretaires,
foi foit ajoutée comme à l’original : Commandons au premier notre
Huiffier ou Sergent fur ce requis, de faire pour l’exécution d’icelles
tous actes requis & néceffaires, fans demander autre permiffion, &
nonobftant clameur de Haro, Charte Normande, & Lettres à ce
contraires : CAR tel eft notre plaifir. DONNÉ à Verfailles le dix-
feptiéme jour du mois de Février, l’an de grace mil fept cent cinquante-fix, & de notre Régne le quarante-uniéme. Par le Roi en
fon Confeil, LE BEGUE.

Regiftré fur le Regiftre XIV. de la Chambre Royale des Libraires &
Imprimeurs de Paris, N°. 33, Fol. 31, conformément au Réglement de
1723, qui fait défenfes, art. 4, à toutes perfonnes de quelque qualité qu’elles
foient, autres que les Libraires & Imprimeurs, de vendre, débiter, ni faire
afficher aucuns Livres pour les vendre en leurs noms, foit qu’ils s’en difent les
Auteurs ou autrement, & à la charge de fournir à la fufdite Chambre neuf
Exemplaires prefcrits par l’art. 108 du même Réglement. A Paris ce 26
Mars 1756. DIDOT, Syndic.

www.ingramcontent.com/pod-product-compliance
Lightning Source LLC
LaVergne TN
LVHW011949170726
843503LV00001B/76